为了美好的中国
——民国志士的探索与奋斗

张建安 著

2013年·北京

图书在版编目(CIP)数据

为了美好的中国：民国志士的探索与奋斗/张建安著．—北京：商务印书馆，2013
ISBN 978-7-100-10139-4

Ⅰ.①为… Ⅱ.①张… Ⅲ.①名人－列传－中国－民国 Ⅳ.①K820.6

中国版本图书馆CIP数据核字(2013)第165835号

所有权利保留。

未经许可，不得以任何方式使用。

为了美好的中国
——民国志士的探索与奋斗

张建安　著

商　务　印　书　馆　出　版
（北京王府井大街36号　邮政编码 100710）
商　务　印　书　馆　发　行
三河市尚艺印装有限公司印刷
ISBN 978-7-100-10139-4

2013年8月第1版　　开本 710×1000 1/16
2013年8月北京第1次印刷　印张 19 1/4　插页 1
定价：40.00元

自 序

民国时期，出现了许多有思想有作为的仁人志士。为了摆脱中国落后挨打的噩运，为了人民的幸福与自己的理想，更为了一个美好的中国，他们从不同的途径，不断地探索救国强国之路，提出了许多有建设性的意见和建议，做了许多推动历史发展的社会实践活动。他们的思想与实践，直到现在仍有很好的借鉴作用。他们的智慧和气节，更是成为巨大的精神财富，能为现今相对浮躁的社会提供一些营养，一些反思。

本书选取了20位民国的志士，讲述了他们各自不同的人生历程。更侧重于在大的历史背景下讲述他们的探索、奋斗经历，并在叙述事件的同时，展现其可贵的思想和精神。这20位民国志士分别为蔡元培、蔡锷、廖仲恺、邓演达、杨杏佛、邵飘萍、林白水、史量才、杜重远、蒋百里、卢作孚、华克之、黄炎培以及救国会七君子。他们有的致力于"道德救国、学术救国"，有的致力于"军事救国"，还有的侧重于"实业救国"、"新闻救国"、"科学救国"……

在波涛起伏的民国乱世，这样的救国之路注定会有很多的艰难，也注定会有很多的牺牲，于是也便有了这些人富有传奇色彩的经历。进步与落后、民主与独裁、开放与顽固、团结与孤立……一幕幕历史往事同时展现于此书，而我所希望的是，透过往事，我们能获得多方位的启发。

非常感谢国学大师姚奠中先生为本书题写书名。姚先生已经101岁了，被赞誉为"雄才博学百年身,四海堂堂第一人",能得到姚先生地支持,对我来说,当然是一份非常难得的鼓励!著名书画家方胜先生特为本书作画,以寓意美好的梅花,祝愿中国更加美好。对此,我也深表谢意。

与以往的写作一样,这一次同样是我学习的过程。既然是学习,就没有止境,里面也会有不少缺陷,诚愿读者朋友们指出。我的电子信箱:zja0102006@163.com。

让我们一起学习,一起进步!

张建安于通州晴暖阁

2013年4月1日

CONTENTS 目录

2 / 蔡元培:"道德救国,学术救国"

他虽然探索过各种救国之路,是伟大的革命家、政治家,但他更侧重学术与道德的建设。他认定:如果没有好的道德,没有好的学术,这个国家是没有希望的。

18 / 蔡　锷:为中国人争人格

护国运动前夕,蔡锷与梁启超约定:"成功呢,什么地位都不要,回头做我们的学问;失败呢,就死,无论如何不跑租界不跑外国。"

38 / 廖仲恺:为了独立自主的中国

他之所以竭力提倡民族主义,是因为:"所谓人类之幸福者,即人类应有享受之幸福。外国人有享受者,吾国人民亦应有之。现在外国人吸收吾国人民之脂膏,而为制造其物质之文明,享其幸福,所以一定要打消不平等条约。"

62 / 邓演达：为了"军事救国"

1930年8月,"中国国民党临时行动委员会"在邓演达的领导下正式成立。在成立大会上,邓演达致词:"中国革命已经到了绝续关头,继往开来的重任,落在我们肩上。"他明确地提出了"军事第一"的主张,认为临时行动委员会"必须搞军事运动,一定要搞垮蒋介石的军队,不然不行"。

82 / 杨杏佛：为了"科学救国"

杨杏佛始终认为:"在现今世界,假如没有科学,几乎无以立国。"杨杏佛一直有一个"梦想":"我梦想中的未来中国,应当是一个物质与精神并重的大同社会。"也正是怀着这样的抱负和理想,杨杏佛于1918年获得哈佛大学工商管理硕士学位后,迅速回国。

102 / 邵飘萍：为了"新闻救国"

回顾邵飘萍的记者生涯,面对死亡威胁的次数不可谓不多,邵飘萍也免不了与常人一样会"心悸",但他将责任心建立在"新闻救国"的信念之上,所以并不退缩。这是一位新闻记者的大道。

128 / 林白水：为了"言论自由"

事实上,现实比林白水所想的还要严重,正直文化人所面对的,不只是被关押,而是直接面对死亡的威胁。1926年4月26日,著名报人邵飘萍被杀,北京新闻界危机四伏。在这种情况下,林白水不畏强暴,仍仗义执言,撰文道:"军阀既成阀,多半不利于民,有害于国。"

144 / 史量才：为了"言论救国"

  史量才虽被刺杀，但无数的人表示，要继承史量才的遗志，"永远维持其事业于不敝"。这些事实再次证明，正当之舆论自由永远无法从人类的内心抹去。相反，随着文明程度的提高，舆论自由之光芒愈发展现其无可动摇之力量！

160 / 杜重远：为了"抗日救国"

  杜重远在每期《新生》刊物的首页开辟"老实话"专栏，以悲愤的爱国激情勇敢地揭露日本人的侵华阴谋和南京政府的卖国行径……这自然引起国民党当局的不满并扬言："老实话不要说得太老实了吧，当心得罪了洋人，触犯了权贵。"

180 / 救国会七君子："团结救国"

  1936年5月31日，18个省六十多个救亡团体的代表，在上海召开会议，宣告"全国各界救国联合会"成立，确定救国会的宗旨是："团结全国救国力量，统一救国方策，保障领土完整，谋取民族解放。"

220 / 蒋百里："中国是有办法的"

  早在1936年，蒋百里就这样分析中日形势，说：中国人固是大难临头有不待言，而最后失败却将是惹是生非的日本人自己。日本人眼光短浅，它很不应当侵略中国。日本文化是接受中国的文化，它侵略中国，对它毫无好处，而给它带来的将是很大的灾难。

250 / **卢作孚：为了"实业救国"**

怀着"教育救国"的宏愿，卢作孚做了许多努力，但他最终感到：教育固然是根本，可是没有好的经济基础，"教育救国"的想法很难实现。于是，他转而"实业救国"，在他为"整个中国现代化"所进行的艰苦卓绝的努力中，乡村建设、交通运输业成为主要部分。

274 / **华克之：从"暗杀"到"革命"**

华克之虽躲过劫难，但不幸的消息不断地传到他的耳中，令他痛苦万分。烈士鲜血换来的千古遗恨，令华克之痛定思痛，思想发生了变化。他决定遵从陈处泰烈士的遗训：接受共产党的组织领导，改造中国，拯救中国。

294 / **黄炎培："教育救国，民主救国"**

在延安，黄炎培还异常高兴地见到了邹韬奋的儿子。他想到好友去世时热泪双流，而提到他们为之奋斗的理想即将实现时则情绪高昂，激奋地写道："虽然，死者已矣，凡我后死，忍忘天职之未酬！今日者，暴敌行将就歼，国事亦将就轨。胜利！胜利！民主！民主！"

蔡元培（1868—1940）

蔡元培："道德救国，学术救国"

蔡元培，字鹤卿，号孑民，伟大的教育家、思想家。

1868年1月11日出生于浙江绍兴，1940年3月5日病逝于香港。

临终前，在诊治医生互相争辩之际，蔡元培却喃喃自语。

因牙齿漏风，说话模糊不清，所以身边照顾他的周新也只是零星地听到这样的话："世界上种种事故，都是由于人们各为己利。……我们要以道德救国，学术救国……"

这便是他生平最后的话。

"道德救国，学术救国"——这八个字是蔡元培一生事业所在，是其伟大的人格所在。他虽然探索过各种救国之路，是伟大的革命家、政治家，但他更侧重学术与道德的建设。他认定：如果没有好的道德，没有好的学术，这个国家是没有希望的。

蔡元培先生病逝的消息迅速传开，举国上下，同声哀悼。

国民政府发出褒奖令："国民政府委员蔡元培，道德文章，夙负时望。早岁志存匡复，远历重瀛，研贯中西学术。回国后，锐意以作育人才、促进民治为己任。先后任教育总长、北京大学校长及大学院院长，推行主义，启导新规，士气昌明，万流景仰……"

毛泽东发来唁电："孑民先生，学界泰斗，人世楷模"！

蔡元培作为革命元老、学界领袖，生前多任高官要职，但他从不为一己谋利，乃至身后极其萧条，就连医院医药费一千余元都无法付给，衣衾棺木等费用全由王云五代筹，国民政府特拨付五千元作为丧葬费用，以国葬待之。蔡元培的伟人风范感染着周围所有的人。

人们在泪眼模糊中，想到蔡元培先生70岁寿辰时的情景。

晚年最想做的几件事

当时，已到晚年的蔡元培，仍然没有自己的住房，一家五口还在租房子住。蔡元培自己没觉得什么，他的学生们、朋友们心里却很不好受。在蔡元培70寿辰前，蒋梦麟、胡适、罗家伦等人联名倡议，大家筹款为蔡先生建造房子，作为七旬寿礼献给蔡先生。此倡议很快得到百余人的响应。他们写信给蔡元培：

> 我们知道先生为国家，为学术，劳瘁了一生，至今还没有一所房屋，不但全家租人家的屋子住，就是书籍也还分散在北平、南京、上海、杭州各地，没有一个归拢庋藏的地方。

因此，大家很恭敬地要把"先生此时最缺少的一所可以住家藏书的房屋"作为礼物，献给蔡先生。此事因抗战爆发没能实现，但大家对蔡元培的仰慕之情已表露无遗。

1936年，在中国科学社为蔡元培举办的七秩寿宴上，蔡元培致辞，简要讲述自己70年来的人生体验，最后他提到了自己晚年最想做的几件事："鄙人是一个拿笔杆的人，所敢夸口的也只能在笔杆上多尽点力。'假我数年'，鄙人想把刘先生寿文中道及的'以美育代宗教'的主张，著一本书；还想编一本美学，编一本比较民族学，编一本'乌托邦'；胡适之先生常常劝鄙人写自传，如时间允许，鄙人也想写一本。"

蔡元培开始撰写《自写年谱》，他的脑海首先出现了他的故乡，他的亲人，他的童年时光……

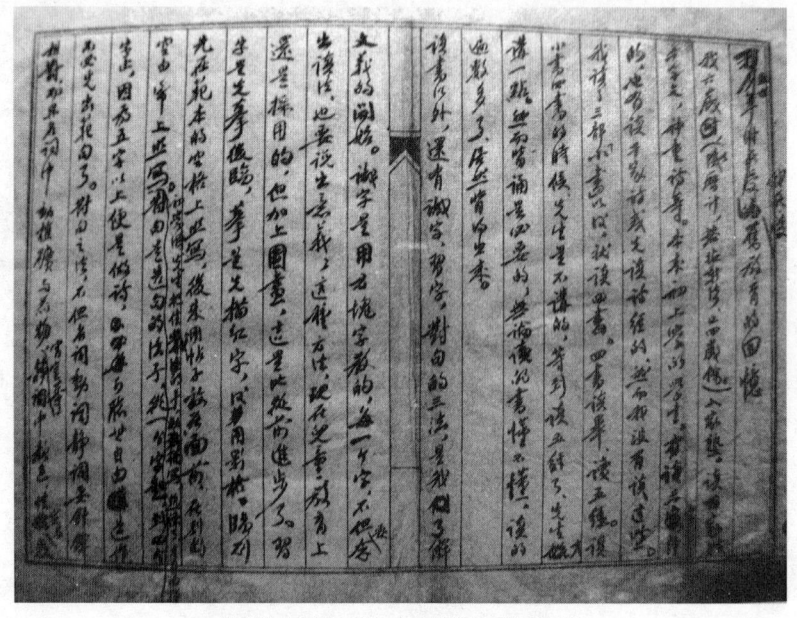

蔡元培《自写年谱》中有关幼年时期的回忆

魂梦间的故土亲情

文化古城绍兴，自古人杰地灵，王羲之、陆游等人皆出生于此。近代以来，又出现了蔡元培、鲁迅等伟人。

蔡元培出生在绍兴府山阴县城笔飞弄。笔飞弄是笔飞坊中的一弄。这里有很多美好的传说。据说，"书圣"王羲之居住于此，有一老妪经常来请求题扇。王羲之不胜其烦，终于忍耐不住，大怒之下，掷开手中的笔，笔飞去。这便是笔飞坊名的来历。传统文化代代相传，形成很好的文化氛围，蔡元培不能不受影响。

蔡元培的祖先都是生意人，直到父亲这一辈，才出现一名读书登科之人，就是他的六叔。六叔对蔡元培的影响不小。对蔡元培影响最大的当然还是他的父、母亲。然而父亲在蔡元培11岁时即去世，对蔡元培的影响相对小一些。父亲为人厚道，"持己待人，都要到极好处"，这对蔡元培的性格有影响。父亲虽是钱庄经理，但勤廉慷慨，朋友借贷者不必有借券，去世后家中没有积蓄。蔡元培的母亲带着三个孩子极节俭地度日，亲友们拟募款资助他们，母亲坚决拒绝。那些曾向蔡元培父亲借贷的朋友主动还钱，加之蔡元培母亲又把首饰卖掉，勤俭节约，抚养孩子成人。她教给蔡元培如何自立，如何做人。蔡元培后来回忆："我母亲最慎于言语，将见一亲友，必先揣度彼将怎样说，我将怎样对。别后，又追想他是这样说，我是这样对，我错了没有。且时时择我们所能了解的，讲给我们听，为我们养成慎言的习惯。"母子情深，有一年母亲胃病疼得厉害，蔡元培听说一种治疗方法，竟偷偷在自己臂上割了一块肉，和在药中，让母亲喝掉。他以为这样可以治好母亲的病，但母亲还是于次年去世，给蔡元培留下不尽的遗憾。蔡元培的亲戚们也给他留下美好的回忆："亲戚往来，总是很高兴的，我们小孩儿，从不看到愁苦的样子。"

蔡元培早年接受的是中国传统教育。从进私塾读《诗经》、《百家姓》开始，到一步步经历各级科举考试，二十余年传统教育的熏陶，为蔡元培打下深厚的国学底子。

朗朗的读书声，严厉的李塾师，由简而繁的八股文，乌篷船上的晚餐，有着恶臭味的乡试考场，得益最大的三本书，科场得意，金榜题名……在种种难以忘却的人生经历中，蔡元培走进了科举考试所能达到的最高殿堂，供职翰林院。

"点翰林"之后的第二年,蔡元培"行万里路",几乎走遍了自1842年以来最早与海外通商的口岸和地区,开阔了视野。

蔡元培的第一次婚姻也在他23岁时开始。

蔡元培后来虽然迈上了革命救国的道路,但他早年受到的道德伦理教育对其影响至深。革命与传统似乎是水火不容的,在有些人看来,革命不就是革传统的命吗?其实不是,好的革命是将传统中的垃圾铲除,而将精华保留并发扬之。只有这样,革命才是有意义的,人类也将由此进步。

寻找救国之路

1894年的甲午战争,1898年的戊戌变法,这两场改变中国命运的历史事件,均给蔡元培以极大的刺激。他在清廷中央机构任职,看到了清廷种种腐败,他也开始抬眼看世界,广泛涉猎西学书报,由一名封建翰林向新型知识分子转变。

对于变乱纷呈的世界,蔡元培始终保持独立的思考与判断。康有为领导的戊戌变法最终以失败告终,蔡元培认为:"康党所以失败,由于不先培养革新之人才,而欲以少数人弋取政权,排斥顽旧,不能不情见势绌。此后北京政府,无可希望。"出于对清政府

1902年的蔡元培

的失望，蔡元培毅然弃官归乡，走上了教育救国的道路。他担任绍兴中西学堂监督（即校长），引入新的教学方法，让学生选修英文、法文、日文。后又到上海，执教南洋公学，发起成立中国教育会，创办爱国学社和爱国女学，多有创建，领风气之先，但也遭到种种阻挠和打击。

在历史的风雨中，蔡元培毫不妥协地前进着……

1900年，蔡元培的第一位夫人王昭病逝。蔡元培悲痛之余撰悼文一篇，哀祭亡妻。之后，朋友们多劝蔡元培续娶，并为他介绍女子。蔡元培按照自己的新思想，对女方提出五条件：（一）天足者；（二）识字者；（三）男子不得娶妾；（四）夫妇意见不合时，可以解约；（五）夫死后，妻可以再嫁。这五条件一提出，许多传统观念下的人感到不解和恐慌，但蔡元培最终找到了合适的伴侣，与黄仲玉结婚。

《苏报》是爱国学社的机关报。1903年7月"苏报案"发生。对于清廷的镇压，蔡元培不仅没被吓倒，反而走上革命道路。他在上海创办《俄事警闻》，以报道俄事为名，宣传鼓吹革命。他还一度信仰暗杀暴动，以爱国女学为据点，加入暗杀团，秘密试制炸弹。1904年冬，蔡元培联合浙江会党，创立光复会，并任会长。光复会的誓言为："光复汉族 还我山河 以身许国 功成身退。"

1905年8月，中国同盟会在日本东京成立，蔡元培由何海樵介绍入会，并担任同盟会上海分会会长。在革命活动一再遭受挫折后，蔡元培重新萌发了求学救国的念头。1907年，蔡元培已虚年41岁，但他为了理想、为了信念，决定重新当学生，到国外寻求真知。

美育与德育

蔡元培第一次留学的地点是德国。之所以选择德国，蔡元培的解释是："窃职素有志教育之学,以我国现行教育之制,多仿日本。而日本教育界盛行者,为德国海尔伯脱派。且幼稚园创于德人弗罗比尔。而强迫教育之制,亦以德国行之最先。观今德国就学儿童之教,每人口千人中,占百六十一人。欧、美各国,无能媲美。爰有游学德国之志。"蔡元培的高龄留学,显然不是为了自己,而是为了救国宏愿。要学习,当然应该向全世界中最优秀者学习。

这一次,蔡元培在莱比锡大学听讲三年,全身心地汲取着文化的营养,"于哲学、文学、文明史、人类学之讲义,凡时间不冲突者,皆听之。尤注重于实验心理学及美学"。

这一段光阴是美好而绮丽的,美术与音乐熏陶着蔡元培,使他留恋其中,深得其中真髓。正如他本人所讲:"我于讲堂上既常听美学、美术史、文学史的讲(演),于环境上又常受音乐、美术的熏习,不知不觉地渐集中心力于美学方面。尤因冯德讲哲学史时,提出康德关于美学的见解,最注重于美的超越性与普遍性。"此后,蔡元培一直特别重视美学,不仅在学术上重视,更将美学作为可以提高国民素质的重要方式而加以大力提倡。

美是人类共有的,是超越民族和国界的。为了美好的中国,蔡元培不仅注重美学的传播,更注重美育。他说:"美育者,应用美学之理论于教育,以陶

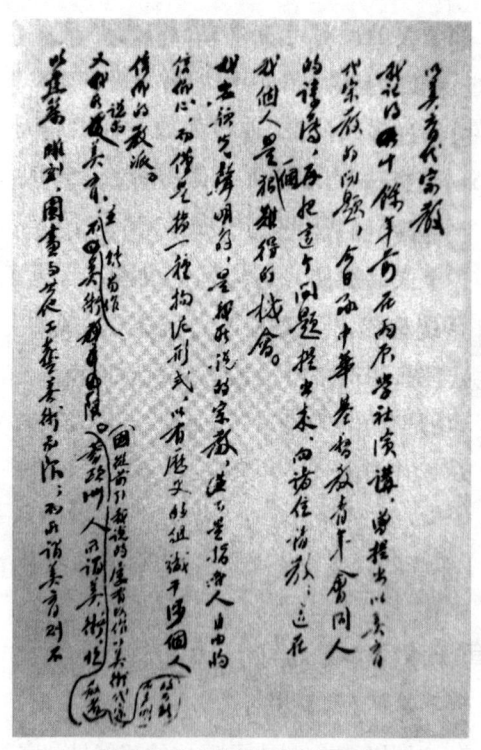

蔡元培《以美育代宗教》手稿

养感情为目的者也。人生不外乎意志，人与人互相关系，莫大乎行为，故教育之目的，在使人人有适当之行为，即以德育为中心是也。顾欲求行为之适当，必有两方面之准备：一方面，计较利害，考察因果，以冷静之头脑判定之；凡保身卫国之德，属于此类，赖智育之助也。又一方面，不顾祸福，不计生死，以热烈之感情奔赴之。凡与人同乐、舍己为群之德，属于此类，赖美育之助也。所以美育者，与智育相辅而行，以图德育之完成者也。"

显然，在教育方面，蔡元培是在进行通盘而全面的考虑。美育是重要的，智育也是重要的，而其根本还是德育，"此乃教育家百世不迁之主义"。教育的目的绝不只是教给学生知识和能力，更为根本的是教学生怎样做人，即蔡元培所说："教育是帮助被教育的人，给他能发展自己的能力，完成他的人格，于人类文化上能尽一份子的责任。"就蔡元培的一生，他是始终身体力行道德伦理的教育。

在学习西方文化时，蔡元培自觉地考虑中国的文化，在对比中寻求中国问题的解决之道。在德期间，他编著了《中学修身教科书》《中国伦理学史》，并翻译了泡尔生的《伦理学原理》。而无论是"修身"也好，"伦理"也罢，无不与中国国民的道德建设相关。"人之生也，不能无所为，而为其所当为者，是谓道德。道德者，非可以猝然而袭取也，必也有理想，有方法。修身一科，即所以示其方法者也。"蔡元培试图全面关照中国古圣贤道德之原理，并旁及东西方伦理学大家之说，为中国人提供道德修养之法门，进而探索一条道德救国的大道。但在当时的时代，这样的探索之路，注定充满了艰辛！

动荡岁月的教育创建

1911年10月10日，辛亥革命爆发，蔡元培发动留学生响应革命，并于11月28日返回祖国，参与创建民国。中华民国临时政府成立后，蔡元培被孙中山任命为教育总长。在他的主持下，教育部成为廉正、高效、精干的典范。此时的蔡元培已具有全新的教育理念，进行了影响深远的改革。之后不久，政府北迁，蔡元培留任教育总长。在历史的转折关头，蔡元培决心抛开一切私利，为国家的教育事业奠定一个坚实的基础。他强调："现在是国家创制的开始，要抛开个人的偏见，党派的立场，给教育立一个统一的智慧的百年大计……"他有一个理想，就是："在普通教育，务顺应时势，养成共和国民健全之人格；在专门教育，务养成学问神圣之风习。"

蔡元培尤其注重新教育的独立性，在《对于新教育之意见》中称："教育有二大别：曰隶属于政治者，曰超轶乎政治者。专制时代（兼立宪而含专制性质者言之），教育家循政府之方针以标准教育，常为纯粹之隶属政治者。共和时代，教育家得立于人民之地位以定标准，乃得有超轶政治之教育。"

在主持民国元年教育部的半年时光中，蔡元培费尽心血，主持制定了新教育的体制和细则，从而构成此后实行十年之久的"壬子癸丑学制"的基本内容，开辟了中国近代教育史的新纪元。然而，民国初年的政治斗争也是复杂多变的。1912年7月，为反对袁世凯专制独裁统治，蔡元培毅然辞去教育总长的职务，再度赴德国留学。

1913年5月，蔡元培奉孙中山之召，自柏林返国，参加"二次革命"。革命失败后，蔡元培携家眷前往法国。他与李石曾等人发起成立勤工俭学会，出任华法教育会中方会长，积极推动留法勤工俭学运动，致力于传播先进文化。

主持北大　兼容并包

1916年10月，教育总长范源廉邀请蔡元培回国，就任北京大学校长。

1917年1月4日，蔡元培正式到北京大学就职。主持北大之初，蔡元培即提出了"囊括大典，网罗众家，思想自由，兼容并包"的十六字办学方针，并切实地按照这一方针办事。所以，在他的领导下，北京大学内既有像陈独秀、胡适这样的"新派"人物，也有像辜鸿铭、黄侃那样的保守教员。"新派"的、"旧派"的，他一样地予以保护，促成了学术上不同派别在自由竞争中的多元发展，使得学术自由和民主不再是一句空话。

蔡元培提倡"以美育代宗教"，主张教育独立，大力改革北京大学的教学体制和管理体制，实行教授治校，把北京大学从一个"官僚养成所"改造成一座名副其实的全国最高学府。更重要的是，在蔡元培的主持下，北京大学成为新文化运动、"五四"运动的发源地和中心，极大地推动着中国历史的进程。

蔡元培也把"学术救国"的理念贯彻到他的北大事业当中。他认为学术

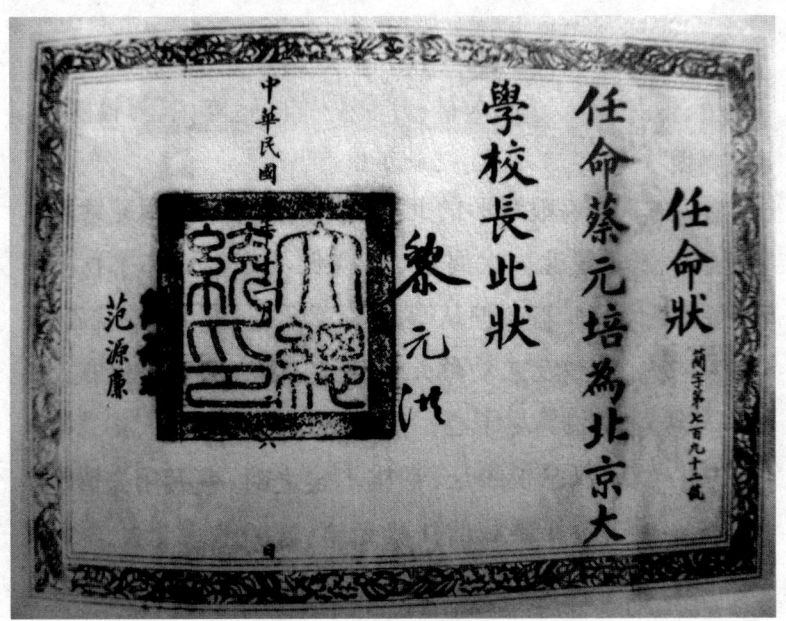

委任蔡元培为北京大学校长

乃是一个国家的灵魂所在，而大学，则是研究高深学问、钻研学术的地方，所以，办好"北大"意义重大，乃是为了整个中国的未来。他也把"道德救国"的思想贯彻始终，在《就任北京大学校长之演说》中，他就劝勉学生"砥砺德行"，说："方今风俗日偷，道德沦丧，北京社会，尤为恶劣，败德毁行之事，触目皆是，非根基深固，鲜不为流俗所染。诸君肄业大学，当能束身自爱。然国家之兴替，视风俗之厚薄。流俗如此，前途何堪设想。故必有卓绝之士，以身作则，力矫颓俗。诸君为大学学生，地位甚高，肩此重任，责无旁贷，故诸君不惟思所以感己，更必有以励人。"

此时，蔡元培的事业达到了辉煌，中国的思想史、教育史将永远铭刻他的名字。

蔡元培的人格魅力散发出巨大的光芒，让世人打心眼儿敬重。关于蔡元

北京大学校园内的蔡元培塑像

培的佳话也四处传播开来。蔡元培聘请陈独秀是一佳话；蔡元培邀请只是中学毕业的梁漱溟到北大当讲席也是一佳话……这个时候，北大群星璀璨，成为永恒的传奇。蔡元培则是传奇的中心。

吴敬恒这样描述："蔡先生志愿立大学，虽然无时不忘他的主张，但也并不一定反对别人意见。……他在北京大学教书时候，不问这个有辫子没有辫子，只看他有没有学问，有一点长处的人，他没有不器重他。这种态度，就是所谓'和而不同'。"

"中国一定有出路"

1923年1月，蔡元培为抗议北京政府教育总长彭允彝干涉司法独立、蹂躏人权，声明辞去"北大"校长职务。7月，携眷前往欧洲游学。1926年2月，因"北大"同仁和教育部一再电促，蔡元培返抵上海。他拒绝回京做北洋军阀统治下的"北大"校长，而是在南方与沈钧儒等人发起苏浙皖三省自治联合会，响应广东国民革命军北伐号召。1927年南京国民政府成立前后，蔡元培作为国民党元老，也参与了一些重大的政治事件，但他始终保持学人本色。其主要精力还是放在中国的教育和科学事业上，先后担任了大学院院长和中央研究院院长。

面对日本的侵略，蔡元培始终旗帜鲜明地反对国民党对内镇压、对外妥协的政策，他号召国人放弃个人恩怨，以国家民族利益为重，调转枪口，一致抗日。

抗战全面爆发前两年，蔡元培请时任行政院院长的汪精卫吃饭，苦劝汪改变亲日行为，说："关乎中日的事情，我们应该坚定，应该以大无畏的精神抵抗，只要我们抵抗，我们的后辈也抵抗，中国一定有出路。"说着说着，蔡元培想到国家的艰难，忍不住热泪滴到了杯盘中，举座无不动容。

1932年12月17日，蔡元培与宋庆龄、杨杏佛等在上海组织成立中国民权保障同盟，任副主席，不遗余力地保障民权。杨杏佛遇刺身亡后，蔡元培悲愤万分。在公祭仪式上，蔡元培悲痛地说："人孰不死？所幸者先生之事业，先生之精神，永留人间。元培老矣，焉知不追随先生以去？同人等当以先生之事业为事业，先生之精神为精神，使后辈青年学子有所遵循，所以慰先生者如此而已。"

在香港的最后岁月

1937年11月27日，71岁的蔡元培抵达香港。在这里，蔡元培留下了

 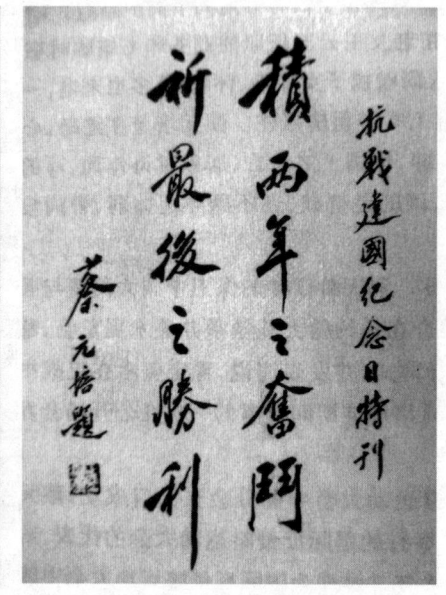

1940年蔡元培在香港最后的留影　　　蔡元培在去世前不久的题词

最后的芬芳。他撰写的《我在教育界的经验》陆续发表，他依然主持中央研究院的院务会议，他为《鲁迅全集》作序，盛赞鲁迅为"新文学的开山"，他还被推选为国际反侵略大会中国分会名誉主席……1939年12月7日，就在蔡元培逝世前三个月，他还以《满江红》词牌，为国际反侵略大会中国分会作会歌。

"我中华，泱泱国。爱和平，御强敌。……"这强劲有力的歌声将永远回荡！

主要参考资料：

蔡元培：《蔡元培先生言行录》，广西师范大学出版社，2005年。

蔡元培：《蔡元培自述》，河南人民出版社，2004年。

蔡元培：《中国伦理学史》，人民出版社，2008年。

张汝伦选编：《蔡元培文选》，上海远东出版社，2012年。

洪治纲主编：《蔡元培经典文选》，上海大学出版社，2008年。

聂振斌选注：《蔡元培文选》，百花文艺出版社，2006年。

王世儒编：《蔡元培日记（上下）》，北京大学出版社，2010年。

高平叔：《蔡元培年谱》，中华书局，1980年。

陈平原　郑勇编：《追忆蔡元培》，生活·读书·新知三联书店，2009年。

绍兴蔡元培纪念馆编：《蔡元培》，浙江教育出版社，2004年。

张晓唯：《蔡元培传》，百花文艺出版社，2009年。

蔡锷（1882—1916）

蔡锷：为中国人争人格

作为一个人，精神与思想的力量总是远远大于身体本身的力量，这也正是人之所以有别于动物之所以伟大之处！

值得注意的是，中国近代史上，以护国著称，以坚毅之志率勇毅之军，一举而粉碎袁世凯皇帝梦的蔡锷将军，却是以病弱之躯行非常之事的。

更可贵的是，他抱定了为四万万中国人争人格的信念，为建立美好的中国贡献了自己的全力。

本是"文弱书生"

蔡锷，原名艮寅，字松坡。1882年12月18日（清光绪八年十一月初九）生于湖南宝庆（今邵阳市），家境贫寒。其父蔡正陵见松坡聪颖好学，先是自己教学，后又让儿子拜著名维新派学者樊锥为师。松坡13岁时，因其瘦小，由父亲扛在肩上进入科举考场，成绩颇佳，得中秀才。3年后考入长沙时务学堂，师事梁启超、谭嗣同、唐才常等人，接受进步思想的熏陶，忧国忧民，谈吐激越，不惜牺牲自己以拯国难。其学业甚佳，是班内的高才生。同年8月，戊戌政变，时务学堂被迫停办，青年学生多被诛囚，松坡一度去武昌求学，但学校对时务学生概不接纳。1899年，松坡考入上海南洋公学，不久梁启超来信相召，得唐才常资助前往日本，就读于东京成城学校。1900年，唐才常决意率自立军在武汉起义，当时与松坡同来东京的10位同学均回国参与其事，松坡则因年幼被留下。然松坡人小志大，他不甘落后，于是只身回国。唐才常仍认为松坡年幼体弱，不能担负重任，于是在起义前半月，将其派往湖南黄泽生处。黄泽生虽同情革命，但认为唐才常等人的方法不易成功，他劝说唐才常无效后，坚留松坡于其家，以避免不必要的牺牲。不久，唐才常等人被捕，英勇就义。松坡听此消息，忧愤成疾，改名为"锷"，立志"流血救民"。故虽在病中，仍勤学不断。黄泽生深为赞赏，资助蔡锷再次到日本求学，寻找救国之路。

1901年，蔡锷再度到东京成城学校学习，与杨笃生、梁鼎甫等创设编译社，还创设校友会，并与一些留学生秘密结社，发誓推翻腐败之清廷，建立一个强大的新中国。在朋友间的辩论中，蔡锷倾向于以军事救国。所以，1902年蔡锷刚从成城学校毕业，便谋求学习先进的军事。为此，他向梁启超求助。梁启超看看蔡锷，笑道："汝以文弱书生，似难担当军事重任。"直到这个时候，蔡锷还是给人一种"文弱书生"的印象。

蔡锷听老师这么一说，有点儿急了。他那看似瘦弱的身躯中，实则流淌着坚强的热血。在救国宏志的激励下，再瘦弱的身躯也会变得强壮。蔡锷热切地对梁启超说："只须先生为我设法得学军事，将来不做一个有名军人，不算先生门生。"梁启超这一次明显地察觉到潜藏在学生身

梁启超

上的力量，他看蔡锷志向坚定，遂设法帮他。1902 年 8 月，蔡锷进入日本仙台骑兵第二联队为入伍生。1903 年 1 月，蔡锷进入东京士官学校习骑兵科，他一面勤奋学习军事知识，一面苦炼自己的身体，终于使自己从"文弱书生"的形象中摆脱出来，成为一名文武双全的军事人才。他与同学蒋百里、张孝准一起，被称为"中国士官三杰"。他与黄兴、蓝天蔚发起组织了拒俄义勇队，后改名为军国民教育会，是留学生以学术团体从事革命秘密活动的最早团体之一。他所撰写的《军国民篇》，分析中国积弱的原因后，探索中华民族之国魂，然后提出从军事方面进行改革从而达到富国强兵的主张。此文与蒋百里所写《军国民之教育》一起，被日本人下河五郎合编为《军事篇》一书，先后印行七版，成为鼓吹军国民主义的代表作品。蔡锷、蒋百里所鼓吹的军国民主义，是面向全体国民进行军事教育，希望以尚武精神组建新式军队对抗帝国主义的侵略。这与蔡锷当初弃文学武时"要救国就得拿起枪杆子"的主张一脉相承。

1904 年，蔡锷由士官学校毕业时，在一百多名毕业生中，成绩名列第五。接着，他回到祖国，开始其戎马生涯。

别具特色的"精神讲话"

回国后，蔡锷加入了华兴会的外围组织爱国协会。他先在江西随营学堂担任总教习及监督等职，接着到湖南教练处担任帮办等职，曾在岳麓山上口占一绝，抒发凌云壮志：

苍苍云树直参天，万水千山拜眼前；
环顾中原谁是主？从容骑马上峰巅。

1905年，蔡锷赴广西训练新军，先后担任广西新军总参谋官兼总教练官、广西混成协协统等职。此时的他，早已摆脱文弱书生的面目，并以英姿飒爽的姿态出现在众人眼前，只见他脚穿长筒靴，腰挎指挥刀，气宇轩昂地骑着骏马而来，被官兵赞誉为"人中吕布，马中赤兔"，又被称为"文武双全，无一不精"的总办。他沉着、冷静，办事非常认真，对官兵严格要求，大刀阔斧地进行改革，整顿军纪，很有成效。在广西练兵的六年时间里，蔡锷经常结合实际情况，煞费苦心地宣扬爱国思想，对官兵们说："广西练兵主旨，一、为求中国独立自由，必须战胜至少一个帝国主义的国家，以此为最高目的；二、为达到此目的，必须全国一致；三、广西必须为把握全国之枢纽，为完成此事，要密切团结内部。"

1911年，蔡锷应云南总督李经义聘请，到云南担任军职，被任命为云南新军第19镇第37协统领。在经过一番考察后，蔡锷认为："滇中军事较桂省尤难，决非一二人之力所能奏功耳！"为了从根本上提高军事力量，培养军事人才，蔡锷特地辑录晚清名臣曾国藩、胡林翼的军事语录，分门别类，并加以按语，编成《曾胡治兵语录》，以此从思想上教育官兵，激励官兵的救国热情，提高官兵的整体素质，作为云南新军的"精神讲话"。

《曾胡治兵语录》共分十二章：第一章《将材》，第二章《用人》，第三章《尚志》，第四章《诚实》，第五章《勇毅》，第六章《严明》，第七章《公明》，第八章《仁爱》，第九章《勤劳》，第十章《和辑》，第十一章《兵机》，第十二章《战守》。其中前十章论治军，后二章讲作战。

论及"将材"时，蔡锷认为："为将之道，以良心血性为前提"，这是曾、胡共同提倡的"扼要探本之论"，也是"现身之说法"。接着又以曾国藩、胡林翼从文弱书生变为一代名将的传奇经历加以阐发，称："两公均一介书生，出身词林，一清宦，一僚吏，其于兵事一端，素未梦见。所供之役，所事之事，莫不与兵事背道而驰。乃为良心、血性二者所驱使，遂使其'可能性'发展于绝顶,武功灿然,泽被海内。按其事功言论,足与古今中外名将相颉颃而毫无逊色,得非精诚所感,金石为开者欤?苟曾、胡之良心血性而无异于常人也,充其所至,不过为一显宦,否则亦不过薄有时誉之著书家,随风尘以殄瘁已耳!复何能崛起行间,削平大难,建不世之伟绩也哉!"由此不难看出蔡锷心中的宏愿——以良心血性为前提行救国强国之事。

谈到"用人",蔡锷提倡:"用人不必拘定一格,而熏陶裁成之术,尤在用人者运之以精心,使人人各得显其所长,去其所短而已。"又提出"居上位者"的责任:"窃谓人才随风气为转移,居上位者,有转移风气之责(所指范围甚广,非仅谓居高位之一二人言。如官长居目兵之上位,中级官居次级官之上位也),因势而利导,对病而下药,风气虽败劣,自有挽回之一日。"这其实就是蔡锷对自己的要求。他大声呼吁:"今日吾国社会风气败坏极矣,因而感染至于军队。以故人才消乏,不能举练兵之实绩。颓波浩浩,不知所届。惟在多数同心同德之君子,相与提挈维系,激荡挑拨,障狂澜使西倒,俾善者日趋于善,不善者亦潜移默化,则人皆可用矣。"

在"尚志"中,蔡锷进一步发扬其大志愿,所言之语尤其诚恳、坚定、无私,令人不胜钦敬。他说:"吾侪身膺军职,非大发志愿,以救国为目的,以死为归宿,不足渡同胞于苦海,置国家于坦途。须以耿耿精忠之寸衷,献之骨岳血渊之间,毫不返顾,始能有济。果能拿

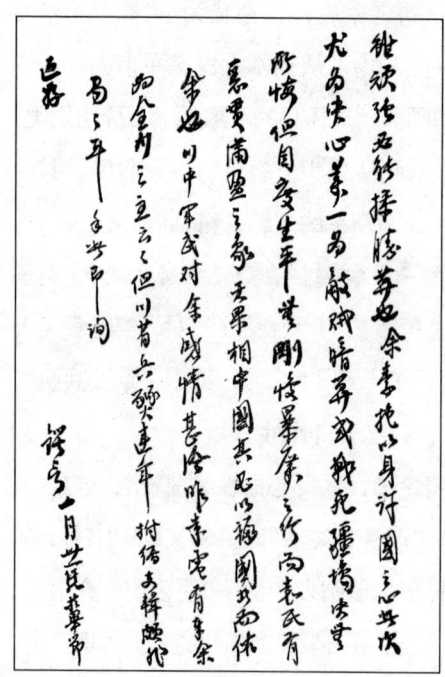

蔡锷手迹(之一)

定主见，百折不磨，则千灾万难，不难迎刃而解。"

其后，蔡锷专以"诚实"为一章，针对"伪之为害烈矣"的国人陋习下药，称："吾国人心，断送于'伪'之一字。吾国人心之伪，足以断送国家及其种族而有余。"指出："军队之为用，全侍万众一心，同袍无间，不容有丝毫芥蒂，此尤在有一诚字为之贯串，为之维系。"又以军人之天职，唤起军人的责任心："吾辈既充军人，则将伪之一字排斥之不遗余力，将此种性根拔除净尽，不使稍留萌蘖，乃可以言治兵，乃可以为将，乃可以当兵。惟诚可以破天下之伪，惟实可以破天下之虚。"蔡锷之用心可谓良苦。

接着，蔡锷又以"勇毅"为一章，大力提倡"大勇""浩然之气"，称："军人之居高位者，除能勇不算外，尤须于毅之一字痛下工夫。挟一往无前之志，具百折不回之气，毁誉、荣辱、死生皆可不必计较，惟求吾良知之所安。以吾之大勇，表率无数之小勇，则其为力也厚，为效也广。至于级居下僚（将校以至目兵），则应以勇为惟一天性，以各尽其所职。不独勇于战阵也，即平日一切职务，不宜稍示怯弱，以贻军人之羞。世所谓无名之英雄者，吾辈是也。"

蔡锷在"严明"一章中则认为："治军之要，尤在赏罚严明"，对于"风气纪纲大弛"的军队，"与其失之宽，不如失之严。法立然后知恩，威立然后知感"。他还特别提出："以菩萨心肠，行霹雳手段，此其时矣。"这体现了蔡锷一贯的作风。

此后，蔡锷在"公明"一章中提倡"宅心正大，名臣胸襟"，在"仁爱"一章中大讲"用兵之根源在于安民、爱民、利民"，在"勤劳"一章中称"习劳忍苦为治军之第一要义"，在"和辑"一章中尤其重视"先有统将之平恕宽容正直之心，才有上下团结一致之局面"，在"兵机"中认为"中西兵法家从经验中得来的论述值得馨香崇拜仔细钻研"，在"战守"中更加非常可贵地结合中国实际提出："今日吾国军队能否说到精练二字，此稍知军事者自能辨之。他日与强邻一相角逐，能否效一割之用，似又难作侥幸万一之想。

至于军资、交通两端，更瞠乎人后。如此而曰吾将取战略战术上最有利益之攻势，乌可得耶？鄙意我国数年之内，若与他邦以兵戎相见，与其为孤注一掷之举，不如采用波亚战术，据险以守，节节为防，以全军而老敌师为主，俟其深入无继，乃一举歼之。昔俄人之蹴拿破仑于境外，使之一蹶不振，可借鉴也。"这一高瞻远瞩的观点，可称得上是日后"持久战"的先声，显示出蔡锷卓越的军事天赋。

《曾胡治兵语录》不仅在当时起到了很好的练兵强兵作用，将云南新军训练成一支非常有战斗力的军队，使其在日后的重九起义、护国战争中成为最重要的军事力量；而且还产生长远的影响，一再重印，被奉为经典兵书，蒋介石即以此书作为黄埔军校的教材。直到现在，重读此书，仍能振奋精神，启发智慧，并强烈地感受到蔡锷的拳拳爱国之心。

以菩萨心肠行霹雳手段

1911年，清政府已成强弩之末，各种矛盾愈加突出，呈水火不容之势，全国范围的民主革命运动正在酝酿。孙中山领导的中国同盟会成为革命的先锋。蔡锷虽未参加同盟会，却受到革命形势的影响，暗中与同盟会保持联系。大批同盟会会员和从日本回国的思想激进的青年军官，分布在云南陆军讲武堂和新军第19镇中。他们活动频繁，积极策划和组织反清革命运动，蔡锷对此采取同情和合作的态度。同年10月10日，武昌起义爆发，云南同盟会员和革命人士积极响应，连续举行五次秘密会议，发动革命运动。蔡锷参加了后四次会议。在第五次会议上，蔡锷被推举为起义军临时总司令。10月30日（农历九月九日），云南昆明起义爆发。在蔡锷的指挥下，起义军与清军进行了激烈的战斗并最终获得胜利。这便是著名的"重九起义"，它是当时除武昌首义外最激烈、代价也最大的一次战斗。而蔡锷在举事之际即宣布纪律："吾辈今日此举，为倾倒满清恶劣政府，不宜戕杀其个人。汉满蒙回藏皆属同胞，应一律看待。"令各军不得妄杀一人。云贵总督李经义被俘后也由蔡锷将其礼送出云南。此后不久，大理、临安两地新军同时宣布起义，云南全省光复。11月1日，起义军在五华山组织"云南军都督府"，公推年仅29岁的蔡锷为云南都督。蔡锷不孚众望，就职后革除弊政，积极更新人事，裁撤贪官，启用同盟会员及同情革命的开明人士，并重用青年军官，使政权很具活力；他又整顿财政，兴办教育，鼓励实业，开拓市场，并对交通邮政采取有力措施，云南呈现出生机勃勃的景象。蔡锷本人在云南的号召力也得以加强与巩固。

不仅如此，蔡锷领导的滇军还积极支援邻省四川、西藏的反清斗争，并呼吁云南、四川、贵州、广西、广东五省实行军事联合，以便随时抗击英法侵略者的军事侵略。所有的一切都体现了蔡锷长远而全面的思虑，他总是站在救国的高度来处理云南的事务，真正达到了公而忘私的境界。他每晨六时办公，下午五时下班，以身作则，并在办公桌背后的墙上贴了醒目的字条，上书："鄙人事冗，除公事外，请勿涉及闲谈。"他还亲自巡视监督办公人员，遇亲友故旧，只要违反纪律，蔡锷丝毫不留情面。蔡锷的弟弟蔡钟步行半个多月，从湖南农村老家来到云南，原指望当了大官的兄长给他安排个肥差，但蔡锷认为这样做有"安插亲信"的

出任云南都督的蔡锷

嫌疑，所以绝不让步。在安排蔡钟观赏游览完昆明的名胜古迹后，蔡锷给弟弟20元钱，让蔡钟仍然步行回家。蔡钟回到湖南，当时的湖南省财政厅长打算安排蔡钟为铜元局局长，被蔡锷婉言谢绝，认为弟弟"年少，恐有误公事"。这些举动，非蔡锷不爱亲人，而是不愿以私害公。相比那些"一人得道、鸡犬升天"的官僚，蔡锷着实令人钦佩。

袁世凯窃取革命果实成为北京政府大总统后，明令各省设行政公署，以民政长为行政公署长官，由大总统直接任命；未设民政长的省份，由都督兼任民政长。云南军都督府成立云南民政长行政公署，都督蔡锷兼任民政长。此时，蔡锷对袁世凯尚抱有希望，认为他"宏才伟略，群望所归"。而袁世凯则不愿意蔡锷在云南形成独立的势力，所以借故将其调到北京。蔡锷欣然接受，同时推荐以前的部属唐继尧继任为云南都督。到达北京后，蔡锷出任参政院参政、海陆军大元帅统率办事处处员、全国经界局督办等职，并被封为将军府昭威将军。袁世凯对蔡锷的军事才华颇为赏识，一度试图任蔡锷为陆军总长，但很快就拘于北洋派官僚利益而放弃。即便如此，蔡锷所任职务，在南方官员中还是非常显要的。蔡锷也试图通过袁世凯加强国家实力，建设一支可以保国卫国的军事队伍。他与蒋百里、阎锡山等11人组织军事研究会，深入探讨军事学术问题，并将自己在辛亥革命前后草拟的军事计划书副稿交请蒋百里润色，成《军事计划》一书，试图为建军强国提供理论支持。他还不断上书袁世凯，为国防建设和军队建设献计献策。然而，袁世凯正疯狂地从事军事独裁和复辟帝制活动，蔡锷改革军事的计划势必触及到他的旧势力，所以袁世凯只是表面应承，事实上根本不予实施。蔡锷是何等人，很快识破袁世凯的阴谋，预测到袁世凯必将倒行逆施，大不利于中国，所以迅速从原来对袁世凯的热望中摆脱出来，暗中筹划新的计划。他一方面仍以原来样子麻痹袁世凯，另一方面则为反袁暗做准备。他在1914年写给友人的一封信中称："吾人今日处兹乱世，认定一事于道德良心均无悖逆，则应放胆做去，无所顾忌。以菩萨心肠行霹雳手段，即所谓既要仁慈又要痛快也。"

随着袁世凯复辟帝制的逆流日益猖狂，蔡锷的愤慨之情也越来越激烈，他愤愤地对朋友说："眼看着不久便是盈千累万的人都要颂王莽功德上劝进表了，老袁便安然登上大宝，这叫世界各国看着中国人是什么东西呢！我们自知力量有限，未必抗得过他，但为四万万人争人格起见，非拼着命去干一回不可！"有了这样的决心后，他以母亲不习京中生活为由，派人护送母亲王氏、夫人刘氏及子女返回湖南。

袁世凯对蔡锷也有防备，他派人化装盗匪搜查蔡锷的住宅，事后诡称误会，并杀搜查人员表示歉意。蔡锷则继续装糊涂，为迷惑袁世凯，蔡锷还故意出入于青楼之间，与名妓小凤仙厮混，使袁世凯放松警惕。他又以治疗喉症为名，经日籍医生证明，向袁世凯请假，住在天津日本医师开设的医院中。由此，他经常出入于京津之间，与老师梁启超等人商议讨袁大计，并初步拟定赴云南发动武装起义的战略设想："云南于袁氏下令称帝后即独立，贵州则越一月后响应，广西则越两月后响应，然后以云贵之力下四川，以广西之力下广东，约三四个月后，可以会师湖北，底定中原。"

1915年11月17日，蔡锷在冷静沉着地安排好一切以后，即刻便要以治病为名东渡日本，然后转道返回云南。行前，他与梁启超告别，互相约定："成功呢，什么地位都不要，回头做我们的学问；失败呢，就死，无论如何不跑租界不跑外国。"表现出为报效祖国不惜牺牲生命的高尚精神。

举起护国的大旗

1915年12月，袁世凯公然称帝，改称中华帝国，以"洪宪"为年号。

此时，蔡锷已潜赴云南，并克服种种困难，发动起云南的力量，奋力举起护国的大旗。12月23日，云南督军唐继尧、巡按使任可澄领衔发表通电，要求袁世凯取消帝制，限于48小时答复。25日，蔡锷列名发表通电，宣布云南独立，兴护国军讨伐袁世凯。

1916年1月，蔡锷以中华民国护国军总司令的名义发誓告于全国同胞，宣布讨袁救国，并公布"四义"以号召国人：

一、同人职责，惟在讨袁，天助吾民，幸克有济，举凡建设之事，当让贤能，以明初志。个人权利恩怨，悉予铲除。

二、地无分南北，省无分甲乙，同此领土，同是国民，惟当量材程功，通力合作，决不参以地域观念，自启分裂。

三、倒袁救国，心理大同，但能助我张目，便当引为同志，所有从前党派意见，当然融消，绝无偏倚。

四、五大民族，同此共和，袁氏得罪民国，已成五族公敌，万众一心，更无何等种族界限。

文末写"其诸同仇可赋，必有四方豪杰之来，众志成城，不堕二相共和之政"。

袁世凯得到云南举兵消息后，深悔自己被蔡锷所惑，马上命令精锐部队入川，围攻护国军。

当时的护国军实力明显处于弱势。不仅兵力弱于敌人，而且饷弹两缺，后方接济时断。蔡锷早将生死置之度外，他忘了自己的重病，没日没夜地耗尽心力指挥作战，鼓舞士气。由于蔡锷卓越的领导，全军上下一致，奋勇无比。在四川战役中，护国军休整数日后迅速发动反攻，主攻、侧攻、佯攻互相配合，几路部队同时向敌发起进攻，连战皆捷。护国军与号称精锐并比已多达十倍的北洋军奋战数月，虽没有夺占泸州，却牵制住了敌军主力，阻止了敌军的推进，有力地推动了全国反帝制运动的发展壮大。3月22日，袁世凯被迫宣布取消帝制，但仍窃据总统职务，派人与护国军议和。护国军当时也面临供应不足等种种困难，分析形势后，蔡锷认为当前的主要任务是促使国内各省独立，迫使袁世凯退位，所以他同意暂时停战。

不久，广西、广东、浙江等省先后宣布独立。再往后，蔡锷又在顾全整体局面的情况下，在极艰难的情况下派兵支援四川的陈宧，促使四川独立。四川一独立，一个星期后湖南也独立了。又过一个星期，也就是1916年6月6日，袁世凯在众叛亲离下忧惧而死。

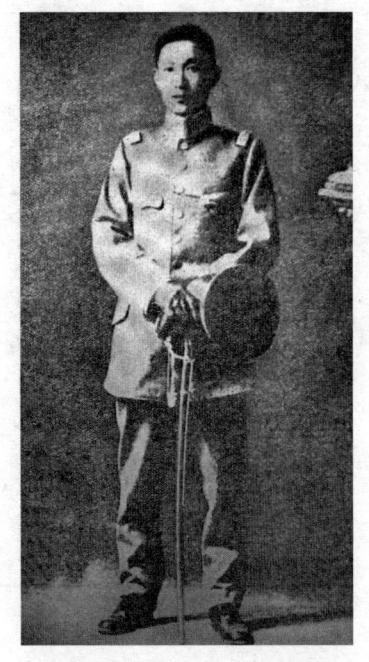

出任护国军第一军总司令时的蔡锷

身先引退　飘然远蹇

革命取得阶段性的胜利，而蔡锷的身体却越来越差了。由于喉病没有得到及时治疗，病势已呈难以遏止的状态。蔡锷本打算成功后即引退，以此提倡不计私利之精神，所以，当病情加重后，这种思想就更加强烈。他在回复梁启超的电报中说："锷初意决拟大局略定，即行引退，加一喉病加剧，亟须静养，对于政局意兴索然，殊不欲多所论列。"

给唐继尧的电报中称："所谓善后问题者俱易解决，惟关于个人之权利加减问题最易为梗。今侪辈中果有三数人身先引退,飘然远飏,实足对于今日号称伟人志士英雄豪杰一流直接下一针砭,为后来留一榜样,未始非善。"

将全国倒袁护国的精神移作中华民族复兴的基础,这大概是蔡锷此时最愿意看到的。

于是,人们看到,已出任四川督军并且深受国人重视的蔡锷突然放弃了所有的职权,转赴日本治疗。

1916年8月,蔡锷在临行前发表《告别蜀中父老文》,称:

蔡锷手迹(之二)

锷履蜀土,凡七阅月矣。曩者驰驱戎马,不获与邦人诸友以礼相见,而又多所惊扰,于我心有戚戚焉。顾邦人诸友曾不我责,而又深情笃挚,通悃款于交绥之后,动讴歌于受命之余,人孰无情,厚我如斯,锷知感矣!是以病未能兴,犹舁舆入蓉,冀得当以报蜀,不自知其不可也。

乃者,视事浃旬,百政棼如,环顾衙斋森肃,宾从案牍,药炉茶鼎,杂然并陈,目眩神摇,甚矣其惫!继此以往,不引疾则卧治耳。虽然,蜀患深矣,扶衰救敝,方将夙兴夜寐,胼手胝足之不暇,而顾隐情惜己,苟偷食息,使百事堕坏于冥冥,则所谓报蜀之志,不其谬欤。去固负蜀,留且误蜀;与其误也,宁负。倘以邦人诸友之灵,若药瞑眩,吾疾遂瘳,则他日又将以报蜀者,补今日负蜀之过,亦安在其不可?

锷行矣，幸谢邦人，勉佐后贤，共济艰难。锷也一苇东航，日日俯视江水，共证此心，虽谓锷犹未去蜀可也。

　　9月14日，蔡锷住进日本福冈医院。他本来商请蒋百里权任四川督署参谋长兼代督军的，但蒋百里愿以总参议之名陪伴照顾蔡锷，表现出可贵的人间真情。

国事回思惟一哭

　　蔡锷在日本医院虽得到较好的治疗，但病情之重却使他很快触摸到死神的阴影。他不惧死，但时刻惦记着国家的命运。

　　他的另外一位友人黄兴，是有名的革命领袖，也是对中国负有大使命的人。蔡锷本以为自己会在黄兴之前病逝，谁知10月31日的时候，黄兴抢先一步逝世，这给病重的蔡锷带来不尽的伤感。蔡锷带病写祭文、挽联，寄给上海的好友张嘉森，请其就近代为吊唁。挽联为：

　　　以勇健开国，而宁静持身，贯彻实行，是能创作一生者；
　　　曾送我海上，忽哭公天涯，惊起挥泪，难为卧病九州人。

　　祭文、挽联寄出后，悲痛之情并未减弱，蔡锷又写第二副挽联，这也是他

黄兴

的绝笔：

> 方期公挽我，不期我挽公，国事回思惟一哭；
> 未以病为忧，竟以忧成病，大勇哪知世险夷。

11月8日，蔡锷终因喉头结核症不治，与世长辞。临终前，由陪伴身边的好友蒋百里代写遗电如下：

一、愿我人民、政府协力一心，才有希望之积极政策；二、意见多由于争权利，愿为民望者以道德爱国；三、在川阵亡将士及出力人员，恳饬罗、戴两君核实呈请恤奖，以昭激励；四、锷以短命，未克尽力民国，应行薄葬。

蒋百里在遗电后附加按语称："一年以来，公恶衣菲食以戕其身，早作夜息以伤其神，临终之际，犹以未能裹尸为憾，然蔡公身虽未死于疆场，实与阵亡者一例也。"

蔡锷英年早逝，年仅35岁。国人闻讯，无不痛惜。孙中山致挽联：

平生慷慨班都护
万里间关马伏波

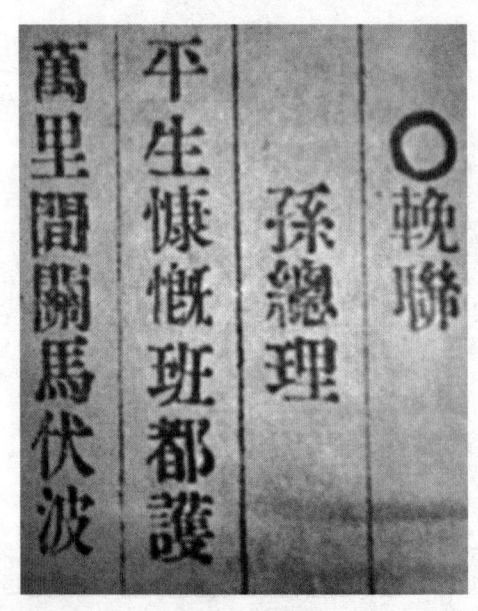

孙中山挽联

康有为的挽联为：

> 微君之功，今为洪宪之世矣；
> 思子之故，怕闻鼙鼓之声来。

就连在袁世凯称帝事与蔡锷立场完全对立的杨度也送挽联：

> 魂魄异乡归，于今豪杰为神，万里江山皆雨泣；
> 东南民力尽，太息疮痍满目，当时成败已沧桑。

蔡锷的灵柩在蒋百里等人的护送下，搭乘新铭商轮由日本运回上海。迎柩仪式非常盛大，有政府组织的，有各团体自发形成的，单是执香列队迎送的即有千余人，不时可看见花圈、素帐，素额上书写着"恢复共和第一伟人"、"丰功伟烈"等字样，以此表达对蔡锷将军的沉重哀思和极大赞誉。孙中山、唐绍仪等人也在迎柩的行列中。"灵柩所过处男女老幼万头攒动，自英租界棋盘街以讫公共租界铁大桥止，沿途一带大小商店一律下半旗，并有摆设路祭者，丧仪之隆，参观之众，实为从来所未有"。蔡锷的老师梁启超也亲往蔡锷灵前奠祭，并致挽联：

> 吾见子之出，而不见其入也；
> 天未丧斯文，而忍丧此贤耶？

表达了世人对蔡锷这位贤者不尽的痛惜与哀悼！

1917年，当蔡锷所辑《曾胡治兵语录》面世时，梁启超再次阐发了蔡锷的伟大精神：

松坡既死于国事，越一年，国人刊其遗著《曾胡治兵语录》行于世。世知松坡之事功，读此书，可以知其事功所由来矣。自古圣贤豪杰，初未尝求见事功于当世也。惟其精神积于中，著于外，世人见之，以为事功耳。阅世以后，事功或已磨灭，而精神不敝。传之后世，遭际时会，此精神复现为事功焉。松坡论曾、胡二公之事，谓其为良心血性二者所驱使，则松坡之事功，亦为此良心血性所驱使而已。曾、胡二公，一生兢兢于存诚去伪，松坡于此，尤阐发不遗余力。精神所至，金石为开，二公屡言之，松坡亦屡述之。二公之言，不啻诏示松坡，使其出生死，冒危难，掬一诚以救天下之伪。则虽谓松坡之事功，皆二公之事功可也。松坡自谓身膺军职，非大发志愿，以救国为目的，以死为归属，不足渡同胞于苦海，置国家于坦途。今松坡得所归矣，而救国志愿，曾未达其万一。护国军之起，仅使民国生死肉骨。如大病方苏，元气已伤，将养扶持，所需于事功者，正复无限。来者不可见，惟恃此耿耿精神，常留存于吾国民隐微之间，可以使曾、胡复生，使松坡不死，以解除日后之千灾百难，超苦海而入坦途。而此语录十余章，实揭吾国民之伟大精神以昭兹来许者也。

蔡锷手迹（之三）

直到 2007 年，融会了蔡锷精神的《曾胡治兵语录》仍以崭新的装帧形式呈现在广大读者眼前，也出现在我的案头。

读斯文，想斯人，心中常受感染的是那种以良心与血性为基础的浩然正气！

参考书目：

蔡锷辑录：《曾胡治兵语录》，广西师范大学出版社，2007年。

蔡端编：《蔡锷集》，文史资料出版社，1982年。

毛注青　李螯　陈新宪编：《蔡锷集》，湖南人民出版社，1983年。

陶菊隐：《蒋百里传》，中华书局，1985年。

谢本书：《讨袁名将——蔡锷》，兰州大学出版社，1997年。

王仁清：《民国人物联话》，南京大学出版社，1993年。

刘磊　方玉萍：《祭往——挽联中的近代名人》，中国长安出版社，2006年。

《上海蔡灵到埠之盛况》，出自北京《晨钟报》1916年12月10日，转载于《老新闻——民国旧事》，天津人民出版社，1998年。

廖仲恺（1877—1925）

廖仲恺：为了独立自主的中国

现在的中国，革命一词已成为历史。我们告别了革命，是因为我们已经独立，已经建立了新秩序，社会在进步，而我们可以通过不断的改革来谋求最大多数人的幸福。在全球化时代，我们可以放开视野宏观看中国，在谋求全人类幸福的同时谋求中国的幸福。

但在廖仲恺生活的时代，中国长期受压迫，蒙受许多不平等条约，是一个半殖民地半封建的社会，温和的改良无法奏效，最激烈的革命手段便成为必须。革命自然免不了大量的流血，廖仲恺即是因为革命而牺牲的。

我们纪念廖仲恺，因为他是一位伟大的革命家。但我们更应该认识到的是：廖仲恺并不是为革命而革命，他之所以愿意牺牲宝贵的生命，是因为他在谋求建设一个美好的中国。

廖仲恺把自己的生命与志愿紧紧地联系在一起。他之所以竭力提倡民族主义，是因为："民族主义系要使中国人民得世界上人类平等之幸福，而遂完满之发达，此便是民族主义之目的。……所谓人类之幸福者，即人类应有享受之幸福。外国人有享受者，吾国人民亦应有之。现在外国人吸收吾国人民之脂膏，而为制造其物质之文明，享其幸福，所以一定要打消不平等条约。"从这一点上看，我们应该很容易理解廖仲恺。而廖仲恺的努力和奋斗，血性和良心，直到现在，仍可以给我们很多营养。

劝君莫惜头颅贵，留得中华史上名

廖仲恺，祖籍广东归善（今惠阳），1877年4月23日生于美国旧金山一个富有的华侨家庭，从小就接受父亲廖竹宾的爱国思想教育，当美国的排华风潮蔓延时，年幼的廖仲恺也少不了受到异族孩子的欺辱，父母进一步教育他：只有振兴祖国，才能保护华侨。1894年，廖竹宾在美国去世，廖仲恺怀着爱国热情返回祖国，先后在惠阳和香港读书。当他亲眼见到国人备受欺凌的情景，当他知道清政府被迫与列强签订丧权辱国的不平等条约的时候，他的救国思想更加强烈了。维新思潮风起云涌，廖仲恺在进步思想的影响下，决意放弃旧学，从西学中寻求救国之路。1896年，廖仲恺转赴香港皇仁书院读书。第二年，廖仲恺与素不相识的何香凝结婚，有趣的是，他们的婚姻竟然与何香凝的"天足"有至关重要的关系。

原来，廖仲恺的父亲由于亲历旅美华侨所遭受的歧视，深知小脚女人是中国的一种耻辱，所以特地留下遗嘱："第一，根据客家人的规矩，儿子必须讨个大脚妇女作媳妇。第二，小脚女人在外国被人看不起，因此，必须照办。"可是，在当时的晚清年间，中国的妇女几乎都裹着小脚，尤其在上层社会里。到哪儿找不缠足的大家闺秀呢？

廖仲恺一定要找大脚（即"天足"）女子为妻的消息很快传了开来。此时的廖仲恺当然名不见经传，但他这件事却引起了不少人的好奇，成为不大不小的新闻。这消息不久就传到了何香凝的家中。

何香凝，广东省南海县棉村乡人，1880年生于香港，父亲何炳桓是香港富商。何香凝从小喜好读书，具有反对封建束缚的思想，尤其对女子缠足非常反感。所以，当她的母亲因害怕她长大后嫁不出去而为她缠足时，小小的何香凝便采取了坚决的抵抗，每夜都要把缠脚布剪去，无论母亲如何打骂，何香凝总是千方百计地按照自己的想法行事，最后终于保护了自己的"天足"。

何香凝

不过，如此一来，等何香凝出落成漂亮的大姑娘时，却因为"天足"而难找婆家。何香凝对此一点都不着急，依然读书求知。她的父母却忧心忡忡。所以，当他们听到廖仲恺选择配偶的条件后，禁不住喜上眉梢。没经多大周折，廖仲恺与何香凝很顺利地成就了一段"天足缘"，两人的感情也迅速升温。

起初，何香凝对廖仲恺身材不高还颇介意，但很快，她便发现丈夫的许多优点。廖仲恺显然是一位有责任心、性格耿直、志向远大的男人，更重要的是，廖仲恺与何香凝志同道合：他们都喜欢读书写诗作画，都有造福社会的强烈愿望……他们的婚姻是美满的。

廖仲恺和何香凝起初寄居在廖仲恺叔父家，但他们很快无法忍受叔父骄奢淫逸的生活，转而搬到廖仲恺的兄长廖恩焘家中，在兄嫂住房的屋顶晒台上搭了间小房。房子自然是非常简陋的，却成了新婚夫妇的温馨港湾。他们白天可以在小屋里读书，晚上则清清静静地欣赏皎洁的月色。他们将小屋起名为"双清楼"，意为"人月双清"。夫妇俩在"双清楼"上，居住了四五年之久。这一期间，何香凝操持家务，全力支持廖仲恺读书。廖仲恺则在读书间隙，向爱妻讲述外面的世界，讲述自己的思想……按照何香凝后来的回忆："听仲恺常常谈及时事，逐渐加深了我对'国家兴亡，匹夫有责'的认识。"

1902年，廖仲恺结束了在香港皇仁书院的学习，产生了去日本留学的想法。由于申请不到"官费"，又得不到兄长及叔父的帮助，廖仲恺留日愿望"为经济所困，议之再三，迄未果行"，为此，廖仲恺非常郁闷。何香凝全力支持丈夫，她不顾娘家人和廖仲恺嫂嫂的强烈反对，毅然将陪嫁的金银、珠玉等首饰及身边所有值钱的东西卖掉，连同自己以前的积蓄，总共"凑得三千余金"，全部交给丈夫，成功地帮助丈夫赴日。何香凝本打算与丈夫一起前往日本，但由于资金原因，只得先让廖仲恺一人赴日。1903年1月，廖仲恺暂别何香凝，满怀着喜悦感激之情，东渡扶桑。两个多月后，何香凝将家中所有杂物卖掉，攒作赴日的路费，于同年4月到达东京。夫妻二人在早稻田大学附近租了一间公寓，取名为"觉庐"。此中的"觉"，自然含有"觉醒"之意。廖仲恺先在早稻田大学政治预科学习，毕业后考入日本中央大学政治经济科，专攻政治经济学。何香凝也考入东京目白女子大学，后转入女子师范政治预科。二人志同道合，在求学中探讨救国之路。他们还结交了不少有志青年，如苏曼殊、胡汉民、朱执信等人。尤其在认识孙中山先生后，他们的生活发生了巨大的转变。

1903年9月，廖仲恺、何香凝夫妇拜访了从东南亚抵日的孙中山先生，对孙中山的革命主张由衷地钦佩，成为孙中山革命事业的积极追随者，正式参加了孙中山领导的民主革命运动，并很快成为骨干。从此，廖仲恺与何香凝已经不只是恩爱夫妻了，也是志同道合的战友。

何香凝在学习之余，常常满腔热情地与廖仲恺一起，参加中国留学生的爱国活动。1903年，何香凝写出《敬告我同胞姐妹》一文，表达了这位女青年忧国忧民的思想，并号召妇女团结起来，与男子一道担负起国家兴亡的责任。这篇文章也是中国妇女运动史中宣传妇女解放的早期重要作品之一。1904年冬，何香凝暂时回到香港，在娘家分娩。2月4日，女儿梦醒降生。廖梦醒满月后不久，何香凝把女儿留在娘家，又一次只身东渡日本，回到廖仲恺身边。

1905年8月，何香凝在自己的寓所内，由孙中山先生主持，举行了加盟仪式，成为最早参加中国同盟会的女会员。

9月，刚从香港筹措留学费用返日的廖仲恺，很快将孙中山先生邀至寓所，由何香凝、黎仲实二人介绍，加入中国同盟会。之后，廖仲恺被任命为同盟会总部外务部干事，并担任同盟会机关报《民报》的撰稿人。他以"屠富"、"渊实"为笔名发表文章，阐述孙中山先生的"三民主义"等主张。他还研究和翻译了《社会主义史大纲》《无政府主义与社会主义》等多篇介绍社会主义的文章，成为最早探索社会主义问题的中国知识分子之一。

同年冬季，廖仲恺与何香凝联袂参加了反对《关于准许清国人入学之公私立学校章程》(即俗称《取缔留学生规则》)的斗争。在这一事件演进过程中，他们既始终积极参加斗争，又遵照孙中山不赞成留日学生全体回国的指示，对激进留学生进行了耐心细致的说服工作，促使他们共同在日本坚持斗争，以避免全体归国遭到清廷镇压的危险，也使许多青年学生在斗争中变得更加成熟。

1906年，廖仲恺受孙中山指派，从日本潜回天津，在地方军队中秘密宣传反清思想，并同法国社会党人取得联系。在当时清政府的专权压制下，这是一项冒着生命危险的地下活动，夫妻二人因此经受了一次生离死别。何香凝依然一如既往地支持着丈夫，临别之际，何香凝以诗相赠：

国仇未报心难死，忍作寻常泣别声。

劝君莫惜头颅贵，留取中华史上名。

何香凝真是廖仲恺的知音。有这样的妻子支持着，廖仲恺虽死无憾了！

1908年9月25日，廖仲恺的儿子廖承志在东京大久保寓所诞生。1909年，廖仲恺在日本中央大学毕业，企图"入清廷握政权以成革命之工作"，参加清廷留学生科举考试，考取法政科举人，回国后被清政府派赴东北，在东北事务督办大臣陈昭常幕下任翻译。1911年武昌起义爆发后，廖仲恺只身南下，出任广东都督府总参议，兼理财政，旋任南北议和会议代表。1914年中华革命党成立，廖仲恺庄严地立下誓言："为救中国危亡，拯生民困苦，愿牺牲一己之生命自由权利！"接着，廖仲恺出任中华革命党财政部副部长，担负起为中华革命军筹措经费和供应武器的重任。1918年，廖仲恺随孙中山到上海。1919年，中华革命党改组为中国国民党。1920年以后，孙中山开始与共产国际的代表会谈合作事宜，廖仲恺是重要联络人之一。1921年，廖仲恺出任广东军政府财政部次长、广东省财政厅长，积极协助孙中山北伐……

在这样的革命生涯中，廖仲恺经受了无数血与火的考验，何香凝自始至终是他的坚强后盾和亲密战友。特别是陈炯明叛变事件中，廖仲恺险遭毒手，是何香凝将他从虎口中救出的。

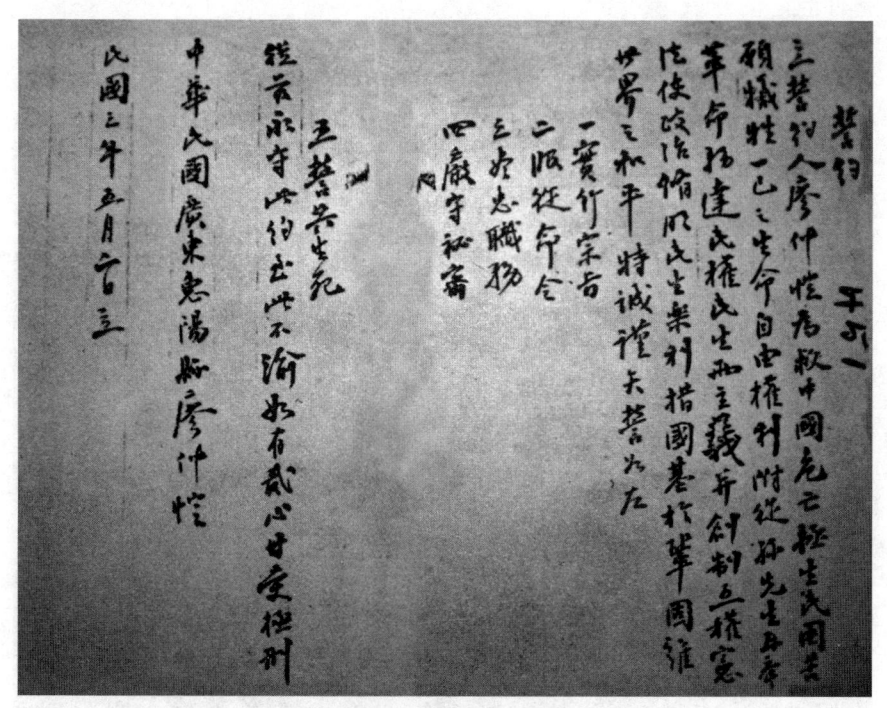

廖仲恺参加中华革命党的誓约

后事凭君独任劳,莫教辜负女中豪

陈炯明本是同盟会的会员,孙中山的亲信。1917 年,孙中山将 20 营警卫军共 8000 人交给陈炯明,对其大力培植。陈炯明野心勃勃,借机壮大自己的势力。1921 年 4 月,广州非常大国会推举孙中山为非常大总统,陈炯明被任命为陆军部长兼内务部长。不久,陈炯明出兵驱逐盘踞在广东的桂系军阀,兼任广西善后督办。随着其势力越来越大,陈炯明开始了叛变活动,阻挠孙中山的北伐,并阴谋将革命势力消灭。1922 年 3 月 21 日,陈炯明派人暗杀了坚决支持北伐的粤军总参谋长邓铿。同年 6 月,陈炯明的毒手伸向了廖仲恺。

6 月 14 日,廖仲恺突然接到陈炯明的电报,请他到惠州去"领款"和"商

廖仲恺获释后在上海与孙中山等人合影

谈要事"。廖仲恺怀疑其中有诈,但陈炯明还未公开叛变,仍然担任着陆军部长之职,廖仲恺希望通过自己的努力,劝说陈炯明,以保存革命力量。所以,明知有险,廖仲恺还是前往惠州。

车子刚开到东莞县的石龙,廖仲恺就被扣留并押送到广州西郊石井兵工厂。陈炯明对廖仲恺高度"重视",为防止廖仲恺逃走,曾用三条锁链分别锁在廖仲恺的腰部、手、脚三处。陈炯明打算将孙中山"解决"后,随即将廖仲恺杀害。

廖仲恺早将生死置之度外,心中所想的仍是孙中山的安危和国家的前途。当陈炯明6月16日炮轰总统府,要置孙中山于死地的消息传到囚室时,廖仲恺愤然写下《壬戌六月禁锢中闻变有感》诗四首,其中两首为:

> 珠江日夕起风雷,已到狂澜孰挽回。
> 征羽不调弦亦怨,死生能一我何哀。
> 鼠肝虫臂唯天命,马勃牛溲称异才。
> 物论未应衡大小,栋梁终为蠹螆摧。

> 妖雾弥漫混天清,将军一去树飘零。
> 隐忧已肇初开府,内热如焚夕饮冰。
> 犀首从仇师不武,要离埋骨草空青。
> 老成凋谢余灰烬,愁说天南有陨星。

廖仲恺考虑到自己必死,写下了与妻子的诀别诗——《留诀内子》:

> 后事凭君独任劳,莫教辜负女中豪;
> 我身虽去灵明在,胜似屠门握杀刀。

生无足美死奚悲，宇宙循环活杀机；
四十五年尘劫苦，好从解脱悟前非。

他也给儿女（即廖承志、廖梦醒）写了诀别诗："女勿悲，儿勿啼，阿爹去矣不言归。欲要阿爹喜，阿女、阿儿惜身体。欲要阿爹乐，阿女、阿儿勤苦学。阿爹苦乐与前同，只欠从前一躯壳。躯壳本是臭皮囊，百岁会当委沟壑。人生最重是精神，精神日新德日新。尚有一言须记取，留汝哀思事母亲。"

这两首诗精神一致，但风格不同，字体也不同。前者以行草写就，若行云流水；后者是工整的楷体，如金钩铁骨。书可通神，从这两份遗书中，看不出廖仲恺一丁点儿对死亡的恐惧，而是坦坦荡荡、沉静有力，将无所畏惧的浩然正气弥漫开来，令人敬佩！

就在廖仲恺自忖必死的时候，他的妻子何香凝毅然决然地来到险地，与陈炯明进行了无畏的斗争。

8月18日，何香凝拖着病体，冒大雨爬上了广州北部的白云山，出其不意地出现在正开军事会议的陈炯明面前。

陈炯明当然认识何香凝，以前打过交

《留诀内子》诗

《诀醒女 承儿》诗

道，见面时也会客气地打招呼，但陈炯明没想到何香凝会在这种形势紧张的情况下出现。

他自己心里有鬼，又毫无准备，所以十分尴尬，只得请何香凝坐下，令人递上水，并假惺惺地问候。

何香凝直盯着陈炯明，腾地一下，从椅子上站起，厉声说道："我问你，我们有什么对不起你？你们的军饷、费用，是不是仲恺费尽心血为你们筹备解决的？你们在漳州两年多，把孙先生在上海莫利爱路的房子两次抵押才借来款项帮助你的，是不是仲恺？你就这样对待帮助你的人？我今天来这里，没打算活着回去，砍成肉酱也不怕。你放不放仲恺？现在一定要告诉我！"

何香凝那股凛然的气势一下子镇住了不可一世的陈炯明，她所说的话也让陈炯明自感理亏，一时无法对答，只好搪塞道："廖夫人，这都是部下干的，我不知道内情。我这就派人把他转移到白云山来。到时候，你也去接他。"

陈炯明一边说着，一边写了张条子递给何香凝。何香凝岂能受骗，将条子掷在地上，愤愤地说："你这是明放暗杀。明人不做暗事。要杀，你明告我！要放，现在就让他和我一起回家！"

短兵相接，陈炯明知道无法搪塞了。他犹豫着。

陈炯明不敢贸然杀害廖仲恺，因为廖仲恺在军队中有很大的影响力。局势也已有所变化，孙中山已经脱险，离开广东去了上海。在韶关的北伐军也离开粤北，革命力量对他的威胁暂时松缓。而何香凝又是如此的坚决，如果不马上放廖仲恺，势必鱼死网破。陈炯明现在不想这样。所以，过了一会儿，他终于对何香凝说："廖夫人，我这就派人，陪你去接廖先生。"

从6月14日到8月18日，廖仲恺被囚禁达63天，总算脱离险境。回家后，凌晨3点多钟，廖仲恺夫妇迅速离开，先到香港，转道前往上海，找到孙中山，投入新的战斗。陈炯明释放廖仲恺后，很快就后悔了，下命令再次逮捕廖仲恺。然而,当他派人到达廖宅时,屋内早已空无一人。

在上海,廖仲恺写《蝶恋花》词一首,表达心志:

> 冷雨敲窗风扫叶,
> 未算凄凉,
> 莫便凄凉说。
> 待到风消和雨歇,
> 菰蒲犹复争秋热。

先生远矣,不可追矣

廖仲恺更加积极地投入到革命事业当中,虽然屡经风险,但均化险为夷。他在革命事业中扮演着越来越重要的角色,国人对他有厚望焉!

孙中山先生,是廖仲恺一直追随的领袖、导师、同志、亲密战友。共同的救国思想和爱国热情,使廖仲恺不惜以生命为代价,保护孙中山,坚决执行孙中山的正确主张。他尤其拥护"三民主义",即:民族主义、民权主义、民生主义。要促使中国成为一个"民之所有"、"民之所治"、"民之所享"的国家。

从 1922 年 9 月起,孙中山决定以"联俄、联共、扶助农工"为原则,对国民党进行彻底的改组,廖仲恺作为孙中山的代表多次与苏俄代表越飞会谈,促成著名的《孙文越飞宣言》发表,确立了平等友好的中苏关系。

在 1924 年举行的中国国民党第一次代表大会上,经过激烈的辩论,终于确立了孙中山提出的新三民主义。廖仲恺发挥了重要作用,并被选举为中央执行委员、常务委员、政治委员会委员。此后,他又兼任国民政府财政部长、广东省长、国民党中央工人部长等重要职位，成为广东革命政府的重要领导人和国民党左派的主要代表之一。筹办并领导黄埔军校，也是廖仲恺的重要职责。1924年5月，黄埔军校领导机构成立，廖仲恺任党代表，坚持以孙中山提倡的新三民主义培养造就新型的革命军人，做出了卓越的贡献，被誉之为"黄埔慈母"。

1924年11月，孙中山为救国大业，挟病北上讨论国事。此行中，孙中山想要切实解决的其中一项重大问题就是谋求废除与各国的不平等条约。12月6日，孙中山即在天津声称："我只有各国对华平等地解决一切不平等条约等条件实现时方为总统。我现在竭力宣传，请各国尊重中国的国际地位，就是让全世界都明白，各国废除与中国订立的一切不平等条约对于中国是多么的重要，这个问题不解决，中国与列强各国之间的其他一切问题都不可能解决。"12月18日，孙中山在天津寓所与段祺瑞的代表许世英等再谈废除不平等条约等事，当他得知段祺瑞政府有"外崇国信、尊重条约"的保证，非常生气，说："我在外面要废除那些不平等条约，你们在北京偏偏要尊重不平等条约，这是什么缘故？你们要升官发财，怕那些外国人，要尊重他们，为什么还来欢迎我呢？"这次交谈后，孙中山病情迅速恶化，眼看不起。当孙中山病情危重的消息传到廖仲恺耳中时，廖仲恺非常着急，急切地想要北上，但孙中山认为广东离不了廖仲恺，令其以国事为重，不准其北上。

与孙中山的北方宣言相呼应，廖仲恺在南方积极推动着废除不平等条约。因为他深切地意识到，列强仗着不平等条约压榨中国，不仅掠夺中国

孙中山、廖仲恺合影

的资源，还将中国视为他们的垃圾场；只有废除不平等条约，中国才能独立自主，才有可能真正发展。1924年12月，廖仲恺在《中国实业的现状及产业落后的原因》中剖析：

> 自鸦片战败后，外人要求通商。通商原是好事，以有易无，经济共通，以全人类的生产，供全人类的需要，本是正当的道理，而且又有补益于世界。但是他们所要求通商，不本这种好意，乃用极苛刻的条件，迫我们承认。这种条件，只求有利于他们，而损害于我，使我国的产业，不能自由发展，以致竭尽国民的膏血，适应以供他们生产的营养。然考求外人所以能保障他们的权利，要有三端：（一）关税权归于他们的掌握；（二）海关税率是和他们协定的；（三）他们在中国沿江海的航线，通商的口岸，均可自由航行。他们得了这种优胜的条约，足以保障他们产业的发达，使生产的盈余，得以尽销于中国，视中国为市场。又像垃圾缸，废坏无用的物，尽投于那些地方。于是一方面可以维持物价，一方面可以滋殖生产。

他还指出："这种情况，究非通商的错过，实有别的原因为之束缚。这种原因是什么样子呢？就是损己利人的条约罢。""我们则仍受政治上种种的束缚，所以对于通商，只见受害，不见有利，以致民国的膏血，尽被外人所吸收，遂使中国贫弱不堪，变为列强的殖民地。所以为今日计，应该合全体国民的力，共谋政治的改革，以至能够自由发展我国的实业而后可。"

1925年3月12日，孙中山病逝于北京，临终前留下他签署的一百四十多字的《国事遗嘱》，全文为：

> 余致力国民革命凡四十年，其目的在求中国之自由平等。积四十

年之经验，深知欲达到此目的，必须唤起民众及联合世界上以平等待我之民族，共同奋斗。

现在革命尚未成功，凡我同志，务须依照余所著《建国方略》、《建国大纲》、《三民主义》及《第一次全国代表大会宣言》，继续努力，以求贯彻。最近主张开国民会议及废除不平等条约，尤须最短期间促其实现。是为至嘱！

中华民国十四年二月二十四日
孙文 三月十一日补签

孙中山病逝的消息传来时，廖仲恺悲痛欲绝，写下沉痛的悼念文字，不久又在《孙中山先生文集序》中写道："先生逝世后一月。甘乃光同志急于以其平日所搜得先生之遗文集而刊之。呜呼。先生远矣，不可追矣。然先生崇高之人格。伟大之思想。革命之精神。犹足感召吾民族有为之士于百世以后。读先生之遗文者。能体化而力行焉。则此集之刻为不上虚矣。中华民国十四年四月廿二日。"以此表达继承孙中山遗志的决心。

革除中国的大毛病

孙中山逝世后，中外敌对势力相互勾结，更加猖狂地瓦解革命力量。国民党右派也活跃起来，公开反对"联俄、联共、扶助农工"的三大政策，操纵军队和地方武装破坏工农群众组织，杀害工农运动的干部。他们还与北洋军阀勾结，密谋发动武装叛乱，颠覆广东革命政府。就连已被打败的陈炯明，也在英国势力的帮助下死灰复燃，占领汕头，妄图寻机夺取广州。广东革命政府陷入极为艰难的境地。

在此情况下，廖仲恺起了极其重要的作用。他坚决有力地奉行孙中山的三大政策，亲自筹划作战，击溃了陈炯明的势力。接着又参加领导了平定滇、桂军阀杨希闵、刘震寰叛乱的战斗，有力地巩固了广东革命根据地。这时候的廖仲恺，已当之无愧成为广东革命政府的中流砥柱。

廖仲恺的行为受到封建军阀、帝国主义的仇视，同时受到国民党右派的强烈反对。从1925年7月开始，国民党右派分子邹鲁、孙科、伍朝枢、邓泽如等人就开始集中攻击廖仲恺，采取种种手段，企图将廖仲恺搞垮。廖仲恺对此毫不妥协，一方面对某些人予以查办，另一方面公开揭露国民党右派背叛孙中山三大政策。

1925年5月，廖仲恺发表了一篇《革命派与反革命派》的文章，一针见血地揭露了国民党右派的本质。指出国民党内部出现反革命派并非偶然，是受军阀和帝国主义利用的结果，并毫不留情地对国民党老右派做了辛辣的批判："现在吾党所有反革命者，皆自诩为老革命党，摆出革命的老招牌，以为做过一回革命党以后，无论如何勾结军阀与帝国主义者及极力压抑我国最大多数之工界，也可以称为革命党，以为革命的老招牌，可以发生清血的效力。不知革命派不是一个虚名，那个人无论从前于何时何地立过何种功绩，苟一时不续行革命，便不是革命派。反而言之，何时有反革命的行为，便立刻变成反革命派。"这一文章是对国民党右派的有力回击，引

1925年廖仲恺为"沙基惨案"烈士书写的挽联

起右派头面人物邹鲁、孙科、伍朝枢、吴铁城、林直勉、胡毅生等人的忌恨，他们秘密集会，商议要对廖仲恺下毒手。与此同时，封建军阀也想毒害廖仲恺。而港英当局也因为害怕廖仲恺在省港大罢工中所起的作用，想要暗害他。几股恶势力很快勾结起来。

省港大罢工爆发于1925年6月19日，廖仲恺对此积极支持，认为此次罢工意义重大，"是为国家谋自由与独立，争国家的地位和民族的人格"，也就是要"谋取消不平等条约与打倒帝国主义"。他表示政府与党均要全力支持，并号召工农兵联合起来，共同奋斗，反抗帝国主义，称："我们知道：只靠兵士去打仗，很难取得胜利，惟有工农兵的大联合，始可达到成功。"同时，廖仲恺以实际行动参与了这一罢工，担任广东群众性的反帝组织"广东各界对外协会"的主席，亲自主持了十万多工人参加的反帝集会与示威游行，与共产党人共同研究抵制敌人的策略，还不遗余力地为罢工工人筹集物资，提供一定的物质条件……

1925年6月23日，广州工农兵十余万人举行反帝示威游行。队伍抵达沙基时，遭到英军开枪屠杀，死伤一百多人，酿成"沙基惨案"。廖仲恺愤然为死难者写下挽联："帝国主义残暴之证据 次殖民地惨状之写真"，号召民众继续抗争。7月2日，廖仲恺和蒋介石率领黄埔军校全体军官、学生通电抗英。

为适应革命形势发展的需要，1925年7月1日在广州成立了国民政府，廖仲恺任政府委员兼财政部长。7月3日，国民政府任命了广东省政府新的领导成员，廖仲恺兼任省政府委员、财政厅厅长。廖仲恺发表演说，表示决心为广东的财政好转而奋斗。

廖仲恺所有的努力和奋斗，最终集中到如何革除中国的大毛病上。他在1925年8月14日的演讲《最后一篇的教训》中说：

我们知道现在中国的大毛病，是在于教育、工商业之不发达。其不发达的原因，由于社会秩序不良和盗贼横行。但是盗贼横行与秩序不良，又是什么的原因呢？我们可以说，是政治受束缚的缘故。中华民族在国际间的地位，当中古时代，产业革命以前，不过只受政治的束缚。这种现状，不只中国，即在各国，或因战败而被迫订此种不平等条约者，亦所在多有。但自中世纪以还，机械工业发达，中国就加多一层经济的束缚。因为时代的关系，由不平等条约至到经济的侵略，现由经济侵略反响到政治的束缚，这就是一个循环论，如蛋之于鸡，是孰先有的问题一样。迨至十九世纪以来，银行事业，日益发达，中国受列强的侵略，更加厉害。这就所谓新帝国主义。新帝国主义与旧帝国主义不同。新帝国主义，就是银行团，银行团能操纵全世界的金融，其权力就是帝国主义的最高点。新帝国主义完全靠着不平等条约为护符，所以得恣肆的发展。中国自受政治的束缚以后，又复受经济的束缚，国家经济与国民经济，都困苦到了不得，所以士农工商各业，都不能发展。在此种情形之下，我们非力谋解脱束缚不可。但是怎样去解脱呢？我们一定要有长期的奋斗。

廖仲恺当时所指的奋斗，就是工商各界团结起来，进行和平打仗的方式，即以罢工的方式，取消不平等条约。他的行动与影响力激起了港英当局的仇视，他们害怕省港大罢工威力的同时，寻机暗害在工人中影响较大的中国共产党人和国民党左派人士。当他们了解到国民党右派的某些人也正要谋害廖仲恺时，马上与之联系。双方臭味相投，一拍即合。廖仲恺的处境更加危险了。

"苟利于国，则吾举家以殉，亦所不惜"

国民党右派分子邹鲁、孙科等人从 1925 年 7 月开始，便集中攻击廖仲恺，他们多次召开秘密会议，散布种种谣言。孙科是孙中山的长子，但他与其父的主张背道而驰，支持拆廖仲恺的台，不过他不提倡采用暗杀手段。而胡毅生、朱卓文、林直勉等人则对廖仲恺恨之入骨，必欲除之而后快。

胡毅生因经常插手承包捐务，从中牟利，受到廖仲恺的抑制。他曾用不正当手段谋选广州市长，事未成而受到廖仲恺的查办，因此对廖仲恺怀恨在心，提议以暗杀手段除掉廖仲恺。他看到孙科等不愿采取极端手段，便暗中与林直勉、朱卓文等人密商刺杀廖仲恺的事宜。他们多次聚集于"文华堂"俱乐部中，物色和网罗刺客。这一消息被港英当局探知，与他们联系，愿出 200 万元的巨款，收买杀手。

与此同时，右派们故意把要刺杀廖仲恺的计划张扬出来，企图吓倒廖仲恺。廖仲恺非常蔑视这种行为，照常天天到工会、农会等团体去开会或演说。在他遇害前两天国民政府的一次会议上，廖仲恺接到身旁汪精卫的一个条子，告诉他听到有人将对他不利，请他注意。廖仲恺当即表示："为党为国而牺牲，是革命家的夙愿，何事顾忌！"

第二天，又有人以确切消息告知廖仲恺，廖仲恺仍然不惧，说："际此党国多难之秋，个人生死早置之度外，所终日不能忘怀者，为罢工运动及统一广东运动两问题尚未解决。"他为了给黄埔军校筹备军费，经常忙到深夜。在威险越是迫近的时候，廖仲恺越是坦然自若，将生死置之度外。

他说："我为国家，为本党，无论何人反对，我皆不畏。即击我杀我，亦在所不惜。"

他还说："苟利于国，则吾举家以殉，亦所不惜。"

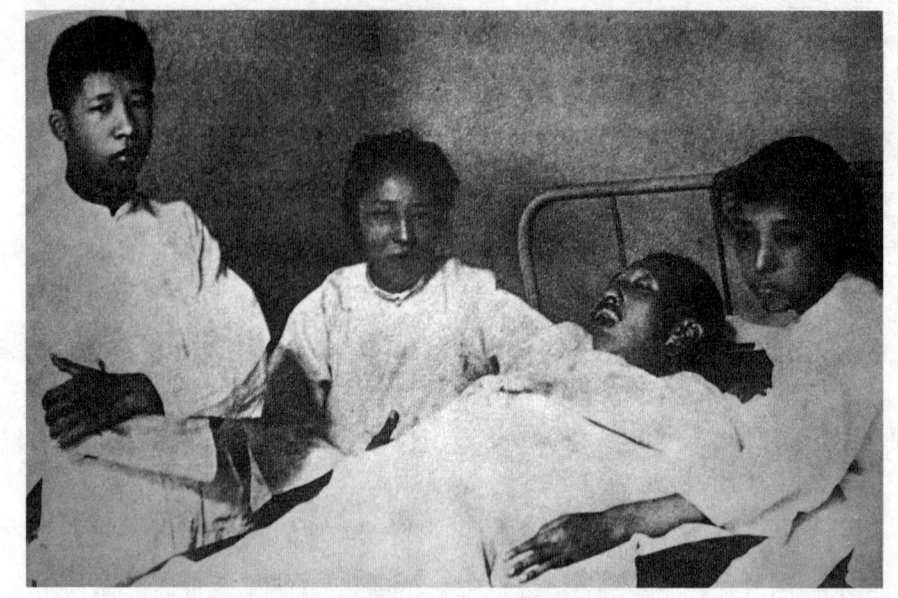

何香凝、廖梦醒、廖承志在廖仲恺遗体旁

8月20日上午9时许,廖仲恺偕何香凝自东山寓所驱车赴中央党部,参加国民党中央执行委员会第一零六次会议。途中遇到国民党监察委员陈秋霖,便同车而行。当汽车开到中央党部大门前时,他和陈秋霖下车,刚踏上门前的石阶,突然有凶徒四人分别从骑楼及大门铁栅栏后冲出,向廖、陈二人猛烈射击。廖仲恺身中三枪,当即倒地。陈秋霖也中一弹,鲜血直流。

廖仲恺的卫士听到枪声后,急忙还击,一凶手被打伤在地。何香凝见廖仲恺倒地,一边不顾一切地朝廖仲恺跑去,一边大喊"抓刺客!"有暴徒向她开枪,幸未击中。暴徒们见目的已经达到,赶紧逃跑。除被击伤的那个暴徒外,有二人逃向东园方向,有一人向小东门方向逃窜,均未被抓获。此时廖仲恺已不能言。何香凝急忙命卫士将廖仲恺、陈秋霖扶上车,送往百子岗公医院医治,未到医院,廖仲恺就长眠不醒。

鲜血染红了廖仲恺的长衫,就连他所穿的白帆布绷带鞋上也溅满了鲜血……

中国之前途尚要经过重重的黑暗

廖案发生后，国民政府迅即组成了朱培德、陈树人、甘乃光、周恩来、陈公博、岳森、吴铁城、陈孚木、李福林九人组成的"廖案检查委员会"，进行查处。因案情重大，国民党中央政治委员会、军事委员会与国民政府举行联席会议，指定由汪精卫、许崇智、蒋介石三人组织"特别委员会"，负责侦查此案，处理此案的军政事宜。此外还组成一个七人小组的特别法庭。

最重要的线索是被击伤逮捕的那个凶徒。此人名叫陈顺，在他身上搜出红十字会会证一个，枪照一张，另有阜康押店当票一张，以及几张分钱的单据等。从当票和分钱单据可以看出，此人早几天还穷得在当铺典当衣物，后几天却有了大笔来历不明的钱财，显然他是被收买的。陈顺在昏迷中连声喊"大声佬"的名字，这正是国民党右派分子朱卓文的诨名。接着查出陈顺用的手枪正是朱卓文经常使用的。陈顺因伤重不治，很快死去。临死前供认，"有几十万元打猛人"。"猛人"是广东方言，指有名声、权势的人。审讯者追问他"猛人"是谁，陈顺答："是廖仲恺、谭平山。"

在侦察过程中，刺廖主谋渐渐露出水面。胡毅生、魏邦平、朱卓文、林直勉等先后受到通缉。国民政府五常委之一的胡汉民也有重大嫌疑。国民政府派军队搜查了胡汉民兄弟的住宅，逮捕了胡汉民的兄长胡清瑞以及

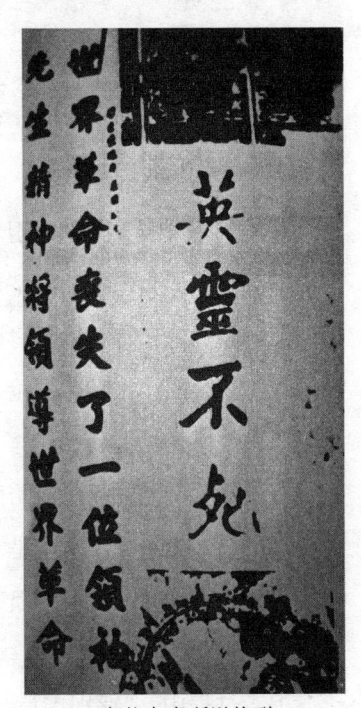

中共中央所送挽联

廖黨代表遺言．

在殖民地半殖民地的國民革命運動，對內要打倒官僚軍閥，一切反動力量，對外要抵抗帝國主義者的重重壓迫。革命實在是我們唯一的出路。工人階級，那一派替農工階級打銷壓迫他人口最多的是農工階級，那一派替農工階級打銷壓迫他們的力量，便是革命派；凡與軍閥、帝國主義者妥協並壓迫農工的人們，便是反革命派。

廖仲恺的一份遗言

林直勉。但在如何处置胡汉民的问题上，廖案"特别委员会"的主要负责人汪精卫、许崇智、蒋介石发生分歧，许、蒋急于铲除政敌，要求将胡汉民处死，而汪精卫则坚决保胡。最后，胡汉民以赴俄考察为名，外出避开此案。同时，胡毅生、魏邦平、朱卓文等人也在汪精卫、蒋介石的暗中帮助下，逃离广州。

主谋中还有粤军第一军军长梁鸿楷，事发后，他企图发动军事政变，很快失败，亲信部队被改编，梁鸿楷逃往香港。国民政府解除了梁的一切职务。

另据何香凝及廖仲恺的卫士说，国民党中央党部平时均有警察守卫，廖仲恺遇害那天却大门敞开，空无一人。枪声响后，警察也没有及时赶到。而廖仲恺所中三枪，有一枪是口径较小的左轮手枪射击。凶手中无一人带左轮手枪，何香凝据此怀疑这一枪是从中央党部里面射出的。另外，事发时何香凝鉴于刺杀廖仲恺的传言很多，特地告诉公安局长吴铁城，要他预为防范，而吴铁城实际上未采取任何防范措施。吴铁城显然也有嫌疑，却没有任何人过问。不仅如此，吴铁城还是"廖案检查委员会"成员，被捉的凶手还受到他的优待。何香凝对此极为愤怒，专门质问蒋介石。吴铁城不久被拘押，但很快又被蒋介石的手下放掉。

追查过程中，"特别委员会"主要负责人之一的粤军总司令许崇智也受到怀疑。许崇智是蒋介石的上司,又对蒋有恩。蒋介石在派人包围许宅之前,先秘信转告许崇智去上海暂避。与此同时,汪精卫也附去一信,逼许崇智离开。许崇智为势所迫,只好离开广州。蒋介石、汪精卫乘机攫取了广东革命政府的大权。而廖案也不再深究,最后竟不了了之。

行刺廖仲恺的凶犯中,陈顺因受伤先期死亡。郭敏卿被抓获后正法。方镜如是朱卓文的部下,事发后弃枪潜逃,先去香港,后返回香山县,因作恶多端被边防军捕杀。还有一名凶犯却不知去向,无从查考。至于此案还有哪些背后主谋,也不得而知了。

廖仲恺的遗体先安葬于广州驷马岗朱执信墓左侧,1935年9月1日移葬于南京紫金山中山陵侧。

廖仲恺之死以及对廖案的处理,预示着中国之前途尚要经过重重的黑暗。

1925年8月22日广州《民国日报》有文章写道:"廖先生死矣,吾人当知廖先生因何而死,乃为帝国主义走狗所暗杀,乃为反帝国主义侵略最力致为帝国主义走狗所杀。证之以凶手之供词,证之以吾人所得各方之消息,可知廖先生乃死于帝国主义者走狗之手。死于政敌之手尤可,死于帝国主义之手,国家前途可胜悲伤。"

不过,国人并不因此而气馁,廖仲恺先生无畏的精神鼓舞着无数的后来者、无数的爱国者踏上了勇敢的救国之路,最终以他们的鲜血和智慧,争取到一个独立自主的新中国。

广州二十万民众为廖仲恺送葬

主要参考资料：

廖仲恺：《廖仲恺全集》，出自《民国丛书·第二编92》，上海书店，1990年。

廖仲恺：《廖仲恺集》，广东省社会科学院历史研究所编，中华书局，2011年。

罗醒：《廖仲恺扶助工农运动》，出自《文史资料选辑第八十五辑》，中国文史出版社，1999年。

罗翼群：《廖仲恺先生被刺前后》，出自《文史资料选辑第八十五辑》，中国文史出版社，1999年。

李湄：《梦醒——回忆我的母亲廖梦醒》，中国工人出版社，2004年。

尚明轩：《廖仲恺传》，北京出版社，1982年。

尚明轩　李志奇：《何香凝大相册》，中共党史出版社，2007年。

《呜呼廖仲恺先生被击逝世》，出自广州《民国日报》1925年8月21日，转载于《老新闻——民国旧事》，天津人民出版社，1998年。

孚木：《廖先生之死与帝国主义（节选）》，出自广州《民国日报》1925年8月22日，转载于《老新闻——民国旧事》，天津人民出版社，1998年。

林家有：《重读孙中山遗嘱》，广东人民出版社，2011年。

邓演达(1895—1931)

邓演达：为了"军事救国"

邓演达是杰出的政治家和军事家，是国民党著名的左派领袖之一，第三党的发起者和前期主要领导者。他是在救国救民的道路上，被蒋介石秘密处死的，逝世时年仅36岁。

他是如此的杰出，在近代革命史上如此的举足轻重，乃至无数人为他的死而感到万分痛惜！

邹韬奋未曾见过邓演达，却写了一篇《邓演达先生的精神不死》。文章一开始便说："我很惭愧，像在中国政治发展史上具有那样伟大的革命人格与魄力的邓演达先生，当他在世时，我竟和他无一面之缘。但是在邓先生殉国10周年纪念的这一天，他生前的朋友们叫我写一篇纪念他的文章，我却感觉到邓先生好像是我的一位老朋友，一点不觉得生疏，而觉得异常亲切。"文章进一步写道："知道他的朋友们除了敬佩他的学识经验之外，尤其不断地赞叹他的伟大的革命人格与魄力。他们说他有健全的体格、坚决的意志、吃苦的精神、远大的眼光、坚贞的气节、坚强的领导力。他们说他是军事政治经济的全才。他们说他是近代中国所具条件最完备的一位领袖人才。""我虽未曾见过邓先生，但是近代中国的这位艰苦卓绝，为着大众福利而牺牲生命，至死不屈的伟大人物，在我的心中实留下了极深刻的印象。我深信此人如不早死，对于中国政治必能发生更大的影响。但是他终于是以身殉国了，这是最可痛的一件事！"

彭泽民回忆:"邓演达先生殉难以后,凡是认识他的朋友,无论对于他的思想和理论是否同意,但心里总觉得'这个人死的可惜!'经过了10个年头,看到眼前的国难和时政,更觉着'邓演达这人死了真可惜!'他如在,今天也许不是这个样子吧?"

何香凝与茅盾则怎么也忘不了邓演达"热血男儿"的形象。"一个高大结实、肩膀很阔的青年的影子浮上我的心头。他穿着黄纹斜布的军服,背着手,在讲台上来回踱着方步,用带着浓厚客家音的普通话,给台下的群众投掷烈火般鼓动国民革命的词句。他就是择生。他有独到的政治见解,他具备着几乎近于执拗的顽强的个性——他能写、能讲,他对中途背叛了总理(指孙中山)遗教的那些升官发财之士表示了无穷的憎恨。他又能带兵,能打仗……"(何香凝:《忆邓择生》)"尽管他依从理性的指示,竭力使他生活纪律化,因而举止言语也有强烈的纪律味儿,但终于不能掩盖他本性的热烈的感情,他实在是一个热情的人。中国话有一句叫做'热血男儿',我想择生先生就是这称呼的典型"。(茅盾:《一段回忆》)

深知邓演达的宋庆龄赞扬道:"这位超群出众、得天独厚的革命家,因其早置生死于度外,所以他才能那样坚定忠实,绝不妥协,曾未有片刻为物欲所动摇,地位、权势和财富,只要他要,全十分容易获得,但他却轻蔑的对之不屑一顾。"这是多么难能可贵。

共产党人毛泽东、周恩来也多次高度赞扬邓演达。邓演达逝世几十年后,在一次交谈中提及邓演达,毛泽东马上说:"邓演达先生这个人很好,我很喜欢这个人。"毛泽东读古史有感,将邓演达与古代民族英雄岳飞、文天祥和著名共产党人瞿秋白、方志敏以及著名爱国人士杨虎城、闻一多等相提并论,称赞他们:"以身殉志,不亦伟乎!"周恩来也称:"这个人的人格很高尚,对蒋介石始终不低头。"

同时,周恩来还客观地论述了一段历史,称:"在武汉时,若以邓演达为中心,不以汪精卫为中心,会更好些,而当时我们不重视他。大革命失败后,他很苦闷,同俄国顾问一起走了,后来回国组织了第三党。虽然他在思想上是反对我们的,应该批评斗争,但在策略上应该同他联合。"邓演达回国后,曾找我们谈判合作反对蒋介石,可是我们没有理睬他,这是不对的。""至于大革命失败后,是否还可以用国民党和三民主义的旗帜问题,我也讲一下。假如邓演达没有走,仍与他合作,是还可以用国民党旗帜的。但在南昌起义之后,只有共产党是革命的,国民党叛变了,这时再用国民党和三民主义的旗帜,就会使群众的认识发生混乱。对三民主义不革命的方面应该批驳,对三民主义革命的方面应该保留下来,而我们当时却是对它全部否定了,没有给以历史的科学的分析。"

在艰难的岁月里,邓演达一直在追寻,中国究竟该往何处走?如何才能建立真正美好的中国。然而,当他上下求索,总结国内外的经验教训,探索一条崭新的大道时,噩运却降临了。这是个人的不幸,也是中国的不幸。

养成乐死之志气,革去贪生之性根

邓演达,字择生,1895 年 3 月 1 日(光绪二十一年二月初五日)生于广东惠阳一个知识分子家庭。他所处的时代正是千年未有的大变革时代,整个中华民族处在重重危机当中,而中国的民众更是饱受着各种压迫。这种局面迫使有志之士奋起抗争,勇敢地承担起自己的责任,用鲜血在布满荆棘的路上行进。

邓演达从小生活在鹿头乡的农民区,深知农民的苦难与想法。革命党人在农村的宣传,又为邓演达的内心种下民族解放思想与反抗外来侵略、谋求独立自主的思想萌芽。

邓演达12岁入黄埔陆军小学，其聪颖好学给师生们留下深刻印象，被视为奇才。邓演达关心国事，毕业前加入了同盟会。辛亥革命爆发时，邓演达参加以姚雨平为首的革命军——敢死队，进行革命活动。1914年，邓演达考进武昌陆军第二预备学校，继续攻读军事。1916年，邓演达升入保定陆军军官学校工兵科第六期学习，毕业后到西北边防军见习。1920年年初，邓演达应邓铿邀请，到福建漳州参加援闽粤军，任宪兵连连长。1920年8月援闽粤军回师广东，驱逐桂系军阀，邓演达率宪兵队随军出发，任督战队队长，并屡献良策，深受邓铿赞许。不久，粤军第一师在广州成立，师长由邓铿兼任。邓演达被任命为粤军第一师司令部少校参谋，专事教育训练部队工作，后兼任步兵独立营营长，又调任工兵营营长。1921年年底，邓演达奉邓铿之命，陪徐树铮与孙中山会晤。1922年3月，邓演达所敬重的邓铿遭到暗杀，邓演达非常悲痛，表示誓要继续拥护孙中山的革命事业。孙中山在广州就任非常大总统期间，调粤军第一师参加第一次北伐，邓演达率部冲锋陷阵，迅速北上。1922年，陈炯明叛变革命，炮击总统府，孙中山令北伐军迅速回师广东戡乱。邓演达随粤军第一师回粤，为平叛立下功劳。1923年，粤军第一师工兵营扩充为第三团，邓演达升任为团长，不久被委派负责孙中山大元帅大本营的保卫工作。孙中山授邓演达为少将衔参军，并亲笔书写对联赠送，以寄托对邓演达的厚望。对联为："养成乐死之志气，革去贪生之性根。"

1919年，邓演达于保定陆军军官学校毕业后被派往西北边防军见习任排长时的留影。

此后，邓演达又在肃清桂系军阀陆荣廷残部的战争中，立下不少功劳，深得孙中山器重。

1924年1月，在孙中山主持下，中国国民党第一次全国代表大会在广州召开。大会接受了共产党提出的"反帝反封建"主张，重新解释了"三民主义"，确定了"联俄、联共、扶助农工"的三大革命政策，以国共两党合作为基础的革命统一战线正式形成。邓演达衷心拥护孙中山的革命政策，并努力贯彻执行。同年，孙中山决定筹办黄埔军校，任蒋介石为军校筹备委员长，邓演达为七人筹备委员之一。黄埔军校成立后，蒋介石为校长，军校分政治、训练、教授三个部，一个管理处。政治部主任为周恩来，训练部主任由李济深挂名，邓演达是负实际责任的训练部副主任兼学生总队长。在此期间，邓演达显示出不同凡响的影响力。他的同事季方回忆："我感到他有一种令人信服的力量，办事精干勤勉而有计划，工作效率高。每对学生集合讲话，总是内容丰富，思想明晰，听后令人有一种'斩钉截铁'似的痛快之感。"他的学生李奇中深有同感，还说："他和学生们朝夕相处，同甘共苦，其品德和学识深为我们同学所敬佩。记得有些同学甚至以邓演达同志的举止动作当作规范加以仿效，被称为'邓演达式'学生。蒋介石对此很为嫉恨，生怕邓演达掌握黄埔学生的领导权。"此时的蒋介石表面上尊重邓演达，实则暗中防备并排挤，其亲信王柏龄更是视邓演达为眼中钉，极尽排挤压

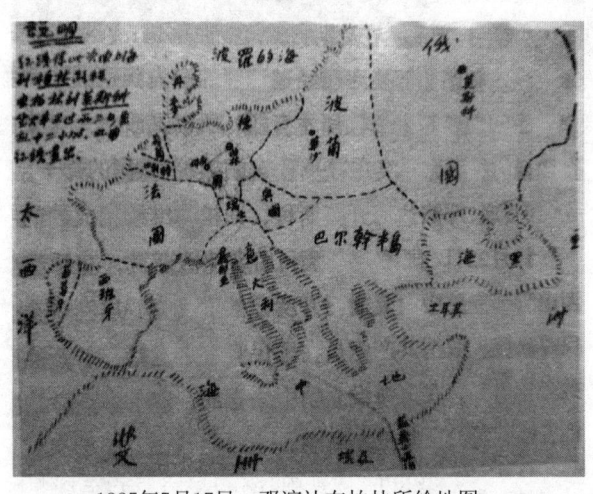

1925年5月17日，邓演达在柏林所绘地图。

抑之能事。这些行为使邓演达很不痛快，于是以赴德求学为名，于1924年离开黄埔军校。

到国外留学考察实则也是邓演达早想实施的。在对中国国内形势有了较深的了解后，邓演达迫切地想从先进的国家汲取可贵的营养，以改造、壮大自己的祖国。然而第一次留洋时间并不长。1925年年初抵达德国柏林，正打算努力钻研经济、政治、社会等学科，并与在柏林的共产党人朱德、孙炳文等人交往，

担任黄埔军校教育长时期的邓演达

共同探讨救国之路。但没过多久，他便听到孙中山病逝的噩耗，不胜悲痛。又隔几个月，国内形势发展迅速，邓演达深感不能再置身于紧张的斗争之外了，强烈的责任感使他迅速返回祖国。

1926年1月，国民党第二次全国代表大会在广州召开，邓演达当选为候补中央执行委员。接着，邓演达重返黄埔军校工作，任教育长，主持校务。邓演达高大的身影再次出现在黄埔军校，他此时的思想有了很大的变化，"经常强调唯物的人生观，更重视农民问题，更强调'耕者有其田'解决农民土地问题"。他与蒋介石的分歧也越来越大了，并将王柏龄在教育长任内贪污腐化、亏空公款的情形予以揭发，迫使王柏龄将亏空填补后再行离职。他对学生的影响则更大了，深受学生们的敬佩和爱戴。1926年8月20日蒋介石在广州制造了反革命的中山舰事件。邓演达对蒋介石的行为很不理解，并亲赴蒋介石官邸，恳切而坦率地要求蒋介石停止军事行动，调查事件真相。蒋介石对其更加嫉恨，借故将其调离黄埔军校，到潮州任黄埔军校潮州分校教育长。

北伐战争开始后，蒋介石任国民革命军总司令，邓演达担任国民革命军

总司令部政治部主任。同时成立国民革命军八个军,邓演达亲自参加了第四军军部的指挥工作。北伐军勇敢作战,将吴佩孚的军队打得节节败退。武昌城下,邓演达担任攻城总司令,亲临前线指挥。战斗中他的战马被流弹击中,他本人也屡临危险,一颗子弹从他的肋下穿过,军装衣袖也被打穿,但邓演达仍然不顾个人的安危,继续出入于硝烟弥漫的战场,最终率领军队攻克武昌。武汉被彻底攻克后,很快成为国民党中央和国民政府的所在地。邓演达的政治地位及军事地位更高了,身兼国民党中央政治会议常务委员、国民政府军事委员会委员、总政治部主任、国民党中央农民部部长、国民革命军总司令部武汉行营主任、湖北省政务委员会主任,始终是举足轻重的核心领导人。革命形势本来大好,不料蒋介石已有二心,并无理地要求迁都南昌。邓演达强烈反对,发动30万人参加群众大会,质问蒋介石。蒋介石对邓怀恨在心,企图暗算,但没有得逞。

1926年9月,武昌城久攻不克,改为围攻。邓演达与苏联顾问铁罗尼在武昌城外观察地形。

1927年3月,邓演达和宋庆龄、何香凝、吴玉章等在汉口主持召开了国民党第二届三中全会,通过了限制蒋介石权力的决定,选出了一批共产党人和国民党左派进入国民党中央和国民政府领导机关,重申了孙中山联俄、联共、扶助农工的政策,支持蓬勃开展的工农运动,主张解决农民的土地问题……这次会议是共产党人和包括邓演达在内的国民党左派对蒋介石为首的国民党右派的胜利,使第一次国共合作发展到一个新阶段。

蒋介石发动"四一二"政变后，形势急转。邓演达坚决反对蒋介石的叛变行径，在武汉公开演讲，痛骂蒋介石，并极力主张东征讨蒋。而汪精卫等武汉政府的领导人则另有图谋。与此同时，北方奉系军阀出兵河南向武汉进攻，武汉政府受到严重威胁，因此，武汉中央决定暂时搁置对蒋介石的讨伐，而继续北伐。1927年5月，邓演达被汪精卫等差遣奔赴河南参加第二次北伐，虽然经过浴血奋战，最终打败了奉军，但革命成果迅速被旁人所夺。而汪精卫等人在调走邓演达后，也乘机掌控了武汉国民政府的军政大权。汪精卫还大搞两面手法，使包括共产国际、中共中央以及邓演达倚重的第四军领导人等各方力量，都视汪精卫为中国革命的希望。邓演达则被忽视了，他感觉孤掌难鸣，陷入最苦闷的状态中。

为什么要选择出走？

革命面临失败，邓演达试图争取汪精卫，但二人不欢而散。蒋介石四处通缉邓演达，另一重要人物冯玉祥的举措也不利于邓演达，而汪精卫等人则加紧与蒋介石勾结，邓演达虽洞悉其阴谋却无能为力。于是，他决定暂时离开。1927年6月30日，邓演达在汉口写《告别中国国民党同志们》一文，以此强调自己的主张，并分析当时的形势：

> 我今天要以十二分痛切沸热的意思贡献给中央执行委员会及各位同志们！我以为总理的三民主义是我们革命的张本，照着总理的三民主义做去，必然可以得到大多数民众——尤其是农工群众的拥护，可以完成国民革命。不幸到了今日，总理的三民主义受了不少的曲解和背叛。前时有了蒋介石的屠杀农工群众、屠杀忠实党员，蔑视总理的主义和政

策,所以我及一般的同志们都主张讨伐他。现在正在进行北伐黑暗的奉天军阀及东征蒋逆介石的封建背叛者工作当中,我们的中央各同志也发生了不幸的变动。前时主张讨伐蒋介石的,现在忽然有投降妥协的要求;前时主张联合一切革命分子去革命的,现在忽然有与共产党分裂的主张;前时主张拥护农工利益的,现时忽然反而要去屠杀农民和嫉恶工友。政治工作本是党的权威,现在也是无理的受尽一切屈辱和遭致意料外的踩蹦。我自己在工作当中固然是不能执行责任,我更为我们的中央危。我始终认为三民主义如果受了曲解,农工如果受了摧残,革命分子如果被摈斥,政治工作如果被威胁,则不独党的革命意义和权威消灭,而且必然招致反革命的结果。

在文中,邓演达还特地指出:

讨伐蒋介石,如果不认为[真]讨伐他的纲领、他的反革命的封建的行动,而只着眼在私人关系,结果只有循环不已的军阀私人争斗或某种领袖的私人争斗。我们的党如果不决定而且承认农工政策及有决心解决土地问题,则革命的意义完全消失,结果必难免第二次辛亥年的失败。我因为这个,所以离开了目前的工作,而且希望我们党的领袖们的反省。

最后,邓演达表明,作为坚定的革命者和爱国者,自己只是暂时离开,离开是为了回来后更好地工作、更好地奋斗:

我现在离开工作了,同志们!我并不是就永远离开了工作。我一面准备着争斗,一面准备着如果我们的中央确固了革命的纲领,三民主义革命的纲领，坚守着总理的政策，那我必立时受中央的命令立刻回来工作。

同志们！革命是我们的职业，三民主义的国民革命是我们的立场。同志们！大家奋斗！我一定在最近的将来来和大家再见！

此后，邓演达秘密出走，他化装成检查电线的工人，与总政治部的苏联顾问铁罗尼结伴，沿京汉铁路至郑州，再转陕西潼关，乘苏联顾问专车，经陕甘蒙古的大戈壁，历一个半月时间到达莫斯科。

邓演达为什么出走苏联？包惠僧分析："他当时的思想，是反对国共分裂，反对蒋介石、汪精卫的反革命行动，而仍然抓着国民党不放手。他赞成共产党革命的联合战线，而不同意共产党的土地政策，他还是主张孙中山的耕者有其田，同时还是一个私有制度的拥护者，因此他只能走国共合作的路线，或者是中间路线，但是当时的政治环境，没有现成的中间路线可走，他想依靠苏俄，实现他的理想，创造一个新的中间路线，所以出亡苏俄。"

在海外的活动

到莫斯科后，邓演达受到苏联领导人的高度重视，得到很好的礼遇。莫斯科不少领导人非常敬重邓演达，邀请他到克里姆林宫发表演说。最高领导人斯大林也曾邀邓演达到自己在克里姆林宫的办公室会谈。有一天晚上，斯大林与邓演达从晚上8点钟一直谈到凌晨2点钟。会谈完毕，斯大林一直将邓演达送到外面门口。不过，在会谈中，邓演达与斯大林出现了明显的分歧。斯大林曾提议将邓演达树立为中国共产党的领袖，邓演达当即拒绝，因为他根本不是共产党员,当时他也没有参加共产党的意愿。但斯大林似乎根本不在乎这个,提议让共产国际设法安排此事即可。邓演达仍然表示反对。由于斯大林的意见没有被接纳,所以他开始对邓演达产生成见。

显然,外界形势虽已变化,邓演达绝不放弃自己的原则立场。他与客居莫斯科的宋庆龄、陈友仁等就中国革命问题交换意见,认为有必要成立临时性革命领导机关——中国国民党临时行动委员会,以宣告南京武汉的伪党部中央之罪过,继续高举孙中山先生三大政策的旗帜,坚定地执行孙中山先生的遗志。他还接受宋庆龄、陈友仁的委托,起草《对中国及世界革命民众宣言》,并以他们三人名义公开发表。

邓演达积极参加在莫斯科的活动,四处宣传自己的主张,他坚持认为:"中国革命不应置放于第三国际的范畴,中国民族自求解放,第三国际只应作友谊上的赞助,断不能将中国解放的任务,完全任由第三国际摆布,这种民族自决的精神,是在任何环境中皆应该存在的。"即便在克里姆林宫的演讲中,他也坚定地指出:"中国民族应该谋求自我解放,第三国际所给予的只不过是友谊性的援助,解放中国的任务不能全部依赖第三国际的安排。"邓演达这样的演讲,自然是非常客观和正义的,但由于直言不讳,引起了某些人的反感。乃至于当邓演达到莫斯科中山大学演讲的时候,在提出"中国革命者应该分析他们自己的处境并根据自己的实际情况,同苏联应该保持的是亲密的同盟关系,而不是从属关系"时,场内出现了起哄的现象。

不久,邓演达的一些好友获悉,斯大林可能会对他不利。这样一来,邓演达依靠苏联实现自己理想的想法完全破灭,而且还面临生命危险。宋庆龄等也深为邓演达的安全担忧。于是,某天深夜,邓演达在朋友的护送下迅速离开莫斯科,南下越过高加索,穿边境,经土耳其到达德国,他要深入地考察和研究国际形势,然后与中国国内形势作对比,以寻求更好、更切实、更完备的救国之路。

他继续与宋庆龄（不久后也到达柏林）等人交换对中国革命问题的意见，并与侨德的部分中国国民党人组织了一个学会，讨论有关中国问题。同时，他刻苦钻研历史、哲学等方面的著作，并四处实地考察，以了解更多的真实情况和获得更多的鉴戒。

在此期间，邓演达着重研究中国近代史和世界通史，认真研读马克思主义原著和孙中山著作，研究经济史、经济学、政治制度等，并大量阅读德国和欧洲出版的进步报刊，在对比和思考中探索中国的现实问题及解决方案。他不知疲倦地研究历史，感受到研究历史的乐趣和重要意义，认为："研究这个，才晓得世界的由来，才晓得世界各部的相互关联。这种史一定要站在社会的观点上才能适合要求。中国的近代史更是切要，因为一切社会变迁的条件，都是在最近百年内急剧的发生和变化的。研究这个，可以晓得它之成败的历史社会原因的结果。"这种观点，即便放在现在，也是非常值得读者们学习的。

在研读历史的过程中，邓演达不仅与旅德友人一起探讨，而且与国内的朋友保持联系，他曾写信给季方，说："你现在所需要的还是：第一，了解社会的进化阶段和同这个社会阶段相适应的经济阶段；第二，了解政治力量变移的过程及其原因；第三，特别关于中国问题上解释。"

在研读理论的同时，邓演达又到德国南部最贫困的山村考察，考察的结果是："发现他们的生活与我国的工农生活相对照，真有天堂与地狱之差。"这种差异，让邓演达深为中国劳苦大众而痛苦，更加强了他救国救民的责任感。他写信给国内的战友郭冠杰，说："关于继续中国革命的事，已和孙夫人、陈友仁先生讨论多时，有了具体的结论。此后我们的革命工作，仍应注重农民问题，解决土地问题，以建立我们的革命力量。政治、军事工作，都应当建立在这种力量上面，望努力推进这方面的工作。"

多方的探讨与研究，邓演达和宋庆龄等人的思路越来越清晰了，坚定了他们复兴中国革命的信心。1928年10月，邓演达发表《我们对现在中国时局的宣言》一文，指出"反动的南京统治是代表中国整个的旧的反动势力"，当前的目的"不是反蒋讨蒋，而是要整个推翻军阀官僚地主豪绅的统治"，"建设一个民族的平民的统治"。此后，当邓演达收到国内同志催促他回国主持革命工作的信函后，毅然决定返回祖国，组建新党。而在返国时，他又特地考察了英国、意大利、保加利亚、土耳其和印度。

邓演达对保加利亚索菲亚附近的农村印象很深，认为那里的农村活动是"到欧洲以来看到的最好的一个完善点"，可以作为中国农村的很好的借鉴。他以为中国的青年学生——决心为人民奋斗的青年学生——应该到那里去求学，绝不应到西欧去。他还在给友人的信中表达了自己的信心："中国的局势决不会因多少的曲折而变更其路向，大家只要团结，最后一定有办法，不要着急。"

在土耳其，邓演达写道："我每每在小城市中看见代写书信的先生们，已经是用最新式的打字机，我曾经流泪，因为我追想着大多数中国人民不识字而少数的士大夫礼教先生们把持旧文字及礼教的残酷。"

在印度，邓演达特地参谒了释迦牟尼证佛地。

提出"军事第一"的主张

1930年5月，邓演达冒着生命危险，秘密回到上海，积极联络有关方面人士，进行筹备成立"中国国民党临时行动委员会"的活动。1930年8月，"中国国民党临时行动委员会"在邓演达的领导下正式成立。成立大会上，邓演达致词："中国革命已经到了绝续关头，继往开来的重任，落在我们肩上。"他明确地提出了"军事第一"的主张，认为"临时行动委员会""必须搞军事运动，一定要搞垮蒋介石的军队，不然不行"。

9月，发表《中国国民党临时行动委员会对时局宣言》，提出召开国民会议，推翻南京反动政府，由人民自己行使主权，实行耕者有其田，肃清帝国主义在华势力，取消一切不平等条约等主张。

邓演达创办了《革命行动半月刊》，担任主编并撰稿，积极宣传第三党的政治主张。除紧张忙碌的各种活动外，从1930年5月到1931年8月，邓演达共撰写《中国到哪里去》《怎样去推翻反动的统治势力》《我们为什么要推翻南京的蒋政府，我们要求的是什么？》等十多万字的文章。

在加大宣传的同时，邓演达积极策划军事活动。他强调武装斗争是夺取政权的根本手段，主张一方面建立平民群众的军队，一方面瓦解和争取蒋介石的军队。邓演达计划亲自到江西十八军找陈诚，然后强迫陈诚："如果你反对起义倒蒋，可以将我捆送给蒋介石！否则，你同我一起发难，或者离开军队。"这当然是一个冒险行为，陈诚既是邓演达在黄埔军校的学生和军队的老部下，而在当时，也同样是握有实权的蒋介石的亲信。但邓演达做了估计，认为陈诚可能没有勇气反蒋，但也不敢把他送给蒋，最后只能自己离开，让邓演达领导他的军队。

邓演达的活动和号召力，使他与他领导的第三党声势越来越大，引起了蒋介石的嫉恨。

早在邓演达返国初期，蒋介石已经派他的心腹王柏龄及陈群、杨虎前往侦察，并与上海租界当局勾结，出30万元悬赏缉捕邓演达。邓演达将生死置之度外，在险恶的环境中坚持斗争。为了准备武装起义，专门办了干部训练班。1931年8月19日，邓演达出席了在上海愚园坊20号举行的受训干部结业典礼，被叛徒陈敬斋告密。蒋介石的特务立即伙同租界捕房闯入该处，逮捕了邓演达等人。此后便是软硬兼施的审讯。邓演达丝毫不惧，坦然讲述自己的生平及主张。

就这样惨遭杀害

8月21日上午9时半,租界捕房将邓演达等人一并解送上海高等分院第一刑庭,开始审讯。经质讯、辩论后,法院宣谕,邓演达等15名被告,俟警备司令部公文到后,即予移送,搜获文件亦一并移送。谕毕,被告邓演达的律师马上对判决提起抗告,请求停止执行。但院方坚持:"本案为协助案件,非受诉案件,故不能停止执行。"接着,便宣布退庭。

邓演达在审讯中表现出大义凛然的无畏精神,他的演说引起审判者的惊慌与害怕,迅速闭庭。随后,邓演达被关在单间牢房里。有个看守愿冒死窃取钥匙,救邓演达出去。但邓演达考虑到与他一起被捕的另外14人,没有同意,认为他一旦逃脱,其他的人会被蒋介石杀害。

在狱中和审讯中,邓演达仍然以一贯的精神感召着同伴们。据灼华回忆:

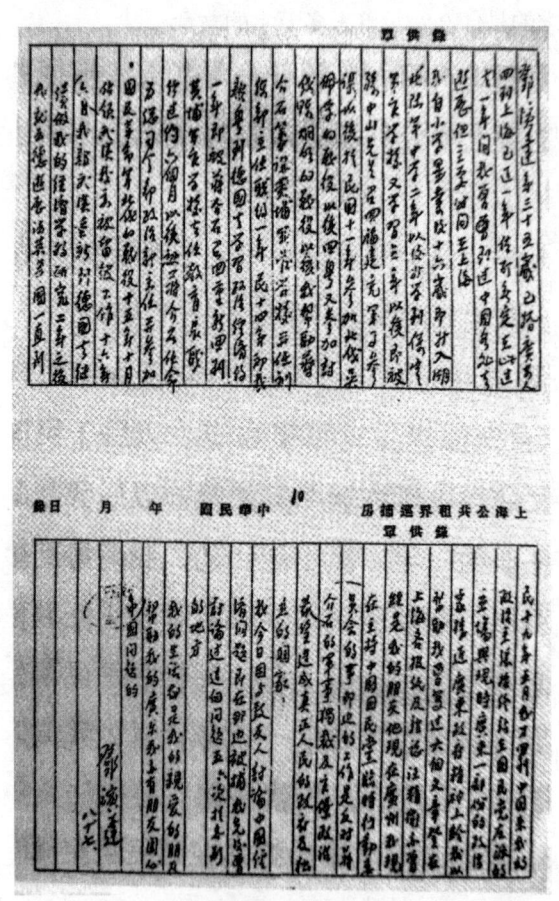

邓演达在狱中自述手稿

在巡捕房监牢里，邓先生非常沉默，轻易不肯说话。不过我们曾经谈到如果南京要以你投降作释放的条件，你的意见怎样？先生回答的话是："决不！它要我投降，要我抛弃我的主张，那它拿刀子来好了！"但是他同时又估量着如果这事情公开了，则蒋不至于加以残害。……我们感觉着最难过的，是从17日晚间起到18日早晨听审都没有喝过一滴水。从早晨9点站到下午1点半，也不能不说是疲乏；但是邓先生还是精神一贯，虽然不吃不喝，仍能保持其严正从容的态度，这使我们同难的人十分惊诧与敬畏。……关于被捕的事，邓先生亲自对我说："这件事百分之九十九是陈敬斋告密；因为他进到愚园坊后，听我谈话不过半点钟，他就说肚皮痛，请先告假。他走了不到40分钟，巡捕房的人、侦探等等就来了。"……当我们回到捕房关在小牢里的时候，邓先生说："以耶稣为民族解放而争斗，十三个门徒中有一个人告密，我们也是有一个人告密。……耶稣最后的结果是流了血的牺牲，以他的鲜血来洗涤犹太人的污垢，以他的鲜血来表明他的伟大，他的崇高。"

没过多长时间，邓演达被单独押解到南京。

到南京后，邓演达被监禁在三元巷军委会内。许多知名人士纷纷指责蒋介石，要求放人。而第三党的部分党员已开始积极的营救工作，行动委员会成员许沆圃正好有一排亲信士兵在每星期日晚看管邓演达。许想利用这一良机行动。然而，正当准备行动时，蒋介石下令将邓演达移解到富贵山炮台废址的一所空屋中关押，许沆圃的营救计划失败了。

蒋介石曾想拉拢邓演达，先后派国民党元老吴稚晖和何应钦等人去看望他，劝他解散组织，放弃主张，并许以中央党部秘书长或总参谋长等高官，或由蒋任总司令，邓任副司令，一起去江西剿共，但均被邓演达拒绝。

"九一八"事变后,蒋介石的不抵抗政策激起全国人民的愤怒,掀起了轰轰烈烈的抗日救亡运动,威胁着国民党南京政府,同时广州政府也不稳固。为了维护他们的统治,宁粤双方酝酿和谈。粤方提出以释放政治犯、蒋介石下野和改组南京政府为条件。蒋介石为了增强在宁粤和谈中的地位,捞取政治资本,除派王柏龄、戴季陶等去狱中劝降邓演达外,还亲自出马。当他问邓演达对"九一八"事变有何感想时,邓演达冷冷地说:"还不是你连年内战造成的。"11月下旬,蒋介石在两广军阀的逼迫下,被迫下野。下野前,蒋介石派人向邓演达提出释放条件,即蒋下野期间,邓演达不再写反蒋文章,邓演达拒绝这一要求。蒋介石最感害怕的是邓演达在黄埔军校学生中的地位和影响,正如黄埔学生李奇中所讲:"由于邓先生对黄埔学生一贯严肃、正直、真诚、亲和(何应钦则是表面亲和,内心偏颇),在黄埔学生的心中不知不觉地产生了对他的敬佩和信任。有些学生信任邓先生超过信任蒋介石。"当时,黄埔军校历届毕业生联名要求蒋介石释放他们的教育长,这使蒋介石更加震惊了。所以,蒋介石担心自己一旦下野,邓演达必然被释放,那时,邓演达会组织起黄埔师生,成为他重新上台的最大障碍。在这样的心理下,蒋介石动了杀机。

1931年11月29日夜,蒋介石的卫队长王世带着几名全副武装的卫士

1931年12月19日,宋庆龄为抗议蒋介石秘密杀害邓演达,发表《宋庆龄之宣言》。

1961年11月，宋庆龄为纪念邓演达殉难30周年题词。

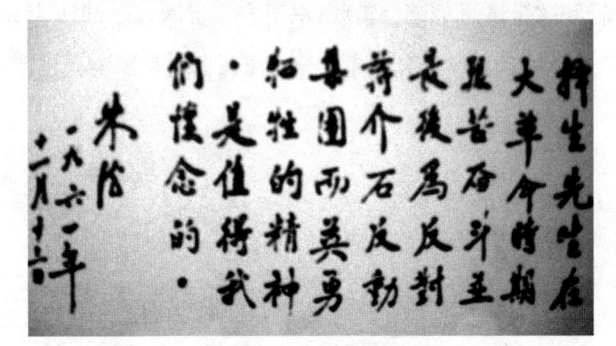

1961年11月，朱德为纪念邓演达殉难30周年题词。

来到监狱，将邓演达押上囚车。当囚车驶出南京城，开到麒麟门外沙子岗时突然熄火。王世等先后下车，查看一会儿后对邓演达说："下车吧，抛锚了。"邓演达刚刚走出车门，枪声突起，邓演达倒在血泊中。一代英豪就这样惨遭杀害，死时年仅 36 岁。

接着，蒋介石急忙令人伪造军政部军法司特别会审邓演达的"判决书"，妄加罪名，宣布邓演达死刑。

新中国成立后，中国农工民主党特派庄明远等前往南京，将邓演达尸骨迁葬于南京中山陵左侧，竖立何香凝题写的"邓演达烈士之墓"的石碑。

出卖邓演达等人的叛徒陈敬斋，在新中国成立后被判处死刑。

主要参考资料：

邓演达：《邓演达遗札》，出自《文史资料选辑第一百二十六辑》，中国文史出版社，1999年。

梅日新　邓演超主编：《回忆邓演达》，广东人民出版社，1999年。

黄振位：《民主党派的开创者：邓演达》，广东人民出版社，2008年。

萧翰香：《邓演达被害记》，出自《文史资料选辑第一百二十三辑》，中国文史出版社，1999年。

樊振编著：《邓演达年谱会集》，中国言实出版社，2010年。

张建安：《邓演达被秘密处死案》，出自《民国大案》，群众出版社，2002年。

杨杏佛（1893—1933）

杨杏佛：为了"科学救国"

今天，当我们带着感伤的情绪怀念前人的时候，往往不会意识到，或许再过几年、几十年、几百年乃至更为久远的年代，后人也将怀念我们。这对人类来说，既是一种悲剧，同时却也是值得庆幸的——人类之不息精神也将因此永远传承。

1927年3月12日，杨杏佛为纪念孙中山先生逝世二周年写了一篇《回忆》的文章。文章以饱满的文笔，叙事、抒情、言志：

在一个严霜冷月的深夜，一间很小的客室里，挤满了许多人，大家都相对无言，面上现出很愁惨焦急的颜色。打破这沉寂的空气，只有从间壁卧室里出来的十分粗促的呼吸声——孙中山先生垂危的呼吸。这一屋子的人们，大家只有一个念头——假使孙先生可以不死，大家都情愿减少自己的寿数，来延长孙先生的生命。然而这个志愿不久便完全绝望。大家枯坐静守到次日（十四年三月十二日）早晨，忽然听得医生宣告孙先生已于本日上午九时三十分安然长逝。一个四十年国民革命的导师，竟离开四万万被压迫的民众饮恨而逝。这是何等重大的哀音。这一屋子的人，同时感觉到心上受了无限的损失，肩上却添了无限的负担。孙先生的物质生命，我们虽然无法延长，但是用心血颈血和一切的牺牲来延长孙先生的革命生命，却是全国乃至全世界孙先生主义的信徒的责任。

此文发表仅过了六年，杨杏佛便死在国民党特务的乱枪之下，他的死令人悲痛，怀念他的文章也不断地出现。正如杨杏佛怀念孙中山一样，人们怀念他并非单纯的怀念，而是从他的精神中汲取力量和勇气，以便自己也可以做一个大写的人，在社会需要自己的时候，可以勇敢地站出来。

杨杏佛既是"为人权流血的第一人"，也是一位有牺牲精神的热情歌者，更是一位提倡"科学救国"的志士。热爱科学、民主、自由的人会永远记住他，而在回顾他的事迹的时候，是否也可听到他的歌声：

　　人们，你苦黑暗么？
　　请你以身作烛。
　　用自己膏血的，
　　方是真正光明之福。

　　同志们，我疲了！
　　但是不敢后退，
　　与畏缩落伍的行尸做伴，
　　还情愿和被创的战士在血泊中僵睡！

我有一个梦想

杨杏佛，原名杨宏甫，又名杨铨。1893年5月4日出生于江西玉山。1908年，杨杏佛入上海吴淞中国公学就读，接受进步思想。武昌起义时，他以同盟会会员的身份赶往武昌，亲历辛亥革命，后来在孙中山组建的中华民国临时政府中任总统府秘书处的收发组长。1912年南北议和，袁世凯窃取了革命成果。此时，如果杨杏佛见风使舵，自然会获得很好的职位。但以他耿直的性格，痛感时局之不可为，毅然放弃优厚的待遇，远赴美国求学。杨杏佛先在康奈尔大学选读机械专业，接着在哈佛大学商学院攻读硕士学位。他希望汲取到世界最先进的思想和营养，为祖国效力。

  杨杏佛很早就怀有科学救国、实业救国的理想，赴美后，美国先进的科学与中国落后的面貌形成巨大的反差，刺激着杨杏佛和他的同伴。1914年夏，美国康奈尔大学的几个中国留学生决定创办《科学》月刊，他们认为：中国最缺的莫过于科学，《科学》月刊就是专门向中国人介绍科学的杂志。他们说干就干，迅速筹备，促使《科学》月刊第1期很快在美国编辑成功，1915年1月即在上海由商务印书馆印行。《科学》月刊是中国第一份综合性科学杂志。在《科学》月刊上签名的"缘起"人有：胡明复、赵元任、杨杏佛、任鸿隽等。从《科学》创刊到1921年，杨杏佛任编辑部长达7年之久，共主编6卷69期。他不仅约稿、组稿、审稿，而且经常自己写稿、译稿。

  杨杏佛将最先进的科学成果介绍到中国，例如，《科学美国人》杂志在1921年2月5日刊登《爱因斯坦相对说》一文后，杨杏佛马上意识到"相对论"的重要价值，仅一个多月时间，他就将此文译成中文并发表在《科学》月刊，这是国内介绍相对论最早的文章之一。杨杏佛在宣传科学精神的同时，还注重将科学与实业、科学与救国联系起来，激发国人的爱国热情。他也意识到了榜样的非凡力量，非常重视科学家传记的写作。例如，他自己便写过《牛顿传》《詹天佑传》等文章。在《詹天佑传》一文的末尾，杨杏佛还这样评论："综氏（詹天佑）一生，未尝离工程事业。其为官，不过邮传部候补丞参，民国不过交通部技监，无赫赫之位，炙手之势，及其逝也，举国识与不识咸兴人亡国瘁之悲。呜呼！其感人抑何深耶！夫以氏之学识经验，使充其能，所成就者又岂仅京张数百里之路已哉。乃频年干戈，政争不已，卒至赍志以殁，不能如史第芬森、瓦特辈目睹所业跻国富强，此岂个人之不幸哉，吾为中国惜也。"

在这样的感叹声中，杨杏佛当然能意识到：国家富强，需要科学。但仅有科学还是不够的，还需要政治，需要民主，需要实业，需要教育，需要民众的觉醒……

杨杏佛一直认为："在现今世界，假如没有科学，几乎无以立国。"怀着科学救国的抱负，杨杏佛还与胡明复、赵元任、任鸿隽等留美同学发起成立中国第一个学术团体——中国科学社，他们出版书刊，建立图书馆和生物研究所，创办中国图书仪器发行公司……满怀热情地传播着科学的火种。

杨杏佛一直有一个"梦想"："我梦想中的未来中国，应当是一个物质与精神并重的大同社会。"他相信自己的"梦想"会成为现实。

也正是怀着这样的抱负和理想，杨杏佛于1918年获得哈佛大学商学院商科硕士学位后，毅然回国。

科学与革命

回国后，杨杏佛历任汉阳铁厂会计处成本科科长、南京高等师范学校教授、东南大学工学院院长。他满怀报效祖国的热情，投入到教育救国、实业救国的实践当中，但黑暗的现实迫使杨杏佛进行深刻的思考。经过长时间的观察与思考，他意识到："今之投身教育实业者，大抵皆一国最优秀之分子，其志则鄙政治而不为，又不愿任改革之责，其力则藉教育实业为保障，足以糊口安心，武人政客之黠者知其不能为祸，且足以消磨反抗人才，亦虚与委蛇以博贤名，而教育实业遂成中国超治乱无是非之特殊社会。所余者乃为水深火热受压迫无首领之民众，与专横无耻窃政权攘私利之武人政客，一则但能作恶，一则但知受祸，而此中立之教育与实业，且作壁上观，如秦人之视越人，中华民国之祸乱，又安得而不延长至十余年乃至数十年哉？"鉴于此严峻之现实，杨杏佛力呼各界人士勇敢地行动起来，担起救国的责任：

"中国尚文，故士最贵，当政治污浊之际，士常能以气节文章左右风气，挽回劫运。晚近染于西教士募化之习，以奔走社会之故，遂不得不奔走权门，逢迎大贾，士气因此不振；然其领袖之资格尚未完全丧失也。苟有大公无私之主张，抱不屈威武之精神，挺身出而救国，必能得中外人士之同情与援助。"这里的"士"，自然是指知识分子。

"四民之中最有实力者莫过于商。军政费之来源不外借款赋税与变卖公产三途，而皆须假手于商人行之。故商人果有改革政治之决心者，必能收釜底抽薪之效。且商人素无党派，苟有正大主张，尤能得中外人士之信仰。"

"农工两界之人数最多，受祸最烈，势力亦最小。其势力薄弱之故，不在职业之低微，而在知识之缺乏。然最痛心疾首于兵祸者，莫过此辈，但使有人为社会请命，必可得此辈之实力援助。劳动界思想简单，最富血性，一旦奋起，必能为中国政治改革添一种不可思议之势力。"

"士农工商果皆决心救国矣，将如何而后可达目的？曰，仍不外利用其固有之社会势力，首有组织之团体择言论自由之地召集一救国发起会，拟定最简单之救国主张，如废军阀制……""或谓使此举而仍失败，又将如何？曰惟有结合全国之有职业者而为民权革命而已。"

杨杏佛在黑暗中前进，尽管在某些方面的认识未必完全正确，但他具有坚定的信念，那就是一定要找到一条光明大道——让中国民众幸福起来。他勇敢地举起火把，摸索着前进。在前进的过程中，他越来越意识到"革命"的重要。

1924年，孙中山主持中国国民党改组，实现了第一次国共合作。杨杏佛与陈去病等人在东南大学成立国共合作的地下组织，从事革命活动。他的举动受到东南大学校长郭秉文的敌视，工科被取消。杨杏佛辞去教育界的职

1924年春，杨杏佛与泰戈尔、吴稚晖、徐志摩等合影。

务，回到孙中山身边，担任孙中山的秘书。同年年底，孙中山应冯玉祥之邀北上，共商国是，杨杏佛随往。1925年3月12日，孙中山病逝于北京。杨杏佛陪伴孙先生走过其生命最后的时光，深受孙中山精神所鼓舞，深得孙中山思想之精髓。1926年，杨杏佛撰写《中山先生几个伟大的观念》，指出：

现在我要特别提出的，却是先生几个伟大的观念。这几个观念是先生人格和主义的基础，是一切庆祝先生诞辰的人们所当深切地了解、忠实地奉行的。……

一、无省界　中山先生平生最反对的是省界观念。从隘陋不可告人的部落思想到似乎很冠冕堂皇的联省自治都为先生所深恶痛绝。中华民族是整个的，不是分散的。国民革命的成功，惟有全国民众参加方能实现。……

二、无阶级　中山先生在满洲官吏眼中是一个江湖大盗会匪头目。溥仪批评中山先生说他是一个爪哇产的华侨，不是亡国君臣不能有此异想；但是中山先生却一点不以此为辱。先生从无贵贱贫富等阶级观念。……

三、无国界　中山先生是主张由民族主义达到世界主义的。"己立而后立人"，由中国国民革命到联合世界上以平等待我之民族共同奋斗，都是先生的革命方略。……

三民主义国民革命是无省界、无阶级、无国界的，庆祝中山先生诞辰的国民不要忘记！一切被压迫的省民团结起来！一切被压迫的阶级团结起来！一切被压迫的民族团结起来！

此时，杨杏佛自然仍未忘记"科学救国"的鸿志。但他已深刻地意识到：在当时的乱世，科学需要与革命结合起来。同一年，杨杏佛专门写了《科学与革命》一文，呼吁："惟有科学与革命合作是救国的不二法门。换句话说，便是革命家须有科学的知识，科学家须有革命的精神，共同努力去研究社会问题，以及人生一切的切身问题，中国才有救药，世界上才有光明。"

在这样的社会实践当中，杨杏佛越来越受到世人的关注，而他的人品与见识，也受到宋庆龄等人的尊重。孙中山逝世后，国民党决定斥巨资80多万两白银修建中山陵，杨杏佛被推举为葬事筹备处主任干事。投标中山陵工程的建筑公司近40家，其中19家给杨杏佛及其下属送了礼。招标会之前，杨杏佛将所有的礼品摆在陈列室中，迫使那些行贿公司尴尬而去。有人曾向宋庆龄告杨杏佛的黑状，称其受贿。当时杨杏佛还没有将礼品公示，但宋庆龄给予杨杏佛充分的信任。等杨杏佛做出公示后，二人更加互相信任了。

为保障人权恢复国威而呼

1925年"五卅惨案"发生后,面对帝国主义对中国人民的血腥屠杀,杨杏佛不顾肺病缠身,一边咳着血与疾病抗争,一边在上海主办《民族日报》,使该报社成为当时"中国民族运动之唯一的理论指导机关"。杨杏佛本人则在负责编辑、校对等任务的同时,坚持每天撰写社论。他所写的社论,极富号召力和感染力,极大地鼓舞着民族的正气。他所写的第一篇《民族日报发刊辞》,便义正词严地表明了自己的立场。文章不长,分两部分。前半部分说明办报之目的——唤醒国人,为保障人权恢复国威而呼吁:

> 民族日报,何为而作也?将以唤醒中国民族之自觉也。海通以来,中国民族之地位日益堕落。其始也,屈于外人之武力;其继也,屈于外人之外交;至最近之二十余年,更屈于外人之经济力。六十年来中国人民受外人之侮辱踩躏,亦几自忘为独立自由之民矣。民国成立,稍稍有振拔之意,又为袁氏(指袁世凯)之淫威所慑,重入睡乡。在国人但求安然睡死,"寿终正寝",于愿已足。岂知彼帝国主义之列强方磨刀其旁,以大割为快,绝不许吾人享此梦死之清福乎?卒也,民国四年五月七日,有日人二十一条要求。国人经此一割,稍稍觉悟;然呼痛之声未终,又沉沉入睡矣。至今年五月卅日南京路英捕房之枪声起,全国人民始惊然大觉,奔走号呼,知吾人之生命贱于犬马,吾国之地位低于印度埃及,卑贱至此,生不如死,因群起而为保障人权恢复国威之呼吁。其事虽晚,然苟由此努力,始终不懈,未始非中国民族之一线生机也。

后半部分进一步呼吁国人,为民族主义、人道主义、独立自由而斗争:

呜呼！"五卅"惨案之死者，吾四万万被蹂躏压迫同胞之前驱也，代表也。中国何地不可为南京路，中国何人敢自断不为南京路之牺牲者。今日举国人民之尚能苟延残喘者，非有法律与武力之保障，特就戮之时机未至耳！故今日之呼吁，非仅为死者呼冤，实为全中国人民之自救也。今者举国方为人道正义独立自由而争，十四年前激昂慷慨民族革命之精神复见于今日。吾人不敢必政府交涉之能得公道，然一民族之存亡惟在民族本身之自决。吾人而果不甘为英日帝国主义者之奴隶牛马乎？则由此发奋努力，对虐我之英日，实行经济绝交，至死不懈；对误我之政府，实行扩张民权，监督官吏。必使中华民国于最短时期中废除一切不平等条约，然后"五卅"惨剧中之死者为不虚死，未死之中国国民为不苟生。同人惧吾民族之善忘易碎也，因发刊斯报，欲以孙中山先生之民族主义，为国人之暮鼓晨钟明灯木铎。国魂未死，盍兴乎来！

此后，杨杏佛又先后撰写并发表《八十五年来中国之大敌》《对于上海市民大会的感想》《论对英经济绝交》《不共戴天之英帝国主义者》《"五卅"惨案与民族独立运动》《"五卅"惨案中之南北教育界》等近二十篇文章，引起很大反响。其中，杨杏佛在《反自杀》一文中表现出自己坚韧不拔的革命精神，他高呼：

有志建国者不可死！
决心奋斗者不屑死！
畏惧亡国者不敢死！
以救国为己任者不能死！

可惜的是，《民族日报》仅办了十几天便被迫停止。即便如此，杨杏佛

仍在《告别辞》中表现出为革命百折不挠的奋斗精神,"停刊辞"变成了一篇激昂的战斗檄文:

> 民族日报产生于举国忧伤哀痛之日,发起于少数有心无力之人,处无可告语之地,而有不得不言之势。祸患及身,骨鲠在喉,不暇思索,而有斯报之作,所谓知其不可而为之者也。十余日来,竭少数人之心力财力,谋旦夕之言论自由,幸获国人之赞许欢迎,方期继续努力与国人长共患难。而环境所迫,竟使我生于忧患之民族日报,不得不向读者为暂时之告别。呜呼!……前路茫茫,杞忧何极。一息尚存,终当与国人别谋相见,共济时艰。

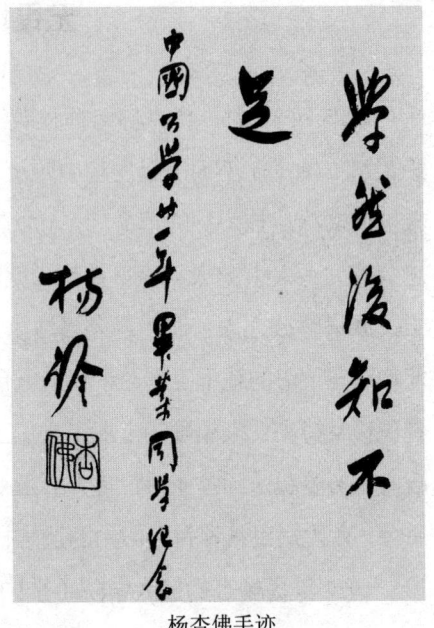

杨杏佛手迹

最后,杨杏佛不忘再次呼吁:"结合国族团体,抵抗外国之压迫!""振起民族精神,求民权、民生之解决,以与外国奋斗。"

短短的十几天时间,杨杏佛为民族独立、为保障民权所做的贡献,世人瞩目。他所具有的影响力、号召力因此大大提高,但同时也受到了国民党特务的监视和威胁。

此后,杨杏佛积极地进行救国活动。他曾两次被捕,险被枪决,幸被营救脱险。而杨杏佛早已不顾自己的安危。他追求"大我",毅然决然地将自己的生命与民族独立、保障人权等事业紧紧地联系在一起。

无畏地前行

1925年10月，杨杏佛与恽代英、张闻天、沈泽民、郭沫若、沈雁冰、陈望道、杨贤江等人一起发起中国济难会，编辑出版《济难月刊》，筹款营救被反动派逮捕关押的革命者。1926年1月17日，杨杏佛在济难会上海市总会成立大会上被选为审查委员，就职演讲中说："吾济会目的，在表同情于民族谋解放之人，而予意尤当注重工农。"北伐战争开始后，杨杏佛负责北伐军在上海的地下工作，设秘密电台，策应北伐军的工作。1927年，杨杏佛积极支持周恩来领导的上海工人第三次武装起义，并担任上海特别市临时政府常务委员。同年4月，蒋介石叛变革命。杨杏佛在上海险被国民党右派杀害，脱险后继续奉行孙中山的遗志，与共产党密切合作，从事革命活动。

1927年，杨杏佛被大学院（全国最高学术教育行政机构）院长蔡元培聘为国民党政府大学院教育行政处主任，后改任副院长。1928年4月，杨杏佛协助蔡元培创办中国第一个研究自然科学与社会科学的综合性研究机构——中央研究院，并出任研究院总干事，大力支持进步学者进行社会调查。他本人也尽可能地深入到城市和农村进行实地考察。1931年，在蒋介石对江西中央革命根据地发动第二、三次军事"围剿"，并进行虚假报道的时候，杨杏佛则亲自前往江西，经过实地考察，结合以往的资料，撰写并发表文章，客观地介绍了中国共产主义运动、八个苏维埃区域的情况、江西苏区红军以及三次反"围剿"的状况，并指出：国民党舆论所吹嘘的"围剿"胜利，"不过是治标而已，只有避免内战，促成团结，实行革命的三民主义，才能建设独立自由的中国"。此文在《民国日报》连载后，国民党当局非常震怒，中文合订本尚未全部分发就被收缴销毁。

"九一八"事变后，全国积极主张抗日救亡。宋庆龄、蔡元培、杨杏佛等人勇于站在抗战斗争的最前列，在上海筹备中国民权保障同盟，杨杏佛担任总干事。中国民权保障同盟是一个进步的政治团体,在国民党及其政府的统治区内,以合法形式与恶势力进行公开斗争,为人民争取民主权利。"同盟"的主要任务是:"一、争取释放国内政治犯,反对目前到处盛行的监禁、酷刑和处决的制度。本同盟首要的工作对象是大量的无名囚犯。二、予政治犯以法律的辩护及其他援助,调查监狱的状况和公布国内剥夺民权的事实,以唤起舆论的主义。三、协助关于争取公民权利,如出版、言论、集会和结社自由的斗争。"

"同盟"一成立,杨杏佛等人就发布新闻,向国内外揭露当局的反动统治及特务罪行。接着,"同盟"还展开切实而具体的工作:致电蒋介石,要求释放在北平被非法拘禁的许德珩等爱国师生。杨杏佛还专门前往北平营救。在各方面的压力下,国民党被迫释放爱国师生。杨杏佛等人还不顾个人安危,积极营救和保护被捕的共产党人,与国民党当局进行不懈的斗争。在营救廖承志的过程中,在营救国际反帝战士牛兰等人的过程中,杨杏佛等人均无畏地前行。他们不断发表正义言论,极力主张停止内战,一致团结抗日。这与蒋介石"攘外必先安内"的政策完全相反。国民党南京政府遂图谋摧残并扼杀"同盟"组织及活动。到1933年,蒋介石最终决定不惜代价地暗杀"同盟"领导人。有人曾建议对宋庆龄下毒手,终因宋庆龄声誉太高、地位特殊而作罢。于是,蒋介石的毒手伸向杨杏佛。

杨杏佛之死

蒋介石为加强自己的统治,镇压革命运动和对付政敌,特召集国民党军方黄埔系骨干分子组织成立中华民族复兴社(简称"复兴社",又称"蓝衣社")。蒋亲任社长,特务处处长由戴笠担任。在迫害、暗杀共产党员、进步人士和

杨杏佛与家人在惜阴堂前合影

革命群众方面,复兴社特务犯下了滔天罪行。民主人士杨杏佛便是被复兴社特务暗杀的。

　　戴笠接到杀害杨杏佛的命令是在1933年四五月间。当时,杨杏佛刚从北平回到上海。特务们首先侦察杨的起居活动,知其寄寓在"国立中央研究院"出版品国际交换处。每逢星期天,杨杏佛就会驾车出游,然后到大西路、中山路一带骑马驰骋一两个小时。这已经成为习惯。特务们得知这些情报,认为刺杀杨杏佛的机会很多,最好是在他到郊外骑马时下手。然而,蒋介石刺杀杨杏佛的目的,一个目的是阻挠"同盟"活动,另一重要目的是为了恐吓宋庆龄,所以他不同意在郊区动手,认为把杨杏佛暗杀在租界之外的地区,既达不到威吓宋庆龄的目的,又会增加当局的麻烦,很可能引起舆论指责以致非得破案不可。因此,他命令特务们一定要在法租界宋庆龄的寓所附近刺杀杨杏佛，这样既可向宋庆龄显示特务的力量，又可以不负责破案。在蒋介石的指令下，戴笠只好改变计划，拟定在杨杏佛外出散步或去宋庆龄寓所的途中将其暗杀。6月初，戴笠将几名特务秘密召集于他设在法租界枫林桥附近的寓所，布置暗杀行动的具体事宜。

　　1933年6月17日早晨，星期六，特务们潜伏在中央研究研院附近，准备在杨杏佛出来晨练时动手。结果正好碰上一辆法租界巡捕房的巡逻车，接着又有一队换班的巡捕经过。特务们不便下手，无功而返。第二天早上6点多钟，负责执行暗杀行动的复兴社华东区行动组组长赵理君又带着李阿大、过得诚、施芸之等特务前往。到达中央研究院附近后，赵理君将汽车停在亚尔培路向马斯南路拐角处，自己留在车上接应。李阿大、过得诚等四人则分散在中央研究研院附近，两头各有一人巡风掩护。8点钟左右，杨杏佛身穿骑马装，头戴灰色呢帽，携儿子小佛缓步而行，登上轿车。刚出中央研究院大门，马路旁的四名特务便猛地冲出，拔出盒子枪，围在车身两旁射击。顷刻间，车夫强祥生胸部已中两枪，由于身体健壮，虽负伤，仍飞奔出车门，跃上其他汽车，去医院救治。杨杏佛刚听到枪声，便知道有人暗杀。但他爱子心切，并未马上下车，立刻用身体挡住小佛。因此，杨杏佛虽中弹而死，他的儿子小佛却因为父亲的保护而幸免于难，仅右腿中一弹，轻伤。特务们见目的已经达到，遂马上开车逃跑。这时，法租界的巡捕闻声赶到，警笛声四处狂鸣。而特务过得诚因为慌乱中跑

杨杏佛1932年与儿子杨小佛摄于兆丰公园

错了方向，等转身再去追汽车时，已离得很远。事情紧急，赵理君已顾不得停车等候了，又害怕过得诚被捕后泄露秘密，遂拔枪向其射击，但未能击中过得诚要害，也顾不上了，便开车仓皇而逃。过得诚面对着四面追过来的巡捕，自知不妙，举枪自杀，一弹从胸侧穿过，但没有死去。巡捕们马上将他与杨氏父子一同送往金神父路广慈医院救治。抵达医院时，杨杏佛已气绝身亡，当即洗礼一番，送入太平间。

凶手过得诚经过急救之后，脱离了危险，很快就可以说话了。在巡捕房的追问下，过得诚说出他在特务机关的化名——高德臣，但始终未敢说出此案的真实情况。即使如此，戴笠已很快得知消息，即刻命令在法租界巡捕房任探长的特务范广珍带上毒药，伺机接近过得诚。当晚，过得诚"重伤不治"而死。

杨杏佛亲属在杨杏佛遗体成殓仪式上

又为斯民哭健儿

杨杏佛之死，引起了宋庆龄、蔡元培以及全国舆论界的强烈愤慨。他们都知道，这是国民党特务所为。宋庆龄不畏特务的恐吓与威胁，立即发表声明，抗议国民党反动派暗杀"同盟"总干事的卑鄙行为。1933年6月20日下午，尽管到处都是特务，但宋庆龄与中国民权保障同盟的其他领导人蔡元培、鲁迅、邹韬奋、胡愈之、沈钧儒等，以及各界人士100余人，不畏危险，参加了在万国殡仪馆灵堂举行的杨杏佛入殓仪式。

宋庆龄1925年6月7日致杨杏佛函

举行公祭时，蔡元培悲痛地说："人孰不死？所幸者先生之事业、先生之精神，永留人间。元培老矣，焉知不追随先生以去？同人等当以先生之事业为事业、先生之精神为精神，使后辈青年学子有所遵循，所以慰先生者如此而已。"

鲁迅也极为悲伤，写下了传诵一时的悼诗：

岂有豪情似旧时,
花开花落两由之。
何期泪洒江南雨,
又为斯民哭健儿。

曾受到蒋介石十分信任的钱昌照后来回忆:"杨杏佛在1933年夏被暗杀,主要是因为反帝大同盟的关系。宋庆龄、蔡元培、杨杏佛和鲁迅是反帝大同盟的四主将。蒋不敢对宋和蔡下手,结果对杨下了手。杨有学问,有才干,是一个有为之人。蔡为此对蒋极为不满,从那以后很少同蒋见面。"

尽管杨杏佛被害后,中国民权保障同盟的活动被迫停止,然而,正义而勇敢的人们,依然迈着坚定的步伐,为争取光明而执着地奋斗。

以特务之恶劣行径行恐怖统治,固然也能得逞一时,但决不会长久。这样的白色恐怖固然能吓倒一些懦夫,但真正的勇士决不会退缩,而且他们的力量会越来越大,最终取得胜利。

正如宋庆龄发表的激动人心的讲话:"这些人和他们雇来的打手们以为靠武力、绑架、施刑和谋杀,他们可以粉碎争取自由的斗争……但是,斗争不仅远远没有被粉碎,而且我们应当更坚定地斗争,因为杨铨为了自由而失去了他的生命。我们必须加倍努力直至实现我们的目标。"

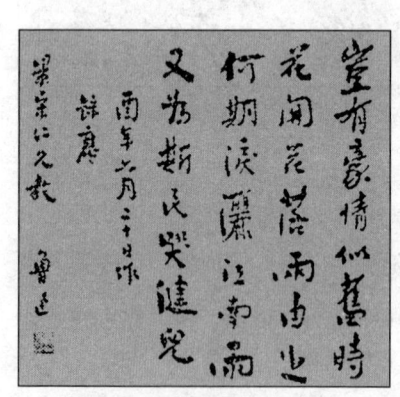

鲁迅悼念杨杏佛的诗

主要参考资料：

杨铨：《杨杏佛文存》，出自《民国丛书·第三编84》，上海书店，1991年。

杨杏佛：《杏佛诗词选》，出自《杨杏佛》，中国文史出版社，1991年。

杨杏佛：《杏佛书信选》，出自《杨杏佛》，中国文史出版社，1991年。

杨宇清：《杨杏佛传》，出自《杨杏佛》，中国文史出版社，1991年。

杨小佛：《往事历历忆父亲——追忆杨杏佛的生活与感情》，出自《杨杏佛》，中国文史出版社，1991年。

宋庆龄陵园管理处编：《啼痕——杨杏佛遗迹录》，上海辞书出版社，2008年。

沈醉：《杨杏佛、史量才被暗杀的经过》，出自《文史资料选辑第三十七辑》，中国文史出版社，1999年。

钱昌照：《钱昌照回忆录》，中国文史出版社，1998年。

邵飘萍（1886—1926）

邵飘萍：为了"新闻救国"

2009 年 4 月的一天，下班时分已是下午五点，但天色明亮，夕阳的余晖仍让人感到有点热。我匆匆忙忙赶往北京宣武区魏染胡同，去访寻昔日曾创下新闻事业辉煌战果的京报馆，看看那位京报馆的主人是否还留下什么历史的痕迹？他在那儿成就了他的事业，也是在那儿被逮捕而遭毒手，那儿曾吸引了无数民众的目光，成为独立新闻之坚固阵地，但毕竟 83 年已逝，它还会存在么？

我先在地图上找到魏染胡同的位置，然后乘地铁在和平门站下车，从西南口出来，向南走过宽敞的南新华大街，行十分钟左右，找到前孙公园胡同的入口，然后折而向西，街道变窄，路两边的房子全部是平房小院，许多平房明显是民国建造的，并留有当年的笔迹，这让我感到兴奋，觉得离京报馆越来越近了。但也有点不安，有的民房已经被拆了，不少墙壁上还有"拆"的字样，京报馆想必不会被拆吧？这样想着，脚下的步子不由得加快了。

前孙公园胡同的尽头就是魏染胡同，我凭着直觉向南寻找。幽深的胡同，阳光被挡在胡同外，胡同里很是凉爽。目光所及的仍是平房，而从以前见过的照片中显示，京报馆是楼房。我且认真寻找。

寻找是急切的，但找寻的结果是令人惊喜的。向南不远，很快出现一栋青灰色的小楼。按照现在的观点，这实在是非常普通，但我猜测，这楼若放在 80 多年前的民国，那就是了不起的建筑了。它或许就是京报馆。

京报馆外景

　　当我急步来到楼房门口，一眼见到门楣正中的青砖上赫然写着"京报馆"三个大字。这就是我要找的地方呀！更令我惊喜的是，"京报馆"三个大字旁边还写着"振青"二字。"振青"就是京报馆主人邵飘萍的本名！这一意外的发现令我非常欣喜。

　　原来，京报馆早在20世纪80年代就被列为北京市文物保护单位，这使它可以永远保存下去，供世人瞻仰。楼房上的一个个窗户里面，就是邵飘萍他们忙着出报的地方，一篇篇振聋发聩的新闻报道就是从这里出来的。我似乎又看到急着买报的民众，在乱世中，他们希望从报上了解最新的真实的时势动态，也想阅读邵飘萍新鲜犀利而又独立的评论。这儿是光明的所在。然而，此时此地，当我拍完照片安静下来，细细端详这个旧建筑并捕捉记忆中的邵飘萍往事时，我的兴奋之情很快被苍凉感所代替。

楼前的槐树枝叶似乎也有同感，它在风中摇曳，仿佛是在轻轻述说……

邵飘萍的新闻事业

"余百无一嗜，惟对新闻事业乃有非常趣味，愿终生以之。"这是邵飘萍经常讲的一句话。其实，邵飘萍对新闻事业何止于"趣味"二字，他是将其视为一种可以升华生命从而使生命价值发挥到最大的大事业来看待的。这一事业可以使自己获得乐趣，可以很好地服务于大多数的民众，可以救国乃至于救世。他的这种理念是在青少年时逐步形成的。

早年的邵飘萍与其他晚清时期出生的孩子一样，接受的是封建科举教育。他于1886年出生在浙江金华，名振青，字飘萍。幼聪慧，5岁起随父亲在私塾读书，14岁奉父命到杭州参加科举考试，得中秀才。当时正值百日维新之后，一方面是整个国家面临更大的生存危机，另一方面则是新思潮涌入中国的大城市，冲击着知识分子的头脑。邵飘萍的杭州之行，使他开了眼界，对腐败之清政府有了较深的认识，从此不再热衷科考，转而学习声光电化等自然科学，1902年入浙江省唯一的大学浙江高等学堂学习。大学期间，他受新思想启蒙，尤其是报纸杂志上的新鲜材料强烈地吸引着他，而梁启超笔下的犀利文章更对其产生莫大之影响。梁启超在文章中探讨救国之路，例如在《报馆有益于国是》中提出报纸有"监督政府"和"向导国民"的"两大天职"，这使邵飘萍热血沸腾，遂萌发"新闻救国"之志，并愿意为此奋斗终生。他因此常常在作文时模仿梁启超的政论文字，受到守旧教师的严厉训诫，但同时得到一些进步老师的好感。他也常常给上海各报（主要是《申报》）投寄有关杭州和金华的地方通讯，从而与报馆有了联系。

1905年，邵飘萍大学毕业后返回金华，任金华府学堂国文、历史教员，但主要精力仍是为上海的一些报纸写通讯,并成为《申报》特约通讯员。1906年,邵飘萍与奇女子汤修慧结婚。1911年辛亥革命后中华民国成立,民国临时政府约法中规定:"人民有言论著作刊行之自由",从而激发了人们办报的热情。邵飘萍辞去学校工作,再次来到杭州,拜访著名报人——《汉民日报》社长杭辛斋,表达自己想要办报的想法和激情。杭辛斋思想进步,二人虽是初次见面,但志同道合,迅速引为同道。杭辛斋马上任邵飘萍为《汉民日报》主编,邵的办报生涯从此开始。

1914年,邵飘萍由上海东渡日本,就读于东京政法学校,课余与潘公弼等同学创办东京通讯社,为京津沪汉著名报纸提供东京通讯。当时正值日本向袁世凯政府提出"二十一条"之际,邵飘萍议论激越,并将"二十一条"真相及时地驰报国内,在全国人民的强力抵制下,卖国的"二十一条"终于未能兑现。1916年春,袁世凯倒行逆施复辟帝制,上海新闻界电邀邵飘萍回国,以加强进步新闻的力量,讨伐袁世凯。邵飘萍匆匆抵达上海,为《申报》《时事新报》《时报》等报撰写评论稿件。他署名"阿平"(即"平不平"之意),

1914年,邵飘萍流亡东京时期致汤修慧的信。

其犀利笔锋在舆论界产生很大影响。1916年6月6日，袁世凯败死，邵飘萍被《申报》社长史量才看中，聘请他到北京做《申报》驻京记者，负责撰写"北京特别通信"。这一年，邵飘萍32岁。

民国初期的北京报纸，几无重要系统的新闻。记者（当时叫访员或外交记者）地位低下，社长只是挂名，报纸成为各派别政客的私家工具，不核实文章内容之真假，只为本派别服务，因此，北京报纸的名声不佳。外国人在中国有通讯社，凡属国内外重大新闻，皆为外国通讯社所把持。他们也是从自身利益出发，不顾事实，任意左右中国的政闻。邵飘萍目睹这种情景，深以为耻，于是首创华人自办的通信社（即北京新闻编译社），致力于真实新闻的采集编排以及外电的选择翻译。戈公振先生在《中国报学史》一书中记述："我国人自办通讯社，起源于北京，即民国五年七月邵振青所创立之新闻编译社是也。"

在此期间，邵飘萍一度兼任章士钊主办的《甲寅》日刊的主编。

邵飘萍千方百计提高新闻的真实性与独立性，并努力提高新闻记者的地位和影响。他认为："报纸之第一任务，在报告读者以最新而又最有兴味，最有关系之各种消息，故构成报纸之最要原料厥惟新闻。""改良新闻材料，乃改良报纸之根本先决问题。新闻材料何自来？全赖外交记者之活动（日人所编著之《新闻学》中，称外交记者或外勤员，即我国人称为访事或访员，英语之 Reporter）。""人类社会文化愈进步，则报纸之需要与责任愈增加。报纸内容之最重要者既为新闻，而新闻之所自来，则由于外交记者（访员）所供给之消息材料，然则报纸内容之价值如何，评论事物之正确与否？国家社会所受言论界之影响，其责任大半外交记者负之。不仅关于国内也，世界外交上之大问题，帝国主义者准备大战争之阴谋，每因新闻访员之一电，足以左右之，揭破之，使局势根本变化。……是故外交记者（访员）所处之地位为社会、国家、世界之耳目。……无耳目，则脑府顿失其功用，于此可以知外交记者所负之务任及其地位为何如矣。"

担任《申报》驻京特派记者期间，邵飘萍以各种方式获取重要新闻，每日给《申报》发电二三千字，并间日撰写通讯报道。他所撰写的《"府院之争"的关键》以及披露国会议员丑态、揭发北洋军阀内战真相、揭露对外借款内幕的报道，等等，都在当时产生深远而实在的影响，一时风靡全国。

邵飘萍因此成为当时最有思想、最活跃、最有影响力的记者之一，他将记者视为"新闻界战斗之壮士"，采访手法最为灵活，几乎是无孔不入，所以往往能采访到别人无法采访到的内容，比别人更能快速地获取最重要的消息。他自己就讲过这样几个很有意思的事例：

愚某次在北京饭店宴全体阁员、府院秘书长等，各人兴致勃然，无所避忌，吐露甚多重要之消息。愚预备电报纸于隔室，令两脚踏车守候于门外，随得随发，宴会未终，而各种重要消息已达于上海。越两日各阁员见上海《申报》披露许多重要电报，为之跃然，亦一有趣事也。

当中德断交尚未决定之际，愚某日在国务院某秘书室中，隔室即为总理办公之所（彼时国务总理为段祺瑞）。闻院仆致电话于美国公使，谓"下午三时，段总理赴贵使馆访晤贵公使"。其时适美国与德断交，希望我国一致行动之日，愚料此事必与中德问题有关，且总理亲赴美使馆，尤可测其关系之重要。立即赴美国使馆，与某参赞晤谈，询以段总理下午三时见贵国公使有何商议。某参赞突受此问，颇为惊讶，愚告以此事大体业已知之，惟欲得一参证之资耳。于是美政府有训令到驻京使馆遂以探的。又急回国务院见段总理，询以下午赴美使馆事，亦故示已完全知某内容。中德断交之一段消息，遂能最早知其实行之期，然动机不过先闻院仆之一电话。假使当时不甚注意，亦即将机会错过，可见新闻记者之耳目,当时时留意,不可因无足轻重而忽之也。

当黎段(指黎元洪与段祺瑞,一为总统,一为院长)争衡,府院(指总统府与国务院)风潮正烈之日,有一次段氏忽辞职而赴天津,政界陡起极大风波,而外人均莫测此事动机因何种原因而致此。段既赴津,各方纷纷赴津挽劝,黎亦表示尊重内阁,段乃奏凯回京。其时已为晚间十一时半,愚赴车站欲与段氏会晤,至则段已由站归宅,迎迓之人亦散。此时想已无法可以与段见面,然愚尚欲为最后之奋斗,急换乘汽车,奔赴府学胡同段邸,两方栅门已闭,守卫森严。愚令车夫急鸣警笛,仍向邸内进行,门者以为时已夜深,必系阁员或要人有何重大问题面告总理,栅门大开,愚遂入内。门者见愚,显示不悦,谓总理自天津归,非常劳顿,业已就寝,请明日来。愚告以我有要事,请君姑且入告,谁知此时段方战胜黎氏,满腔得意,愿对愚谈,遂肃愚入。自十二时半谈至三时,非但黎段此番冲突之因果完全明了,且一年以后政局之变化,均得知其推演之径路,(如一年后梁启超任财政总长,而是晚段已与愚谈及之)可谓大告成功。其时愚适与行严君(指章士钊)合办《甲寅日刊》,自段邸出即直赴印刷所,将此项详情插入要闻栏内,第二日报遂售罄,引起阅者之极大兴味,设使当时稍无勇气,即错过机会矣。

仅此几例即可看出邵飘萍对采访的激情,称其为拼命三郎不算过分,他以超人的勇气和智谋打造着自己的事业。同时,他又在实战中积累了大量的经验,总结出许多理论。例如,他归纳出记者所必须具备的独特智能,要"知新闻之价值",要有"观察力、推理力、联想力",要"细密"、要"机警与敏捷"等等。他探索出采访新闻的具体办法,认为"外交记者之种种准备,无非欲完成其探索新闻之职务而已。若能彻底了解，再加以相当经验，且遇事奋勇前进，有机警精细之脑筋，无畏难自沮之暮气，则成为优良之外交记者不难矣"。他也全面熟悉了办报的种种环节，为自己的事业谋取更大的发展空间。

1918年，邵飘萍辞去《申报》特派记者的职务，在北京创办了自己的报纸——《京报》。在《京报》创刊词中，邵飘萍公布了自己以"新闻救国"的大抱负，称："时局纷乱极点，乃国民毫无实力之故耳。""必从政治教育入手。树不拔之基，乃万年大计，治本之策。""必使政府听命于政党民意之前，是即本报之所为作也！"同时发表评论，称："民国以来，军阀所为者俱为祸国病民，今则必须国民共起，志同道合，协力除之！"《京报》创刊时，邵飘萍还特地在编辑室大书"铁肩棘手"四字，勉励报馆同人"铁肩担道义，棘手著文章"。

同年10月，邵飘萍积极支持学界青年组织的国民社。国民社的宗旨为："增进国民人格，灌输国民常识，研究学术，提倡国货。"邵飘萍则在他的祝贺演说中提倡："吾国今日所最缺者为国民之学术思想，国民在学术上无所表示。在日本东京等处，杂志甚多，小道如弈，亦且研究甚详，而国民互相传递心理，法至善也。今既有杂志之组织，甚望能导国民于学术之途。"

这一年，邵飘萍还参加了中国第一个新闻学团体北大新闻学研究会的创建活动，应邀担任该会的讲师，教"新闻学总论"。从1918年11月3日起，邵飘萍每周上两个小时的课，所讲内容从世界各国新闻机构的组织情况一直到一份报纸的具体出版程序等方方面面，既有学术性，又颇为实用，是邵飘萍多年来理论与实践的成果。当时，青年时的毛泽东也常去听课，邵飘萍对其有所帮助。

1919年"五四"运动期间，邵飘萍走上讲台疾呼："现民族危机系于一发，北大是全国最高学府，应当挺身而出，把各校同学发动起来，救亡图存，奋起抗争。"又在《京报》上刊登《为学生事警告政府》等文章，揭露政府的卖国行径，《京报》因此被皖系军阀查封，编辑潘公弼被捕。邵飘萍被通缉，不得不离开中国，东渡扶桑，受聘于日本大阪《朝日新闻》。从事新闻工作的同时，以大部分时间研究各国政治思想动态及各国新闻舆论的历史与发展。他还撰写了五万字的《新俄国之研究》一书，详细介绍了布尔什维克的历史以及列宁领导下苏维埃政权的情况。

1920年安福系政府垮台后，邵飘萍返回北京，重新办起《京报》，使其迅速成为国内一流的报纸。据汤修慧回忆："《京报》第一次出版时，以限于资力，故仅以短小精悍著称于时，及第二次出版，乃大加扩充。复以公利用在朝日新闻社服务之余暇，肆力于新闻之学，并实地研求此日本新闻界大权威之组织运用等，一旦重办《京报》，便出其心得，于可能范围之内，对于报馆内部之组织、编辑之方法、新闻之汇集、排印之体裁，无不尽量革新。故在最短期内，此呱呱坠地未久之《京报》，便与久握首都舆论界牛耳之二三报馆，争雄竞长。公（即邵飘萍）不特富于组织力，其个人治事之勤敏，察物之精审，机杼之灵活，议论之透彻，一时莫与之京。此《京报》所以发达之又一大原因。《京报》因得公主持而日益发达，公亦以《京报》而声誉日隆。"扩张后的《京报》由原来的对开四版一大张变为对开四版两大张，遇有重大事件，另外发行特刊和号外。在加强新闻报道的同时，邵飘萍注意开拓新领域，先后创办了《海外新声》《小京园》

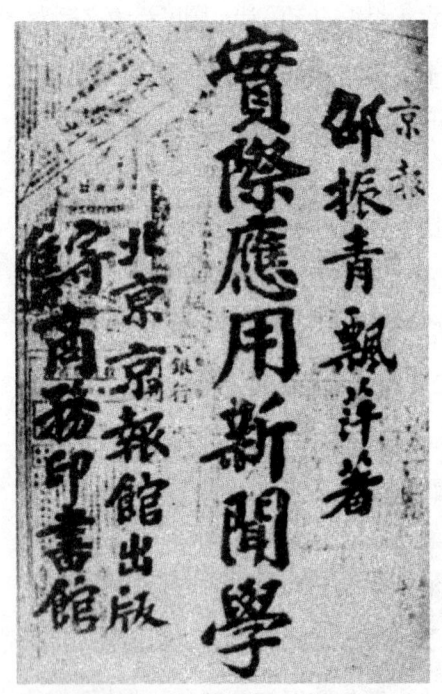

邵飘萍的新闻学专著《实际应用新闻学》

《经济新刊》《民众文艺》《图画周刊》《妇女周刊》《新闻副刊》等几十种副刊，涉及面广，影响面大，孙伏园、徐志摩、刘半农、石评梅、鲁迅、王小隐、徐凌霄等人都曾参与编辑工作，刊发了许多有价值的文章，对中国思想、文化、经济、教育等诸领域均有重大贡献。魏染胡同内著名的京报馆，就是邵飘萍于事业发达之际自筹资金建成的。1925年12月7日，邵飘萍等人迁入时，《京报》特地出版了《京报特刊》，上面赫然刊登着新报馆与邵飘萍的大幅照片！此时，邵飘萍的新闻事业达到巅峰状态。他在总管报社大事的同时，仍以采访报道为第一要务。他既是社长，又是编辑部长，还是总主笔。为方便采访，邵飘萍购买了一辆黑色小轿车，成为中国首位以自备汽车进行采访的记者。

办报的同时，邵飘萍不忘新闻教育事业，他在北京大学执教，撰写《新闻学总论》一书。在北京平民大学讲课，编写出版了《实际应用新闻学》一书。这两部新闻学专著，是中国最早的一批新闻理论著作，影响了一代代的新闻人。直到2008年，北京大学新闻学研究会仍将两书内容编入《邵飘萍新闻学论集》中重新出版，邵飘萍那理论与实践紧密结合、生动而有深度的文笔深深地吸引了我，阅读至深夜也不觉累，免不了一而再地品味他那"飘萍一支笔，抵过千万军"的盛誉。

责任心命我不得不死也

邵飘萍最重视记者的品行和人格。而高尚的品行与人格，又以责任心与良知为根本。

他在《实际应用新闻学》中一再提倡新闻记者的良知、责任心和品行，称："社会所以不重视访员之故，半由无对于新闻事业重视之观念，半由为访员者于上述弱点之外,更多不健全之分子,不能自重其人格,对于新闻材料不求实际之真相以忠实态度取舍之;或受目前小利之诱惑,或以个人意气泯灭其良知,视他人名誉为无足轻重,逞其造谣之技,一旦被人指摘,则以'有闻必录'一语自逃其责任。愚意我国报纸中时见有所谓'有闻必录'之无责任心的表示,乃最易流于不道德之'专制的'恶习。以革新进步自任之外交记者,万万不可沿袭之,以招社会之厌恶与轻视。"

郑重告诫:"愿有志于新闻事业者,振起其责任心,凡事必力求实际真相,以'探究事实不欺阅者'为第一信条。"

强调:"外交记者精神上之要素,以品性为第一。所谓品性者,乃包含人格、操守、侠义、勇敢、诚实、勤勉、忍耐及种种新闻记者应守之道德。贫贱不能移,富贵不能淫,威武不能屈,泰山崩于前,麋鹿兴于左而志不乱,此外交记者之训练修养所最不可缺者。"

在《新闻学总论》中,邵飘萍仍再三强调新闻记者的责任心,将其视为全书思想的根本所在。在最后一节"对于读者之希望"中,他还从自己的实例中阐发,称:"新闻记者之尽职,以道德人格为基础,以侠义勇敢为先驱,而归本于责任心之坚固。张勋复辟之役,余因亲赴天津发电,彼时京电局为辫子兵所占守,

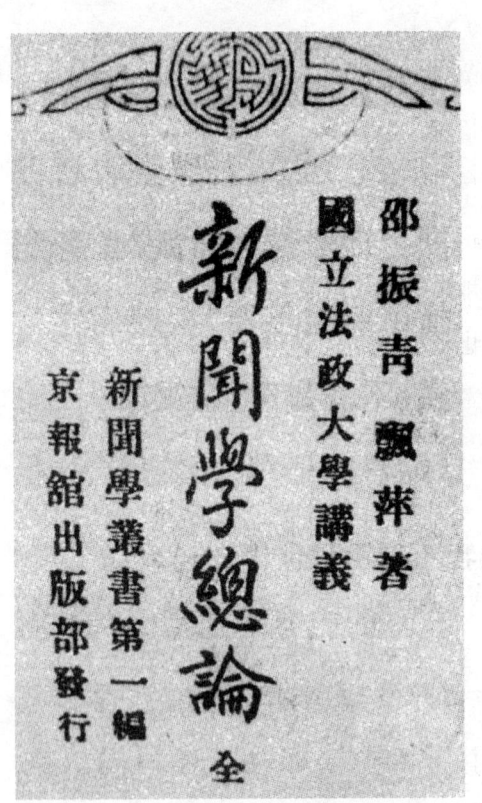

邵飘萍的新闻学专著《新闻学总论》

途经丰台,夹杂两军之中,几死于流弹之下。当时之危险状态,至今思之,犹为心悸。若果死,则责任心命我不得不死也。倘缺乏此项根本条件,全书皆成虚语矣。"

回顾邵飘萍的记者生涯,面对死亡威胁的次数不可谓不多,邵飘萍也免不了与常人一样会"心悸",但他将责任心建立在"新闻救国"的信念之上,所以并不退缩。

这是一个新闻记者的大道。

早在主编《汉民日报》时,邵飘萍就经常揭露浙江地区贪官污吏的丑恶行径,猛烈抨击袁世凯窃国称帝,称袁为"袁贼",行"共和其名,专政其实"。因而,邵飘萍办报不足三年,屡遭磨难。据邵飘萍日后回忆:"之岁,遂与杭辛斋君经营浙江之《汉民日报》。忽忽三载,日与浙江贪官污吏处于反对之地位,逮捕三次,下狱九阅月,最后《汉民日报》遂承袁世凯之电令而封闭。"可见,在办《汉民日报》时,邵飘萍已具备了不惜为新闻事业而牺牲的坚定信念。他不惧危险地揭露着贪污腐败,称:"人但知强盗可怕,不知无法无天的官吏比强盗更为可怕。"杭州的贪官们因此仇恨邵飘萍,曾想放火烧死邵飘萍,幸亏印刷工人发觉而未酿成大祸。《汉民日报》的笔锋还直指袁世凯等军阀,而邵飘萍的论调尤其激烈。所以,等袁世凯的势力进入浙江后,邵飘萍被扣上"参加二次革命嫌疑"的帽子,逮捕入狱。其妻汤修慧四处奔走,终于使邵飘萍得以缓刑,并于 1914 年出狱。此等灾难并未使邵飘萍退缩,相反,经此磨炼后,邵飘萍更深刻体验到世道的黑暗,乃更加义无反顾地冲锋于"新闻救国"的前线。

1920 年,邵飘萍因揭露军阀卖国行径,《京报》被查封,他本人亦处于极度危险当中,"仓促间从屋顶逃出,幸未就擒,暂避于东交民巷六国饭店。然未几安福内阁以扰乱京师治安罪名照会公使团引渡,并行文全国通缉"。邵飘萍不得已乔装逃往日本,其在国内的新闻事业也不得不中断。在此重挫之下，邵飘萍没有丝毫妥协，相反，几年后他办起了影响面更大的新《京报》，"以全力与帝国主义者挑战，赤手空拳，大声疾呼"。

鉴于邵飘萍的才干和影响，袁世凯、张作霖等军阀均试图以重金收买他。邵飘萍不为所动。军阀们见无法收买邵飘萍，便将其视为仇敌，写上黑名单。邵飘萍处境危险，他在原则问题上毫不动摇，而又以非常灵活之手腕与权要们周旋。正如张炽章在《追悼飘萍先生》中所讲："北京大官，本恶见新闻记者，飘萍独能使之不得不见，见且不得不谈，旁敲侧击，数语已得要领，其有干时忌者，或婉曲披露，或直言攻讦，官僚无如之何也。自官僚渐认识飘萍，遂亦渐重视报纸，飘萍声誉，以是日隆，而仇之者亦日以多矣。"随着邵飘萍的影响力日益强大，仇恨他的官僚虽想害他，但有所顾忌，也不那么容易了。也有一些官僚，开始敬佩邵飘萍的胆气，见其慷慨豪爽，"躯干不逾常人，而修眉爽额，目光炯炯四射，平居不甚拘小节，临大事乃蹶起无所避，不惜与北庭权要相接"，是奇男子，一世英豪，也愿意与之交往。更有一些进步官员，将邵飘萍引为同道。冯玉祥即称赞邵飘萍为"立德立功立言"。

邵飘萍在办报的生涯中，始终把办报救国放在首位，但国外强敌凌辱，国内军阀混战，整个中国的形势越来越危急了。邵飘萍为此心急如焚，他办报以"无党籍、热心国是，不偏不袒"为原则，但遇到进步力量与恶势力相争斗时，他的言论明显倾向于前者。

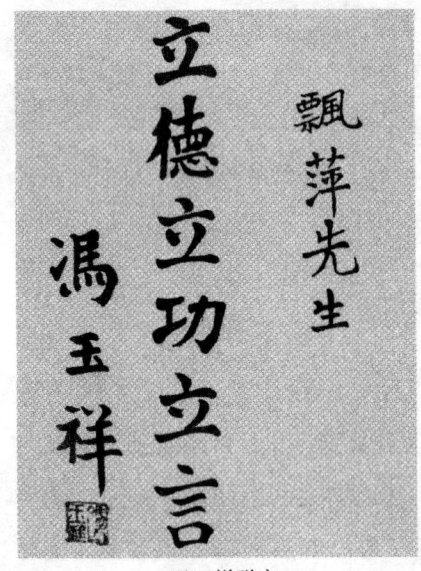

冯玉祥赠言

早在1921年中国共产党成立之初，李大钊等人即与《京报》保持紧密联系。邵飘萍与孙中山领导的国民党要人也多有联系。

从1923年起，北京陆军检阅使冯玉祥经常约请新闻界人士，共同探讨救国之道。1924年5月的一天，邵飘萍等人再次受邀参观冯玉祥的阅兵式。阅兵时，冯玉祥问官兵："你们是什么人的军队？"官兵们齐声回答："老百姓的！"又问："你们的吃穿用是谁给的？""老百姓给的！"冯玉祥的军队给邵飘萍留下很好的印象，冯玉祥的作风也是邵飘萍所赞赏的。但在阅兵后的交谈当中，邵飘萍不像旁人那样当面称赞，而是分析国内外时势，指出冯玉祥军队的不利处境及弱点，提议冯军应远离军阀激烈争夺的北京，驻军唯一没受帝国主义染指的西北，"借以时日，必可使西北富业发达，物产丰富"，从而进一步造福于全中国。冯玉祥听后大为赞赏，当晚又约邵飘萍密谈。邵飘萍建议冯玉祥立即联合南方孙中山的革命力量，将军队改编为国民军。冯玉祥听后动容，对邵飘萍更加敬重。

1924年9月17日，以曹锟、吴佩孚为首领的直系军阀与以张作霖为首的奉系军阀展开激战，第二次直奉战争爆发。冯玉祥原属直系，他于10月23日发动北京政变，囚禁曹锟。25日，冯玉祥电请孙中山北上。此时，冯玉祥虽政变成功，但尚无力量完全控制北京。在各种力量的纠纷中，所谓的

孙中山先生遗嘱

中华民国临时执政府成立，段祺瑞就任"临时总执政"。孙中山为了国是，不顾自己的身体，转道北上，抵天津的当晚，肝病发作。12月31日，孙中山扶病由天津进入北京，受到十万余群众的热烈欢迎。孙中山发表《入京宣言》，重申救国主张。孙中山北上，使邵飘萍看到了救国之希望，于是积极拥护孙中山，在《京报》上大量地刊登有关孙中山的消息。孙中山也非常看重邵飘萍及《京报》，特地将自己的照片赠予《京报》。《京报》以副刊《图画周刊》创刊号的方式予以刊登，标题为："全国景仰之中山先生。"此后，又隆重地印发了"中山先生来京纪念号"。

孙中山先生一生为救国救民而奔走，他生命的最后时光是在北京度过的。短短的三个月之后，孙中山先生病逝。临终前，他立下著名的遗嘱，称："余致力国民革命凡四十年，其目的在求中国之自由平等。积四十年之经验深知欲达到目的，必须唤起民众及联合世界上以平等待我之民族，共同奋斗。现在革命尚未成功，凡我同志，务须依照余所著《建国方略》、《三民主义》及《第一次全国代表大会宣言》，继续努力，以求贯彻。最近主张开国民会议及废除不平等条约，尤须于最短期间促其实现。是所至嘱。"

孙中山的遗嘱是近世影响力最大的遗嘱，感召了无数的有志之士。邵飘萍亦受孙中山高尚精神之感召，为救国不惜牺牲生命。

大危机与大决裂

邵飘萍生逢乱世，见国家形势一天比一天危急，而各方军阀只顾自己利益，受帝国主义幕后支持展开混战，使整个中国濒临国破家亡的危境。他的爱国情绪因此而更加强烈。

之前，为了报纸的长远发展，邵飘萍有时也不得不与军阀周旋，尽量不做鱼死网破般的奋争。但随着国家形势的恶劣，在巨大的危机面前，在一些激烈事件的刺激下，邵飘萍便顾不了太多，因而不惜冒生命危险，与军阀头子发生大决裂。

对于奉军首领张作霖，邵飘萍早在1918年即因张作霖抢劫政府军械而撰写一篇报道《张作霖自由行动》，对张作霖冷嘲热讽：

张作霖

> 奉天督军张作霖，初以马贼身份投诚来归，递升擢而为师长，更驱逐昔为奉天督军现为陆军总长之段芝贵，取而代之。"张作霖"三个字乃渐成中外瞩目之一奇特名词。至于今所谓"大东三省主义"，所谓"奉天会议"，所谓"未来之副总统"，所谓"第二张勋"，时时见之于报纸，虽虚实参半，褒贬不同，委之马贼出身之张作霖亦足以自豪也矣。……
>
> 消息传来，此当中原多故、西北云扰之时，张督军忽遣一旅之师，截留政府所购枪械二万余支，陈兵滦州，观光津沽。当局莫知其命意，商民一夕而数惊。

对此报道，张作霖自然非常恼火，但还不至于动杀机。而1925年间发生的事，使张作霖开始仇恨邵飘萍，必欲铲除而后快。

当时，邵飘萍对奉军中的革新派虎将郭松龄寄予厚望，不仅发表大量文章称赞郭松龄，而且促成冯玉祥与郭松龄的合作。1925年，郭松龄与冯玉祥达成密约,在冯玉祥发动北京政变的同时,郭松龄起而讨伐张作霖。《京报》为此发表了许多声援郭、冯二将军的新闻与评论。12月7日,《京报特刊》特地以一大张两整版的厚铜版纸,异常醒目地登出了当时重要政治人物的照片,每个人物的下面,是邵飘萍亲自撰写的介绍语,例如:"保护京畿治安京畿警卫总司令兼京畿警察总监"鹿钟麟,"时势造英雄首先倒奉"之孙传芳,"通电外无所成自岳州赴汉口"之吴佩孚,"东北国民军之崛起倒戈击奉"之郭松龄,"忠孝两难"之张学良,"一世之枭亲离众叛"之张作霖,"鲁民公敌"张宗昌,"直民公敌"李景林,"甘心助逆"之张作相等等。特刊一出,传播面非常广,直接到达前线,使张作霖的军心为之动摇,连连失利。此外,邵飘萍还在报上鼓励张作霖之子张学良"父让子继",接任"镇威军"总司令的职位,改造东北政局。郭松龄与张学良交情深厚,邵飘萍此举乃是离间之计,以此动摇张作霖的军心。张作霖的部队节节败退,张作霖这个相信武力万能的武夫,至此真正领教了邵飘萍笔杆子的厉害,因此汇款三十万元,想要收买邵。邵飘萍以前曾收过袁世凯等军阀的钱,但收钱后该痛骂时还是痛骂,并不丧失自己的办报原则。这一次则显得更加坚决,为表明自己的明确立场,邵飘萍当即将银钱全部退回。张作霖恼羞成怒。他为了打败郭松龄,不惜答应日本政府提出的丧权辱国条件,以此换来日军的支持。1925年12月23日,郭松龄部队遭到奉军与日军的联合夹攻,兵败被杀。邵飘萍闻讯后悲愤万分,不顾自己的危险处境,立刻发表《日本暗助奉张之战功》,分析郭松龄军队战败的原因,揭露张作霖及日军阴谋:

> 日本阻止郭军之前进,各省严守中立态度,实际则使郭军中途淹留,奉张可以从容备战,致从九死一生中获得最后之胜利。故此次郭军之失败,乃日本助张政策之成功,日本亦何爱于奉张乎?简而言之,日本侵略东省之成功而已。日本之外交,颇为敏捷而普避嫌疑,然今次竟

不避嫌疑以补充守备名义而增兵东省,亦可知其大非得已矣!

此文面世后,张作霖加强了必杀邵飘萍的念头。

1926年3月18日,北京各界民众在李大钊等人的领导下,在天安门前召开国民大会,要求段祺瑞执政府拒绝日、英、美等八国提出的撤除大沽口国防设备的最后通牒,抗议日舰12日对大沽口的炮击。会后,二千余人前往执政府东门和平请愿。段祺瑞出兵镇压,凶残对待手无寸铁的民众,造成四十七人死亡、两百余人受伤的"三一八"大惨案。邵飘萍闻讯,马上派记者到现场调查,自己则亲自到权威部门访问。第二天,《京报》刊登邵飘萍所写《世界空前惨案——不要得意,不要大意》的时评,公开鞭挞段祺瑞政府,称:"世界各国无论如何专横暴虐之君主,从未有对于徒手民众之请愿外交而开枪死伤数十百人者。今因有人与教育界及各团体为仇之故,蒙蔽当局,竟胡乱惨杀青年如此之多,不问政府借口之理由如何充足,皆不能不课以重大之责任,而况毫无理由可据乎?倘犹以为得意,是用心之险狠甚于彼等之所谓暴徒乱党矣。清夜自问,安乎否乎?此项账目,必有结算之一日。本报替政府中人设想,官固不可不做,但今后尚欲在中国做人与否,似亦不应绝不计及之耳。"这是一篇战斗的檄文,但同时也对中国之大危机有清醒的认识,对民众、对爱国青年都有告诫:"民众方面,本报劝其不必再为与虎谋皮之愚举。昨闻青年界死伤数十百人,既痛惜政府之戕贼人民有如草芥,而种下今后之因,将来革命怒潮中,必有十百倍残酷于此之事实出现,此真未来之大危机也。"文中还鲜明地表达了作者热爱生命的主张,认为生命可贵,要保存力量,不做无益之惨死,称:"政府既抱极端之主张,本报殊不愿青年徒为无益之惨死,政治中之真相,有非徒恃理论与热心所能达到者,故敢劝爱国诸君之勿再大意也。"由此看来,邵飘萍是非常注意生命之安全的。在当时如此恶劣之政治环境中,邵飘萍发表这样的文章,自然洞察其风险与危机。只是，他在劝别人的时候，自己却以救国信念而甘愿冲锋在最危险的第一线。

很快，邵飘萍又写一社论，题目为《可谓强有力之政府矣——举国同声痛哭，列强一致赞成》，矛头直指列强与段祺瑞等人，对其冷嘲热讽：

英、日诸国迭次对华宣言有云："我们极愿以好意帮助中国，可惜中国老没有一个强有力的政府。"此种慈祥恺悌之言，在长于"内感外感"之段祺瑞等闻之，不禁合掌而深谢曰："善哉善哉，小子敢不勉诸？"于是，"武力统一"也，"战而不宜"也，种种活剧，闹得中华四分五裂，杀人盈野，血流成河，寡人之妻，孤人之子，焚烧抢掠，全国无一片干净土。……前日之夕，凯歌齐奏，列队游行，谓已战胜徒手青年，子弹无一弹虚发，尸横满院，伤者尤充塞街衢，有漏网者，随之以通缉令。武力统一北京之政策，予以达到，列强多年所希望之强有力的政府，自此完成。猗欤盛哉！此诚中华民国之新纪元，段祺瑞半生学佛之大善果也。虽举国难免有痛苦之声，而列强则一致赞成，决践好意援助之前诺，岂非段祺瑞、章士钊、贾德耀等之一大成功也哉。至于自来讨死之青年，徒供竖子成名之材料，在吾人或以为可怜，然以我佛之慈悲慧眼观之，亦"活该"而已矣。

李大钊手书联：铁肩担道义，妙手著文章

20日，邵飘萍写《小沙场之战绩》;21日，写《警告司法界与国民军——段、贾等可逍遥法外乎？各方注意屠杀案要点》，既痛骂段祺瑞等人的暴行，又尖锐地揭露出段祺瑞企图将惨案嫁祸于冯玉祥的阴谋。

邵飘萍除亲自上阵外，还邀鲁迅、孙伏园等人并肩作战。鲁迅所写的《可惨与可笑》《如此讨赤》《大衍发微》等犀利的文章均发表于《京报》。

3月23日，北京民众自发举办追悼会，一方面悼念惨案的死难者，一方面抗议这场军阀大屠杀。公道自在人心，但当时已是白色恐怖，人人自危。追悼会即将开始，大会主席尚未确定，时为中法大学学生的陈毅挺身而出，充任大会主席。他愤然登台，谴责段祺瑞政府祸国殃民的暴行，全场震动。陈毅讲完之后，一时无人发言，会场出现令人窒息的沉默。这时候，邵飘萍昂首走上讲台，揭露段祺瑞不得人心之暴行。邵飘萍敢作敢当，给陈毅留下深刻的印象。

大义所激，邵飘萍自觉地为自己选择了一条异常危险的道路。他自己非常清醒，所以在给友人伯子的信中这样写道：“弟今日处境甚危，段氏方面，弟因其杀无辜学生，已与之大决裂。”

邵飘萍大笑而死

邵飘萍上了段祺瑞的黑名单，张作霖、吴佩孚等军阀均想杀害他。

1926年春，张作霖与段祺瑞互相利用，并与以前的敌手直系军阀吴佩孚恢复合作，一起进攻冯玉祥的军队。冯玉祥当时正在出国赴苏途中，在对方优势兵力的压力下，冯玉祥不得不命令部队离开北京，退到西北。冯玉祥的国民军退出北京之时，纪律严明，"不扰民真爱民"。邵飘萍特发一篇《欢送国民军》的评论，公开称颂。

冯玉祥

冯玉祥对邵飘萍的处境非常担心，劝其出国。邵飘萍虽知有万险，但不愿就此远离自己在北京苦心经营的新闻事业，所以冯玉祥的军队撤离北京后，他只是避入俄国使馆，并在东交民巷的六国饭店租了一个房间，接待来访客人。与此同时，他安排夫人汤修慧暂守报馆，继续工作。

张作霖的部队开进北京后，公布所谓的《维护地方治安公告》，其中特别规定："宣传共产，鼓吹赤化，不分首从，一律处以死刑。"北京军阀遍地，陷入白色恐怖当中。

邵飘萍在租界本来是安全的。张作霖记恨邵飘萍，特以两万块大洋外加造币厂总监的职位收买了邵飘萍的旧交——《大陆报》社长张翰举。张翰举见利忘义，接受张作霖的指派，多次前往六国饭店找邵飘萍，表现得非常亲密，并自称："我已向张学良少帅疏通过，张答应《京报》可以正常出版。"邵飘萍久离报馆，见军阀对报馆并无什么举动，警惕性有所放松。报馆还有许多事务需要及早处理，他也想回去了。听张翰举信誓旦旦地打着保票，就决定冒险回报馆看看。

1926年4月22日下午五点多，邵飘萍乘私人汽车返回京报馆，见到汤修慧后，马上将一纸文字交给汤，嘱咐她在《京报》上刊登出来。没想到这成为邵飘萍最后的绝笔。内容如下：

飘萍启事

鄙人至现在止，尚无党籍（将来不敢予定），既非国民党，更非共产党。各方师友,知之甚悉,无待声明。时至今日,凡有怨仇,动辄以赤化布党诬陷,认为报复之唯一时机。甚至有捏造团体名义,邮寄传单,对鄙人横加攻击者。究竟此类机关何在?主持何人?会员几许?恐彼等自思亦将哑然失笑也。但鄙人自省,实有罪焉,今亦不妨布之于社会。鄙人之罪,一不该反对段祺瑞及其党羽之恋栈无耻;二不该主张法律追究段、贾等之惨杀多数民众(被屠者大多数为无辜学生,段命令已自承认);三不该希望取消不平等条约;四不该人云亦云承认国民第一军纪律之不错(鄙人从未参与任何一派之机密,所以赞成国民军者,只在纪律一点,即枪毙亦不否认,故该军退去以后尚发表一篇欢送之文);五不该说章士钊自己嫖赌,不配言整顿学风(鄙人若为教育总长亦不配言整顿学风)。有此数罪,私仇公敌,早伺在旁,今即机会到来,则被诬为赤化布党,岂不宜哉!横逆之来源,亦可以了然而不待查考矣。承各界友人以传单见告,特此答陈,借博一粲。以后无论如何攻击,不欲再有所言。

邵飘萍并没有在报馆耽搁太多时间,但就在这短短的不到一小时的时间内,张翰举已急着通风报信去了。将近六点的时候,邵飘萍从报馆出来,刚刚行至魏染胡同北口,便有数名侦探围了上来,问:"您是邵先生么?"邵飘萍回答:"是。"侦探马上将邵飘萍拘捕,带到警厅。

4月25日,《北京晚报》刊登了"京报馆被封"和"邵飘萍先生被捕"的消息,北京报界联合会及报界同志会均全力营救。以杨度为首的13位代表前往石老娘胡同找到张作霖之子张学良,请其救出邵飘萍。张学良予以拒绝,称:"取缔宣传赤化分子,早经奉天军事会议决定,警厅奉令执行,邵飘萍不过其中之一而已。"众人找出种种理由为邵飘萍求情,张学良不为所动,说:"逮捕飘萍一事,老帅和子玉(吴佩孚)及各将领早已有此种决定,并定一经捕到，即时就地枪决。此时飘萍是否尚在人世，且不可知。余与飘萍私交亦不浅，时有函札往来。惟此次碍难挽回，而事又经各方决定，余一个亦难做主。"代表们再三求情，均无结果，张学良最后说："飘萍虽死，已可扬名，诸君何必如此强我所难。……此事实无挽回余地。"如此一来，邵飘萍必死无疑。

邵飘萍是在 1926 年 4 月 26 日被杀害的。罪名是所谓的"赤化"。

京报馆被列为北京市文物保护单位

1926 年 4 月 27 日的北京《晨报》如此报道邵飘萍临终前的情景：

> 至昨晨一时余，邵由警厅解到督战执法处，审问一过，即判处死刑。三时余又解回警厅，至四时三十分，由警厅一面通知外右五区警署预备刑场，一面用汽车二辆，将邵提到天桥，执行枪决。当时邵穿长夹袍，青马褂。汽车行抵刑场，由警队扶之下车，走至监刑官案前报名，邵向监刑官狂笑数声，往南行数武，由行刑者用马枪向脑后射击，砰然一响，邵即应声倒地，弹由右眼穿出，即时毙命。

邵飘萍乃是大笑而死的，临终前仍不失豪气。他早就立下"新闻救国"的宏愿，愿意为此牺牲生命。这一次，他就是为自己的宏愿而死！

于右任称赞邵飘萍："既为干将莫邪兮，宁畏缺折！呜呼，报界之牺牲者！"

马寅初写《飘萍先生千古》，称其："报社巨子，新闻导师。议论锋发，文笔觚奇。灵犀其心，磨蝎其命。遗箸既传，莫容何病。"

邵飘萍堂弟邵泛萍所题《飘哥殉报纪念》：

> 人生皆有死，死贵得其宜。义气山河并，毫芒宇宙弥。
> 为民兼为国，无党又无私。嫉恶言词鲠，含冤性命牺。
> 百身人莫赎，半面我难期。直笔昭千古，雄名中外知。

这些，当然只是无数悼念邵飘萍文字的冰山一角而已。

邵飘萍，一位爱国者，一位殉报者，一位名士，一位义士，一位浩气长存者……一位值得人们永远纪念的了不起的新闻界人士！

主要参考资料：

邵飘萍:《实际应用新闻学》，出自《邵飘萍新闻学论集》，北京大学出版社，2008年。

邵飘萍:《新闻学总论》，出自《邵飘萍新闻学论集》，北京大学出版社，2008年。

汤修慧:《先夫子言行纪略》，出自《邵飘萍新闻学论集》，北京大学出版社，2008年。

汤修慧:《被难后追述之事实》，出自《邵飘萍新闻学论集》，北京大学出版社，2008年。

张炽章:《追悼飘萍先生》，出自《邵飘萍新闻学论集》，北京大学出版社，2008年。

潘公弼:《纪念飘萍先生》，出自《邵飘萍新闻学论集》，北京大学出版社，2008年。

伯子:《飘萍被难之一因》,出自《邵飘萍新闻学论集》,北京大学出版社,2008年。

汤修慧:《一代报人——邵飘萍》,出自《文史资料选编第六辑》,北京出版社,1980年。

杜钟彬:《邵飘萍传略》,出自《文化史料第四辑》,文史资料出版社,1983年。

宋北风:《邵飘萍采访新闻轶事》,出自《文化史料第四辑》,文史资料出版社,1983年。

郭汾阳:《铁肩辣手——邵飘萍传》,浙江人民出版社,2006年。

林溪声　张耐冬:《邵飘萍与〈京报〉》,中华书局,2008年。

《邵振青昨早被枪毙〈京报〉已启封》,出自北京《晨报》1926年4月27日。

林白水（1874—1926）

林白水：为了"言论自由"

"言论自由，决不容许暴力干涉"

1926年8月6日凌晨1时，北京棉花头条胡同《社会日报》报馆传来剧烈的敲门声。京畿宪兵司令王琦奉张宗昌之命，找到报人林白水，勒令他更正《官僚之运气》一文，并让其请罪。林白水据理力争，称："言论自由，决不容许暴力干涉。"无论如何，他是不肯认错的。王琦立刻令手下将林白水拥入汽车，接着，将林白水绑了起来，押往宪兵第二营。林白水自知大祸将临，他神态自若，要求给家人写遗嘱。遗嘱写道："我绝命在顷刻，家中事一时无从说起，只好听之。爱女好好读书，以后择婿，须格外慎重。可电知陆儿回家照应。小林、宝玉，和气过日。所有难决之事，请葰孙、淮生、律阁、秋岳诸友帮忙。我生平不作亏心事，天应佑我家也。丙寅八月七日夜四时，万里绝笔。外玉器两件，铜印一个，又金手表一个。"匆促之间，"八月六日"错写为"八月七日"。

临终前，林白水一方面以生命为代价，维护着"言论自由"的坚定信念；一方面又对亲人充满着无限的眷恋之情。

8月7日，北京《晨报》刊登消息："林白水昨晨被枪决。一时被捕四时行刑，赦令已下只差半时。"时人阅报，无不慨叹。

以林白水著名报人的身份，只因说了真话，便被军阀抓捕，不经任何法

1926年8月7日的《晨报》刊登了林白水被枪决的消息

律程序，冠以"通敌有据"的莫须有罪名，转瞬间被杀。军阀之草菅人命，令人发指。

"用语体的报纸来做革命的宣传，恐怕我是第一人了。"

林白水，名獬，又名万里，字少泉，号宣樊，又号退室学者，中年自号白水。1874年出生于福建闽侯县（今福州市）。1901年6月，林白水到项藻馨创办的《杭州白话报》担任报纸主笔，翻开人生新的一页。

出任《杭州白话报》主笔期间，林白水以启迪民智为职责，提倡用白话文写社论和新闻，以便于广大群众阅读。在政治上，他反对清朝统治，遭到清吏嫉恨，被迫离开浙江，来到上海。1902年，他与蔡元培、章炳麟等在上海设立第一个全国性的教育团体——中国教育会。他表面办教育，实际上却积极进行反清的宣传。

1903年春，林白水东渡日本留学，曾组织参加反抗沙俄侵略东北的拒俄义勇队、国民教育会，受到清政府驻日使馆干涉，返回上海。同年12月，他与蔡元培等在上海创办《俄事警闻》，专门报道有关拒俄消息，宣传革命。他还在1904年1月10日《俄事警闻》上发表《新说》，号召"工人联合起来作主人翁"。1904年2月，该报更名为《警钟日报》，革命倾向更加强烈。

与此同时，林白水还自己创办《中国白话报》，以活泼的形式宣传民主思想，抨击清政府的专制统治以及帝国主义的侵略罪行。林白水是该报论说、新闻、时事问答的主要撰稿人。在《中国白话报》第一期上，林白水便刊出"为民众说话"的"论说"文章，称："这些官吏，他本是替我们百姓办事的。……天下是我们百姓的天下，那些事体，全是我们百姓的事体……倘使把我们血汗换来的钱拿去三七二十一大家分去瞎用……又没有开个清账给我们百姓看看，做百姓的还是供给他们快活，那就万万不行的！"此"论说"振聋发聩，在社会上引起强烈反响。

林白水满怀着爱国激情，他希望自己的思想能推进中国革命的进程，希望中国民众能尽快脱离受列强欺辱、受专制压迫的苦难命运，他呼吁民众觉醒，说："列位啊，可怜啊！……如今，大祸已经进门，可怜你们还一点不晓得……所以，握着一把眼泪，写这样一张字，送给列位，好教你们列位兄弟赶紧设法自己救自己啊！……如今我们这中国，你若不去救他，再没有人去救他了！"

林白水也在摸索着救国之路，尽管他的想法不一定完全正确，他在尽着自己最大的努力。他在《中国白话报》发表《论刺客之教育》，鼓吹暗杀。爱国志士吴樾读罢此文，热血激荡，萌生了新的想法。后来，吴樾为炸清廷考察宪政五大臣而舍生取义，在中国近代史写下苍凉而悲壮的一幕，而吴樾最后给妻子留下的绝笔中则写道:"自阅《中国白话报》,始知革命宗旨之可贵;自读《论刺客》一篇,始知革命当从暗杀入手。"

《中国白话报》在社会上产生广泛的影响,也为林白水赢得巨大的声誉。由于其思想新颖、语言通俗、文笔犀利,影响范围从知识界拓展到广大民众,林白水也由此而成为"白话文的鼻祖",他自己便在日后不无自豪地回忆:"说起《杭州白话报》,算是白话的老祖宗,我从杭州到上海,又做了《中国白话报》的总编辑,与刘申培两人共同担任,中国数十年来,用语体的报纸来做革命的宣传,恐怕我是第一人了。"

可以想到,《中国白话报》肯定不会为清当局所容,所以,不到10个月即被查封。而林白水并不因此而气馁,继续写出大量的脍炙人口的文字。

1904年慈禧大办七十寿辰之际,林白水撰写对联,辛辣地讽刺了当权者,一时广为传播。此对联公开发表在《警钟日报》上,内容为:

　　今日幸西苑,明日幸颐和,何日再幸圆明园,四百兆骨髓全枯,只剩一人何有幸;
　　五十失琉球,六十失台海,七十又失东三省!五万里版图弥蹙,每逢万寿必无疆!

此对联道出无数人的心声,所以传播四海。

1905年7月,林白水再次东渡日本,入东京早稻田大学主修法政,兼修新闻。他先后与宋教仁、孙中山结识,并加入同盟会。一年后,林白水返回中国。至1911年,林白水一直悄无声息,潦倒度日。

"一年内颠覆三阁员，可谓甚矣"

辛亥革命爆发后，林白水赶回福建，被任命为都督府政务院法制局局长，开始涉入政坛。1913 年，林白水被选为第一届国会众议院议员，接着被袁世凯聘请为总统府秘书兼直隶省督军秘书长。此后，林白水成为拥护袁世凯称帝的帝制派，扮演过一些不光彩的角色。袁世凯死后，林白水与王士澄等人合办《公言报》，成为安福系言论机关的主笔，为段祺瑞效命，鼓吹段祺瑞"武力统一"的政策。此时，林白水扮演的角色仍是不光彩的，不过，他那根植于内心深处的"说真话不说假话"的办报思想，又使他毫不客气地将矛头指向贪官污吏——即便是段祺瑞的心腹。

1917 年春，段祺瑞手下的财政总长陈锦涛贿赂议员拉选票，被林白水得知，迅速公布，使《公言报》成为北京第一家揭露贿选丑闻的报纸。另一政客许世英，与段祺瑞关系颇深，也因林白水的揭露，狼狈不堪。林白水对这两件事亦非常得意，在 1921 年 12 月 13 日的《新社会报》上回忆：

> 我还记得合肥（指段祺瑞）当国的时代，交通总长许世英，因为他靠着合肥是他拜把的弟兄，一方又是入了国民党的党籍，所以胆子大了。办一个津浦租车的大事件，不幸给区区知道了，想尽法子，把他那租车合同抄得一份，给他一个体无完肤的批驳，在《公言报》上一登，这位矮许先生第二天就在国务会议席上，自己乖乖的告发自己。还请总理派人查办。以合肥那样蛮干的家伙，也不能不有三分尊重舆论。因此也就暗暗的劝他辞职。你想吧，那时候的合肥，简直跟项城（指袁世凯）差不多远，他以总理之尊，却不能保护一个把弟兄，可见当时北京城还有些纪纲。
>
> 还有一位财政总长陈锦涛，也是因为五万块钱的贿赂，给区区知

道了,当天在报上一发表,陈锦涛也是乖乖的自己在国务会议席上,自请查办。不上几天,陈氏辞了职,就给地方厅传了进去押起来。审判结果,定了徒刑的罪名。后来还是费了多大的劲,弄个大总统援照约法,给他特赦出来。不然,至今还关在监狱里面哩。

后来,林白水还在《社会日报》上再次撰文回忆:"《公言报》出版一年内颠覆三阁员,举发二赃案,一时有刽子手之称,可谓甚矣。"

段祺瑞于1920年下野,《公言报》随之停刊。1921年春,林白水在北京创办《新社会报》,开始专事新闻工作。

"社会舆论决不为政治军事暴力所压制"

相对于当时将注意力集中在上层显贵的诸多大报,《新社会报》将目光投向了广大民众,关心社会下层的疾苦,决心"树改造报业之风声,做革新社会之前马"。一次,林白水将一位洋车夫向他讲述的凄惨生活如实披露,迅速得到社会的广泛回应,乃至于"都门中下社会胥为之震动,报纸销路飞涨,日以数百份计"。此事还对新闻界产生巨大影响,《国闻周报》称赞道:"苍头异军突起,报界风尚为之一新。"林白水受到鼓舞,更加关注民众的疾苦。反过来,他对为富不仁者则冷眼相对,因其熟悉政客丑闻,所以"涉及权贵私德问题,形容备至,不留余地"。他也将此作为获利的资本,"打算向人要钱,就指名大骂一顿","给钱就不骂,决不恭维"。

1922年2月,《新社会报》因揭露直系军阀吴佩孚搬运飞机炸弹和盐余公债的黑幕,触怒当局,被北京政府警察厅勒令停刊3个月。复刊时,林白水将报名改为《社会日报》,称:"蒙赦,不可不改也。自今伊始,除去新社

林白水在《社会日报》上署名白水发表文章

会报之新字,如斩首级,示所以自刑也。"一语双关,暗含着"社会舆论决不为政治军事暴力所压制"的决心。

林白水尤其痛恨贪官。1923 年,当林白水得知政客潘复想通过张宗昌的关系爬上山东省长的宝座时,马上将潘复贪污的丑闻刊登在 1 月 25 日的《社会日报》上:

山东全省好矿都要发现了

矿师潘大少爷恭喜山东人发财

你们山东人应该知道,你那位贵同乡潘大少名复,快要做山东省长了。讲起这位潘大少,他的做官成绩,实在可惊。他统共做了一年零几个月的财政次长兼盐署署长，在北京就买了两所大房子，连装饰一切，大约花去十万块钱。又在天津英（租）界，盖一座大洋房，光是地皮，就有十亩之大，一切工程地价，统共花去十五万块钱。你想，一年半的次长，能有二十五万买房子的大成绩，其他，古董、器具、陈设，怕不也得花十几万块钱吗？就这一项简简单单的大房子，已经值得四十万左右，那么这位潘大少的穿衣、吃饭、赌钱、经商、供给姨太……

此外，林白水还刊登诸如《拿办贪官污吏 翦除政客奸商》《资本主义之狠毒》等文章，不断抨击社会腐败。他还勇敢地揭露议院的卖官丑闻，称："你们爱作榷运局长（运输税局局长）、官钱局长么？这些荐任以上的官吏，都有定价。或是二万或是四万，尽汝挑吧！你们爱做财政厅长、海关监督吗？这些简任的肥缺，官大价也大。大概总得十来万，或五七万以上才行。要是没有大资本，但愿小就的，那么签事或任用等，只要两千块洋钱，或是一千六百块，包管你必达目的。"1923年曹锟贿选总统时，林白水无畏地将曹锟及受贿的议员们骂个体无完肤，称议员们为"猪仔"。曹锟见势不妙，深恐林白水如此骂下去，自己便做不成总统了。于是下令将报馆封闭，且逮捕了林白水。据林白水女儿林慰君回忆，曹锟虽然将林白水关起来，但手法还算温和，"他们给先父（林白水）预备了一排三间的屋子，卧室外面是会客室，会客室的另一端是一个侦缉队员的屋子，他们当然是看守先父的。一日三餐可以由家人送去，先父每天可以看书、写字或接见亲友，就是不能写文章。每次有人去看他时，那些侦缉队队员像佣人似的，还给客人倒茶。先父在侦缉队里住了三个多月，曹锟在这三个多月里已被'选'为总统而就了职，他坐稳了总统宝座之后，才把先父送回家"。

林白水办报，有很风光的一面：既具有强大的社会影响，还有过可观的经济收入。家中佣人最多时可达 10 人，家庭教师 5 位，房子有四五个院子、三四十间，林白水本人还常常购买各种名砚，出手相当大方。但另一面是，要办一份不怕得罪权势的好报纸，除时时隐藏的政治威压外，也免不了面临着缺少经济支持的现实压力。1925 年 7 月 3 日起，林白水在《社会日报》副刊"生春红"每期登载《林白水卖文字办报》广告：

> 仆从事新闻，已逾三十载，硁硁自守，不敢以个人私便之故，累及神圣之职业，海内知友，类能见信。《社会日报》自出世以迄今日，已满三年，耗自己之心血，不知几斗；糜朋友之金钱，不知几万。艰难缔造，为社会留此公共言论机关，为平民作一发抒意见代表，触忌讳，冒艰险，所不敢辞。然为资力所扼，发展无望，愧对读者。今则此不死不活之状态，犹难维持。一切环境，如警吏、侦探、印刷工人、纸店掌柜，均可随意压逼，摧其生命，避免无术，如陷重围，揶揄之鬼载途，将伯之呼不应，计不得出，唯有出卖其自以为能之文与字，藉资全活。海内读吾报与表同情者，或能不吝援助，俾得其保此公共言论机关，则靡惟区区私人之感幸已也。

此后他又刊出"润例启事"。如此，林白水生财之道，轻松地渡过难关，达到与读者的互动互利。

正直文人所面对的……

1924 年秋，第二次直奉战争爆发，冯玉祥发动北京政变，囚禁曹锟，控制北京，电邀孙中山北上共商国是。国内形势大变。林白水见冯玉祥思想进步，率领的军队纪律严明，所以颇有好感，免不了发表一些表扬性的文章。他对孙中山也是十分敬佩的，曾发表几篇欢迎孙中山北上的文章，如《欢迎孙中山》《吾人对中山先生之敬意》等等。孙中山逝世后，林白水特地带着女儿去中央公园瞻仰孙中山先生的遗容，语重心长地告诉女儿："孙中山先生是中国现代最伟大的人物，也是我的朋友。你们应当看看他。将来你们长大后，可以告诉你们的朋友，年老的时候，可以告诉你们的子孙：你小时曾看见过孙中山先生，虽然只是看见他的遗容，你也是很幸运的。他的名字在世界历史上会永远留传，永远受人尊敬。"此次，林白水还无意中透露了自己对生死的看法，他对女儿说："人死就像睡觉一样，没有什么可怕。只有迷信的人，才会怕死人。你是我的女儿，我不迷信，你也不应当迷信。所以你不应当怕。"

1926年春，冯玉祥的军队被直奉军阀迫离北京。冯军退离时仍然秩序井然，毫不扰民，非常难得。林白水称赞："数万大军能于数个钟头之内全行撤退，而京师全市，并不生丝毫之惊动，且有多数市民，并不知局面有如此之大变化者，此不能不钦服国军当局处置之得法，态度之从容。吾人以其行也，谨致深切之感谢与敬意。"

而直奉军阀却与冯玉祥军队形成鲜明的对比，林白水毫不遮掩地予以批评，称："直奉联军开到近畿以来，近畿之民，庐舍为墟，田园尽芜，室中鸡犬不留，妇女老弱，流离颠沛。彼身留兵祸之愚民，固不知讨赤有许多好处之后，而但觉目前所遭之惨祸，虽不赤亦何可乐也！"写至愤怒处，林白水忍不住斥责："不料奉军至今，犹不改其胡匪之性质。"他自然也知道自己直言可能招来的祸端，所以写道："在这无法无天的时候，我要是天天把市面萧条、人心不安的状态，写得绘影绘声，仿照郑侠流民图的故事，那些军阀老爷必定会大发雷霆，说我是有意与他为难，成心给他捣乱，只要轻轻的赏我一个赤字，我便铁锁郎当的向警备司令部做隐士去了，那报馆封闭，更是不消说的。"

事实上，现实比林白水所想的还要严重，正直文化人所面对的，不只是被关押，而是直接面对死亡的威胁。1926年4月26日，著名报人邵飘萍被杀，北京新闻界危机四伏。在这种情况下，林白水不畏强暴，仍仗义执言，撰文道："军阀既成阀，多半不利于民，有害于国。"还针对"讨赤"进行猛烈抨击："时至今日，若犹以讨赤为言，兵连祸结，则赤党之洪水猛兽未见，而不赤之洪水猛兽先来。"这些言论招致军阀的嫉恨。

杀身大祸

奉系军阀张宗昌进京后，耀武扬威，无恶不作。他的亲信也想借机升官发财，狠捞一把。潘复是张宗昌的赌场知己，张宗昌之所以能够投靠奉系，潘复起过很大作用。张为了酬谢潘复，曾聘其为山东军署参议。潘复从此成为张宗昌的幕后军师，被称为张的"智囊"。这一次，潘复企图利用与张宗昌的特殊关系谋个财政总长当当。不料事与愿违，只得到河道督办一职。为此，潘复与张宗昌均对北平当局大为不满。此事被林白水得知，特撰《官僚之运气》一文，嬉笑怒骂，

林白水遗嘱

予以嘲讽。文中写道：

> 狗有狗运，猪有猪运，督办亦有督运，苟运气未到，不怕你有天大来头，终难如愿也。某君者，人皆号之为某军阀之肾囊，因其终日系在某军阀之胯下，亦步亦趋，不离晷刻，有类于肾囊之累赘，终日悬于腿间也。此君热心做官，热心刮地皮，固是有口皆碑，而此次既不能得优缺总长，乃并一优缺督办亦不能得。经某君极力斡旋，垂即提出国务会议矣。因先期宴客，以语某军阀，意欲讨好。不料某军阀大不谓然，且云某某无必须畀以某缺之必要，随便与以督办之名可矣。于是变更前议，派一刽池子差事。肾囊大为懊丧，复向某军阀嚕苏。闻昨日政府又接到某军阀来缄，盖为某某进言者，且云前谈并未指明刽池子一事，奈何真使某某刽池，未免过于难为他矣，以后某缺如乏人，仍望为某设法。当局得信，难以置复。有人谓此亦不过当面敷衍肾囊先生，并非某军阀之真意，可以不必作答，遂搁置之。……

读者不难看出，文中之"肾囊"即所谓的"智囊"潘复。
潘复阅之，大怒，哭诉于张宗昌面前，从而导致了林白水的杀身大祸。
林白水被抓后，报馆编辑赶紧打电话四处求援。林白水的好友薛大可、杨度等人急匆匆赶往潘复的住宅，找到正在打牌的张宗昌及潘复，为林白水求情。薛大可生怕出事，竟跪在张宗昌面前，声泪俱下，讲述古代名将的种种美德，希望张宗昌有大将作风，饶恕林白水，张宗昌终于被打动，答应暂缓执行，杨度赶紧起草了一纸暂缓执行的公文，由张宗昌处派人送往宪兵司令部。然时已晚矣。
清晨四时许，"暂缓执行"的公文尚未到达之时，身穿夏布大褂的林白水已被拉到刑场。在原天桥农民早菜市场附近的一个垃圾堆上，林白水立足未稳，枪声便响了。林白水倒在血泊中，年仅 52 岁。

无尽的悼念

1928 年 8 月 19 日，北平各界为邵飘萍、林白水两位报人举行了隆重的追悼会，会上有一挽联："一样飘萍人生，千秋白水文章。"

袁克文也曾为林白水写挽联，其中一联写道：

> 君虽死而犹生，人间历历，剩弱女弱姬，奇文名砚；
> 谁能免于今世，天下荒荒，遍瘟疫盗贼，饥溺刀兵。

可以说，林白水之死，是武人当国下，文人的悲哀！

另有报人林步挽林白水曰：

> 笔有阳秋，文字真成孙盛祸；
> 狱无佐证，士民争讼陆机冤。

世人对林白水的悼念是无尽的，直到现在，仍常常看到关于林白水的文章，称其为"白话报的鼻祖 通俗化的大师"、"革命先驱，报人楷模"……

主要参考资料：

《社会日报社长林白水昨晨枪决》，出自《晨报》1926 年 8 月 7 日。

林慰君：《林白水遇难前后》，出自《中华文史资料文库第十六卷》，中国文史出版社，1995年。

　　张次溪:《杀害林白水》，出自《土匪军阀张宗昌》，中国文史出版社，1991年。

　　刘庆云:《林白水》，出自《新闻界人物·四》，新华出版社，1984年。

　　王仲莘:《白话报的鼻祖 通俗化的大师》，出自《炎黄纵横》2006年第8期。

　　俞月亭:《记者的笔》，出自《炎黄纵横》2006年第8期。

　　张建安:《林白水之死》，出自《民国大案》，群众出版社，2002年。

史量才（1880—1934）

史量才：为了"言论救国"

提起民国间报纸，影响面最大的应该是《申报》了。《申报》不仅是我国第一张具有近代意义的报纸，而且持续时间长。在其鼎盛时期，《申报》几乎成为当时所有报纸的代名词。

史量才是《申报》的总经理，称得上一位超级富翁。更因为《申报》的影响，史量才实际上掌握着旁人无法比拟的发言权。这一发言权，势必要与政治发生牵扯。对此，史量才的思想有一个变化的过程。当他毅然决然地为"言论救国"而不惜得罪最高统治者的时候，民间也广泛传播他的事迹。

最有名的一则故事，是史量才与蒋介石的对话。

蒋介石特地召见史量才，要求《申报》发表言论时要注意影响，且不无威胁地说："我手下几百万军队，激怒他们是不好办的。"史量才非常反感，回答："《申报》发行十几万，读者总有数十万！我也不敢得

申报新馆大楼

罪他们。"蒋介石盯着史量才，说："史先生，我有什么缺点，你报上尽管发表。"史量才不卑不亢地回答："委员长！你如有不对的地方，我照登，绝不会客气。"二人不欢而散。

此故事还有另外的版本。其中一则是这样的：史量才接受国民党某政府要人的邀请，参加盛宴。席间，此要人故意宣传蒋介石的军威，称有雄兵千万，足以安内攘外。史量才听后，很不以为然，当着众人的面嘲弄道："我没有雄兵千万，但约莫估计，总有数千万读者拥护！"

史量才这种性格，势必会引起独裁者的嫉恨。

1934年11月13日，沪杭公路翁家埠地段发生命案，六个黑色短衣打扮的特务拦路刺杀了史量才。这是一起周密部署的行动，组织者是戴笠，下达命令的正是蒋介石。

那么，史量才究竟是一个什么样的人？

"宁愿以直言开罪于人，决不愿谄谀人而乱是非"

史量才，原名家修，字量才，1880年生于江苏省江宁县龙都乡杨板桥。1901年考入杭州蚕学馆，毕业后投身上海教育界，先后在育才学堂、兵工学堂、务本女中、南洋中学等校任教。1904年，史量才在上海创办女子蚕桑学堂，开我国女子教育之先河。同时，他还到苏州等地开拓蚕桑事业。1905年，史量才与黄炎培发起江苏学务总会。三年后，史量才的目光开始转向报业，兼任《时报》的主笔。《时报》创办人狄楚青特地在报馆辟出一个房间，供报馆同仁和教育界、学术界、金融界等各界人士广泛交流，展开讨论。史量才积极参与，认为兴教育、办报纸、开民智，这是救国救民的重要途径。他还积极参加江、浙两省收回路权运动，社会声望得以提高。辛亥革命爆发后，史量才参加江苏独立运动和南北议和会议等重要政治活动，曾出任上海海关清理处长及松江盐政局长等公职，以办事精干而获好评。然而，史量才好直言，嫉恶如仇，"宁愿以直言开罪于人，决不愿谄谀人而乱是非"，这种性格使他遭到了一些挫折，也因此看到了政界的黑暗，遂退出仕途，全身心投入到自己喜欢的新闻事业当中，与实业家张謇合资12万元购进了《申报》。

《申报》创刊于清同治十一年（1872），初由英国商人美查创办，以华人席子眉为经理，蒋芷华为主笔。席子眉去世后，其弟席子佩继任经理。后来，美查返回英国，席子佩购得《申报》全部股权，《申报》转入国人手中。由于经营不善，《申报》并未得到发展，反而连年亏损，销售量仅七千多份。史量才接办后，以先进的理念进行内部整顿，聘请了得力人手，努力提高报纸的吸引力；在加强经营管理的同时，他还争取到江浙财团的大力支持，购置了新式机器，并利用第一次世界大战的机会低价购入大量纸张，积极开展广告业务，拓宽发行渠道……最终使《申报》成为经济独立、无党派关系、完全商业化的报纸。由于经营有道，《申报》发行量从民国初期的七千余份发展到民国十七年公开宣布达十五万份，成为全国影响最大的报纸。

1916年，张謇等退股，《申报》成为史量才独家经营的企业，他自任总经理，并进一步向外扩展。1927年，史量才买下了《时事新报》。1929年从美国人福开森手中购得《新闻报》的大部分股权。20世纪30年代，史量才又创办《申报月刊》，编印《申报年鉴》，开办"量才业余补习学校"、"量才流通图书馆"等机构，成为名副其实的报业大王，而且是一位举足轻重的社会活动家和实业家。

不过，史量才毕竟是一位民族资本家，在其发展的道路上，不免要受到官僚当局的压制。购买《新闻报》就是一例。

1929年，雄心勃勃的史量才想要收购上海另一家报纸《新闻报》的股权，进一步实现自己的报业梦想，组建一个庞大的报业集团。当时，美国人福开森为《新闻报》的老板，拥有 65% 的股权。由于对国民党政府的怀疑，福开森害怕自己的产业流产，所以在《新闻报》办得蒸蒸日上的时候，决定卖掉股权，以获取高额利润。得到这一消息，史量才兴奋异常，认为这是千载难逢的良机，决不能失之交臂。他马上行动起来，与福开森多次秘密谈判后，最终以 70 万元的价位达成协议，并签订了让股合同。只是，福开森暗中出卖股权的行为引起该报总经理汪伯奇的极度不满。汪伯奇不仅组织报社

史量才书法作品：物华天宝，人杰地灵

职工抵制史量才派人接收，而且联合上海闻人虞洽卿等人一起反对史量才。此事越闹越大，为国民党当局的插手提供了条件。

国民党当局早就注意史量才了。他们认为《申报》本来就实力雄厚，影响力大；如果再加上《新闻报》，极有可能出现不可控制的局面。所以，国民党上海特别市党务指导委员会一边警告《新闻报》持股人不得出卖股权，一边呈请国民党中央收买福开森的所有股权。他们还发表致《新闻报》的公开信，说该报的大量股票被反动分子购买，一定要在两星期内将之收回。史量才本人也受到了恐吓，处境非常恶劣。这种情况下，史量才派出了与蒋介石有过交往的总主笔陈景韩活动，再加上邵力子也劝说蒋介石，认为政府不宜直接插手民间股权纠纷，蒋介石这才打消收买意图，但仍然给史量才以压力。史量才不得不撤回对《新闻报》接收人员的任命，转而将《新闻报》改

组为华商有限公司，仍由汪伯奇任总经理。史量才还很不情愿地将到手的部分股权转让给上海的工商界人士。最后的结果，史量才虽然仍持有50%以上的股份，但是他既不能担任董事长，也不能干涉报馆事务，以前的设想基本泡汤。

接着，史量才经历了日本人侵略中国的历史，他的思想发生了很大的改变。

爱国者的声音

史量才开始办报时，还不具有明确的言论救国的思想，他是以实业来办报的，意图以实业救国。他办报以赢利为主导思想，政治态度比较保守，经常采用光报道不评论的方式。遇到当局的红灯时，他常常采取躲避的行为，尽量避开政治大事，或者说一些模棱两可的话，让读者不知所云。

1931年之前，史量才具有两面性：一方面，他促使《申报》走向现代化道路，加强了新闻性，并聘请了来自国内外的大量专职、兼职通讯员，以多种形式展示民国时期的风云变幻，激起读者的关注。他还重用黄远生、邵飘萍等目光犀利的记者，发表一些令世人瞩目的时局报道。正因为这样，《申报》受到了广大读者的欢迎。而另一方面，史量才又生怕自己的事业受到当局及外国势力的摧残，为求生存，也做了一些违心不真实的报道。例如，在"五卅惨案"后，《申报》竟然刊出公共租界工部局恶意攻击中国人民爱国反帝运动的《诚言》第一期，遭到中国各界人士的极大愤慨，革命报刊严厉批评《申报》为"帝国主义走狗的机关报"，呼吁人们不要订阅此报。史量才虽然意识到自己的错误，在《申报》上刊出道歉启事，并在原来刊登《诚言》的地方登出《辟诚言》一文，还自愿捐助银币，支持工人群众。但这一事件，还是暴露了史量才的局限性和软弱性。

"九一八"事变发生后，史量才突破了以往的局限，勇敢地站了出来，成为要求抗战、反对内战、正视危机、要求进步的爱国人士，《申报》也因此换了一个天地。

"九一八"事变爆发的第二天，《申报》就以自己采写的47条电讯和"日军大举侵略东省"等为题，详细报道了事变的真相，指出日本侵略的性质。接着在9月23日，又针对南京政府的不抵抗政策，及时发表题为《国人乎速猛醒奋起》的时评，要求南京政府"应为维护国家维护民族，而作自卫之背城战"。当年12月，全国各地学生组成抗日请愿团齐聚南京，在南京举行爱国示威，受到血腥镇压。《申报》不顾最高当局的禁令，向全国真实报道了27日发生的"珍珠桥惨案"真相，并发表评论文章，支持学生的爱国运动。

国难当头之际，史量才积极投入到爱国的洪流之中，他经常参加集会，与各界人士商讨反日对策，参加抗日救国的社会活动。他被甄选为上海抗日救国委员会委员，负责主持国际宣传委员会和检查奸商偷售日货行为。在日本步步紧逼、谋占上海，而上海市政府按照南京政府旨意步步退让之际，史量才邀集二十余名社会名士，在他的住宅成立"壬申俱乐部"，每周举行一次集会，讨论抗日对策。他多次向上海市长吴铁城提出准备自卫的建议，但均未受到采纳。

1932年1月28日，"一·二八"事件爆发，日军进攻上海。十九路军将领蒋光鼐、蔡廷锴不顾国民党政府的命令，率领将士奋起抵抗。史量才全力支持十九路军的爱国行为，为他们声援助威。1月29日，《申报》发表时评，呼吁中国民众，面对日本的步步紧逼，必须起来做正当防卫。1月30日、31日，陶行知执笔，为《申报》撰写《敬告国民》和《国家的军队》两篇时评，指出此次的上海之战是全民族的生死之战，十九路军是国民自己的军队，应对他负起完全责任，号召全国军队举起爱国旗帜，踏着十九路军的血迹，收复已失的河山。

1月30日,淞沪抗战的第三天,史量才发起组织了支持十九路军抗战的"上海市民地方维持会"。成立会上,史量才慷慨陈词:"事已至此,伸头一刀,缩头一刀,我年近花甲,行将就木,他无所求,但愿生前不做亡国奴,死后不做亡国鬼耳!"史量才的言行深深激励了大家,他被众人推选为会长。

维持会成立后,史量才和维持会理事共同捐献巨款,资助中国红十字会组建伤兵医院,组织难民收容所,发动各界各阶层民众支援十九路军,收到各界捐款达93万元。史量才和他经营的《申报》在这一时刻,代表了一种正义的力量,得到了大多数中国人的支持。当宋庆龄在杨杏佛的陪同下与史量才商谈十九路军的军饷时,史量才很快将《申报》准备购买纸张的7万美元兑换成银元捐给十九路军。他还跟宋庆龄、杨杏佛一起研究战局,向国民

史量才手迹

党政府提出好的建议，但当局根本不理，并且进一步采取了妥协退让的行为。1932年3月1日，日军在太仓浏河大规模登陆，十九路军被迫撤离淞沪，国民党政府不顾民意，与日本签订了丧权辱国的《淞沪停战协定》。史量才对此很不理解。

自始至终，史量才坚持抗战，反对内战。十九路军撤退，《申报》发表时评，疾呼："我军以敌重兵压迫，后援不至，已全线退却。国人乎，今日之事，吾人为救国计，惟有继续奋斗而已。复何言，复何言！"又强烈地呼吁："吾人惟有继续作艰难而持久之奋斗，毋灰心，毋气馁。吾人如能具持久抵抗之决心，则更大更光荣之历史，终当在吾人热血溅洒之下，展开于世人之眼前"，并将言论的矛头直接指向国民党政府，称："倘若今后政府仍不能下最后之决心，以民意为依归，则政府自弃于人民，断不为人民所拥护，断无久存之可能。"

奋勇前行争自由

鉴于史量才的声望及社会影响，国民党曾多方拉拢过他。然而，自"九一八"事变后，史量才对国民党的内战政策产生了强烈的不满。1932年3月，国民党政府为应付舆论，召开掩人耳目的"国难会议"。主持筹备会议的汪精卫表示，会议将以讨论御侮、救灾、绥靖为范围，广泛征求各界的意见。史量才也被南京政府聘为出席会议的成员之一。史量才坚定地表明自己的立场，与马相伯等66名会员联合致电国民党政府，声明不参加会议。接着，4月1日的《申报》还刊登时评，揭露"国难会议，一言以蔽之，不过为敷衍人民之一种手段，吾人是否应重视斯会，被征聘之诸君子是否甘为傀儡，其三思"。时评发表后，又有多人声明不参加此会。结果，原聘会员

500人，真正到会的只有百余人。

国难会议后，国民党政府继续就一些议案向史量才等人疏通，史量才不改初衷，坚决反对国民党的"绥靖"政策。《申报》也继续发表时评，批判国民党的有关政策，抨击蒋介石"攘外必先安内"的方针，以至于国民党报纸纷纷攻击《申报》"不明是非，思想左倾，为共产党效力"。

1932年6月，蒋介石纠集60万军队，对鄂豫皖革命根据地发动第四次"围剿"。史量才与宋庆龄、杨杏佛、陶行知、黄炎培等人士商谈后，决定由陶行知撰写时评，明确表明《申报》反内战的立场。6月30日、7月2日、7月4日，《申报》刊出了陶行知的三篇时评，分别为《剿匪与造匪》《再论剿匪与造匪》《三论剿匪与造匪》，深刻揭露了国民党名为剿匪，实为剿民，这种不将枪口对外、反将枪口对内连续剿杀人民的战争，后果非常严重。文章称："今日之所谓匪者，与其谓由共产党政治主张之煽惑，毋宁谓为由于政治之压迫与生计之驱使。政治如不改革，民生如不安定，则虽无共产党煽惑，紊乱终不可免。"这样的时评引起了国民党的震怒，后来由蒋介石亲自批示："申报禁止邮递"，《申报》面临危机。而《申报》的时评，蒋介石本来是没有看到的，他之所以能够得知，与国民党中央党部秘书长朱家骅的告发有关。而朱家骅之所以告发《申报》，又与"中大殴段学潮"有关。

朱家骅原为南京中央大学校长，在职期间因积欠学校经费达半年之久，引起了师生们的不满。但由于朱善于迎合上级，后不降反升，被改任教育部部长。中央大学校长一职因此虚悬。1932年6月，朱家骅提请行政院简派教育部政务次长段锡朋兼代中央大学校长。段锡朋是一官僚政客，根本不是校长的合格人选，中央大学的学生因此非常反感。等段锡朋到校后，不少学生一起来到校长室，向段当面质询。段锡朋摆起了官僚架子，申斥学生，甚至动手捉拿为首的学生。段的举动激怒了学生，学生们群起而打之，段多处受伤。朱家骅和段锡朋立即将此事报告行政院，行政院当天就决定解散南京中央大学，并先后逮捕了60余名学生。

南京中大风潮发生的当晚，教育部电话邀请南京各报记者到部，分散油印稿件一份，要求各位记者照此稿拍发南京中大殴段学潮新闻。他们的目的很清楚，就是要掩盖事实真相。然而，《申报》却于7月1日刊登了钱芝生的《中大风潮原因》，"说明学潮的起因由于中大经费积欠甚巨，开学时教职员只领到月薪三成。学生因在沪战后筹款不易，应缴各费请由教授担保，分期缴清，先准注册上课，而朱家骅予以拒绝。以后师生请求拨英庚款利息为中大基金，而朱为英庚款董事长，又予以批驳，加之朱接任之始，以整饬学风为名，曾几次开除学生多名。平时对学生的请求，也总批驳不准。因此师生对朱极为不满……朱辞职离校后，学生又检举朱挪用水灾捐款3万余元，发给随朱去职的教职员薪金，呈请限朱即期归还，并撤职（教育部长职）查办。因此，师生和朱双方结怨甚深。后来政府决议以教次段锡朋兼代校长。学生认为段是朱的替身，所以加之殴辱，也是对朱积怨的发泄。"（钱芝生：《史量才被暗杀案真相》）在文中，钱芝生还真实报道：由于段锡朋接事时的态度恶劣，所以激起了学生们的愤怒而被殴打。

此文一出，无异于揭露了朱家骅的真实面目，引起了他对《申报》的仇恨。所以，当他发现《申报》中陶行知的文章时，马上向蒋介石告发。

蒋介石看后大发雷霆，迅速采取了高压政策。

蒋介石为什么会这样呢？马荫良的文章透露了这样的细节：

事后有人告诉史量才："你在4月间批评国难会议，拆国难会议的台，直接对付汪精卫，蒋可诿称不知，同时由于蒋汪间的矛盾，对蒋并无不利。你对蒋批评也可以，但7月的批评，公然和蒋的'剿匪'政策唱反调。蒋以反共起家，以武力为统治基础，刺他要害，哪能不引起忌恨？哪能不动火？"史答"我父经营中药商业，讲信实，行直道。我经营新闻事业，岂能不讲信实,不行直道?我父临终时,恐我遇到有人作难,不惜委曲求全,陷入歧途,执手以行直为嘱。《申报》有十余万读者,我岂能昧着良心,不讲事实,欺骗读者?现在《申报》得人信任,是由许多朋友们协助而来,我岂能负我朋友?《申报》产业属我个人,玉碎我也自愿。苟且取巧,我素耻恶。"

1932年8月间,上海警备司令部按照蒋介石的命令,禁止《申报》邮递。史量才对此非常愤怒,意欲披露此事,后在宋庆龄等人的劝说下,决定想办法周旋疏通,尽快使《申报》继续运转起来。几经周折,蒋介石最后终于提出《申报》恢复邮递的三个条件:(一)《申报》时评要改变态度;(二)撤换总编辑陈彬和,陶行知、黄炎培离开《申报》;(三)国民党派员指导《申报》的编辑和发行。对此,史量才表示,时评的态度可以缓和;总编辑陈彬和自愿辞职;黄炎培是自己的朋友,不担任实职,由于生计,每月送一点钱,实际上不到报馆办公,也不负任何设计责任,希望不动;陶行知不是报馆的人,他的文章属投稿性质,以后可不再续登。但是,史量才坚决不同意国民党中宣部派人指导,认为《申报》是自力更生的报纸,从来没拿过政府的一点补贴,倘若政府硬要派人,《申报》宁可停刊。蒋介石无可奈何,只好允许《申报》恢复邮递。这样,《申报》在被禁邮达35天之后,再次与广大读者见面。史量才并不因此改变他的爱国主张,仍然奋勇前行。

为"人格""报格"而牺牲

许多《申报》同仁都记得史量才常说的话:"人有人格,报有报格,国有国格。"

在原则问题上，史量才不会因强权的压制而退让。正如他对言论自由有一种执着的信念一样。当时，史量才力排众议延请黎烈文为《申报》副刊《自由谈》主编，黎又广邀进步作家为《自由谈》撰文，鲁迅、茅盾、巴金等人都常有文章发表。光是鲁迅，从1933年1月到1934年8月，就以各种笔名在《申报》发表140余篇战斗杂文。对此，国民党在上海的头目吴醒目等人采取各种手法，想要让史量才撤换黎烈文。史量才直截了当地答复："感谢诸公为《自由谈》赐教。不过，我想诸公也未必愿将自由谈变为不自由谈吧。"

1931年11月，蒋介石暗杀了国民党左派领袖邓演达，此事内幕被宋庆龄获知后，非常愤怒，以"民权保障同盟会"的名义起草了一份英文宣言，谴责蒋介石的罪恶行径。该英文宣言由杨杏佛译成中文后，派人密送到史量才手中，希望设法公开发表。史量才为此积极行动，虽未在《申报》发表，但通过他的关系，宣言得以在某通讯社的刊物上登出。蒋介石对此怀恨在心，

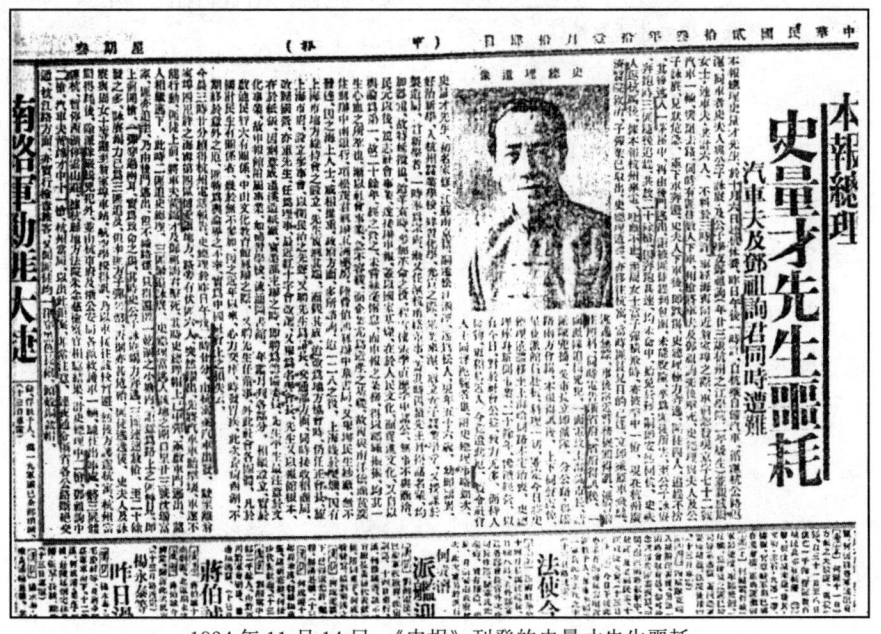

1934年11月14日，《申报》刊登的史量才先生噩耗

决议杀害杨杏佛与史量才。1933年，杨杏佛遇刺，史量才成为下一个刺杀对象。

史量才早将生死置之度外。1932年12月，宋庆龄等人组织成立了"中国民权保障同盟"，史量才不仅派《申报》原来的总编辑陈彬和、记者钱华参加同盟，出任总会和分会执行委员，他本人也以记者身份参加了同盟会举行的记者招待会。在发言中，史量才表示坚决拥护同盟的政治主张，反对南京政府侵犯言论出版自由、非法迫害进步人士等行径，号召新闻界同仁与同盟携起手来，共同战斗。

林森为史量才所写悼词

此后，史量才和《申报》不顾南京政府的种种禁令，如实报道"同盟"的宣言、电函以及各个时期的活动情况。史量才这种旗帜鲜明的态度，受到了各界爱国人士的尊敬，而国民党政府将他视为眼中钉，决意要铲除他。

1934年夏秋之际，蒋介石正式将暗杀史量才的任务交给特务头子戴笠。戴笠原本打算在上海租界动手，但没有找到合适的机会。后来，他们得知史量才将于1934年10月去杭州休憩，于是将暗杀地点定在沪杭途中的海宁境内。

10月6日，史量才赴杭休养。11月13日午后1点钟，史量才乘自备汽车，沿沪杭公路返回上海。与他同车的还有夫人、儿子咏赓、内侄女，以及咏赓的同学邓祖询，还有司机，共6人。下午3点钟左右，汽车来到了海宁附近的翁家埠。这时，车前突然出现一辆京字 72 号汽车，挡住去路。接着，数名匪徒从车上跳下，用枪将司机及邓祖询先后打死。史量才等人见势不妙，迅速下车躲避。史夫人下车时跌伤，内侄女也在奔跑中被飞弹击中。只有史量才与咏霓继续奔逃，匪徒则在后面紧追不舍。史量才后来逃入一个茅屋，再由后门逃出，然而因不识路径，只好避匿于一个干涸的小塘内，不料被路上的匪徒发现，上前开枪，一弹穿过两耳，史量才倒在血泊中，咏霓也在竭力奔逃，虽有 3 个匪徒追击，打出子弹达 20 多发，但均未射中，最后，匪徒子弹告罄，便迅速离去，咏霓得以保命。

史量才之死，使中国新闻界失去了一个领袖级的"民众喉舌"，不仅是中国之巨大损失，也是世界舆论界的损失。苏联驻华代办司大使得到消息后，马上发出快邮："史总理乃中国舆论界之硕彦，哲人不寿，实为人类社会大之损失，史总理向来努力中苏两大民族友谊之巩固。噩耗传来，不胜哀悼！"德国驻沪总领事也郑重表示："量才先生品学兼优，万众共仰……尤深悲悼！"《上海泰晤士报》称："史君于国家生活上有伟大之贡献，中国报界目为领袖，许多外人亦视为'中国之北岩勋爵'，报界失此人才，尤甚扼腕……"中国各界为史量才举办了隆重的追悼会，公祭其为"国之精英，人之俊杰……克展功业，国家社会，获福无数。言论救国，佛儒治心，哲理提倡，教育经营，权衡经济，拯救灾民。荦荦大端，非可言罄，保安良哲，惠迪生民，年甫逾艾，革故鼎新。忽遭阻击，陨我元衡，伤及同舆，惨不忍闻。呜呼史公……"无数的人表示，要继承史量才的遗志，"永远维持其事业于不敝"。

这些事实再次证明，舆论自由或会在统治者的政治高压下受到打击，但无论统治者有多大的能量，正当之舆论自由永远无法从人们的内心抹去。相反，随着文明程度的提高，舆论自由之光芒愈发展现其无可动摇之力量！

主要参考资料：

冯亚雄：《〈申报〉与史量才》，出自《文史资料选辑第十七辑》，中国文史出版社，1999年。

钱芝生：《史量才被暗杀真相》，出自《文史资料选辑第十八辑》，中国文史出版社，1999年。

沈醉：《杨杏佛、史量才被暗杀的经过》，出自《文史资料选辑第三十七辑》，中国文史出版社，1999年。

《本报总理史量才先生噩耗》，出自上海《申报》1934年11月4日。

《本报史总理遗体昨运沪》，上海《申报》1934年11月15日。

徐铸成：《报海旧闻》，上海人民出版社，1981年。

李文绚：《报章血痕》，福建人民出版社，1999年。

庞荣棣：《申报魂：中国报业泰斗史量才图文珍集》，上海远东出版社，2008年。

张建安：《史量才被刺案》，出自《民国大案》，群众出版社，2002年。

杜重远（1898—1943）

杜重远：为了"抗日救国"

岁月流逝，几十年如一瞬间，而留在记忆深处那些忘不了的往事，一旦因一些物件的触动而想起，又总是那么鲜活。

直到现在，杜重远的儿女们仍深深怀念早已逝去的父亲。杜毅、杜颖在《梧桐·老宅·尘封的记忆》一文中写道："一幢占地6亩、建筑面积1200多平方米，地中海风格的花园洋房，静静地伫立在上海淮海中路闹中取静的地段。沿街是高高的围墙，东西两个相距十余丈的黑色盘花大铁门，紧紧关闭，很少有人出入。2006年12月，杜重远上海故居揭碑仪式在此举行，老宅打开了记忆的大门。"

这一老宅，便是爱国人士杜重远当年生活的地方。

这座老宅，也见证了发生在1935年由《闲话皇帝》引发的新生事件。

杜重远一生的命运因这一事件而产生巨大的改变……

"数十万读者的精神食粮不能中断"

杜重远，1898年出生于吉林怀德，早年曾留学日本，在东京工业学校学习窑瓷业。1923年，杜重远抱着实业救国的理想回到祖国，在奉天创立了第一座机制陶厂——肇新窑业公司。经过几年的经营，肇新成为拥有近百万资产、上千名职工的大厂。而杜重远本人，不仅是一位爱国的实业家，而且是一位杰出的社会活动家。1927年，他被推举为奉天省总商会副会长，积极发动和组织群众，开展抵制日货、反抗日本侵略的活动。在各种活动中，杜重远渐渐成为众所周知的爱国人士。当时，肇新的许多职工都订阅了邹韬奋主编的《生活》周刊，杜重远也是《生活》的热心读者。

1931年东北沦陷后，杜重远切身地感受到"亡国之痛"，乔装逃到北平，奋力投身于抗日救亡运动当中。不久，他又去上海发动群众，为抗战募捐。在上海，他结识了邹韬奋，二人成为志同道合的朋友。杜重远被聘为《生活》周刊的特约通讯员，一边继续奔走各地，宣传抗日救亡思想，一边拿起笔来，开始从事新闻工作。

《生活》周刊原本是提倡个人修养和职业道德的，但随着时局的变化，周刊的主题逐步转到时事政治，大力宣传抗日救亡。这一转变，使国民党当局深为不满，时刻监视着周刊的动向。1933年11月，《生活》周刊发表了胡愈之撰写的《民众自己起来吧！》一文，引起国民党的仇视，《生活》周刊被查封。

查封之时，邹韬奋正在国外。杜重远挺身而出，认为"数十万读者的精神食粮不能中断"，文化出版的自由权力不容剥夺，于是以实业家的身份，向国民党政府登记注册，创立《新生》周刊。之所以命名为"新生"，是因为新周刊要继承和发扬《生活》周刊的精神，要成为"产生新时代的一枚催生针"。杜重远自任该刊的编辑兼发行人，并率先发表了一篇激励国人奋起的"发刊词"，称：

> 正因记者自身经历了亡国的痛苦，所以有向全国民众呼号呐喊的权利与必要。中国国家到了这步田地，不是几个能征善战的军事家，抵抗了一个多月，就可以挽回劫运；也不是几个雄才多辩的外交家，几次的折冲樽俎，就可以解决国际纠纷；更不是几个流氓式的学者，马路上的政客，东拉西扯，抄袭一些新主义，挂起一块空招牌，就能把四万万五千万人，拯之于水火，登之于衽席。在现在必须使大多数民众，对于中国民族的地位，帝国主义的侵略，有深刻的了解，对于民众自身的任务与前途，有切实的认识，方能鼓起民族的勇气和决心。这样便是记者和友人创办本刊的动机。
>
> 现在本刊特郑重宣告：
> （一）本刊的宗旨是光明正大的，为求民族生存而奋斗；
> （二）本刊的态度是无偏无党的，站在一般民众的立场；
> （三）本刊的内容是深入浅出的，期成培养新知的园地。
> 总之，本刊不顾艰困，不辞劳瘁，愿与读者诸君，共同努力，以求实现中国民族的新生。在创刊之初，本刊谨以此自誓。

1934年2月创办的《新生》周刊，工作人员基本上是《生活》周刊的旧班底。协助杜重远担任编辑工作的中坚是艾寒松。此人于1930年复旦大学毕业后便到《生活》周刊社工作，初为总务主任，后负责编辑事务。而远在国外的邹韬奋也在《新生》上继续写海外通讯《萍踪寄语》，并代约旅外友人撰稿。杜重远则在每期刊物的首页开辟"老实话"专栏，以悲愤的爱国激情勇敢地揭露日本人的侵华阴谋和南京政府的卖国行径……《新生》实际上重新拿起了《生活》的火炬，在黑暗中发射出耀眼的光芒。这自然引起国民党当局的不满，他们扬言："老实话不要说得太老实了吧，当心得罪了洋人，触犯了权贵。"

《新生》周刊在受到国民党政府不满的同时，却因为爱国爱民、伸张正义、除旧布新等精神，受到了广大读者的欢迎，发行量达10万份之多。1935年5月4日，《闲话皇帝》一文在《新生》周刊第2卷第15期发表，顿时激起轩然大波。

《闲话皇帝》得以刊出

《闲话皇帝》是一篇泛论古今中外君主制度的杂谈，作者署名为易水，实则就是《新生》编辑艾寒松。题目为"闲话"，其实还是有针对性的。

文章首先提出问题：如今英国、意大利、日本、南斯拉夫、暹罗都有皇帝，是过时的古董，但是，各国为什么仍要保存它，不把它送到博物馆呢？

接着，文章就这一问题展开论述："这自然是有它存在的道理的。现在的皇帝可是大不同从前的皇帝了。从前的皇帝，能干点的，真是一日万机，忙得个不得了，权威当然也是高于一切，'君要臣死，臣不得不死。'就是糊涂一点的皇帝，三天两天的朝是要坐的，大大小小的事情还要问他一下，方才敢做。现在的皇帝呢？他们差不多都是有名无实的了，这就是说，他们拥有皇帝的名儿，却没有皇帝的实权。就我们所知道的，日本的天皇，是一个生物学家，对于做皇帝，因为世袭的关系，他不得不做。一切的事，虽也奉天皇的名义而行，其实早做不得主。接见外宾的时候，用得着天皇；阅兵的时候，用得着天皇；举行什么大典礼的时候，用得着天皇；此外，天皇便被人们忘记了。日本的军部，资产阶级，是日本的真正统治者。上面已经说过，现在日本的天皇，是一位喜欢研究生物学的，假使他不是做着皇帝，常有许许多多不相干的事来寻着他，他的生物学上的成就，也许比现在还要多些。据说他已在生物学上发明了很多东西，在学术上这是一个很大的损失。然而目下的日本，却是舍不得丢掉天皇的这一个古董。自然，对于现阶段的日本的统治上，是有很大的帮助的。这就是企图用天皇来缓和一切内部各阶层的冲突，和掩饰一部分人的罪恶。"

文章也对其他各国的皇帝进行评论："意大利与大英帝国内的皇帝所尽的作用也是这样。在意大利，平日我们只知道墨索里尼是意大利的独裁者，意大利皇帝的消息，报上是不大看见的。大英帝国呢，除了去年英国皇子结婚，轰动热闹了一下，使我们知道英国还有皇帝，平常日子，皇帝只好深居宫中，有时候看看戏或打打猎罢了。名义上，他是印度的皇帝，加拿大的皇帝，澳洲的皇帝及英伦三岛的皇帝，总称为大不列颠联合王国的皇帝，这是多么尊荣的一个名称啊！但英国人却老实不客气地把他们的皇帝当做一种高贵的装饰品，也许还有一点保存古董的意思，并

《新生》周刊登出《闲话皇帝》一文

不像日本那样将天皇捧得神圣不可侵犯。不过事实上其为现代真正统治者傀儡之一。所以我们称现在各国的皇帝叫做傀儡皇帝，倒是名副其实。"

或许，下面的论述才是作者最想说的，他写道："在现今的皇帝中，最可怜的，恐怕要数到伪满洲国的伪皇帝溥仪了。做现在的皇帝，本就等于傀儡，而溥仪更是傀儡的傀儡，自然益加感到做皇帝的悲哀，如同所有的末路皇帝一样罢了。"

本文的论述有根有据，在闲谈的口吻中运用着嘲讽的笔法，但它毕竟仍是一种杂谈，没有多少火药味，因此，文章通过了国民党中央宣传委员会图书杂志审查委员会（简称"图审会"）的审查。这也是一个关键之处。

按照规定，《新生》周刊的全部稿件在出版之前，均要送交图审会审查，《闲话皇帝》自然也不能幸免。图审会成立于1934年仲春，设在上海，是国民党当局用来禁锢社会舆论、加强文化压制的机构。它的主要工作就是接受各书店、杂志社有关文艺、社会科学书刊原稿的审查。许多宣传进步的书籍、文章，便因此被图审会扼杀，不能够出版发行。鲁迅的《二心集》起初遭禁，后来经书店努力而获得"释放"，却发现里面的内容已被删去了三分之二以上。他的《集外集》也被删去了10篇文章，才准许公开面世。鲁迅因此十分愤怒，在给友人的书信中提及此事，说："近来有了检查会，好的作品，除自印之外，是不能出版的，如果要书店印，就得先审查，删改一通，弄得不成样子，像一个人被拆去了骨头一样。""大约凡是主张改革的文章，现在几乎不能发表，甚至于还带累刊物。所以在日报上，我已经没有发表的地方……黑暗之极，无理可说，我自有生以来，第一次遇见。"就在这样的情况下，《闲话皇帝》得以刊出，也算一种侥幸了。

当时，图审会的审查员张增益看过《闲话皇帝》后，觉得内容涉及日本天皇，不敢随意定夺，于是请示审查组长朱子爽，朱认为文章虽提到日本天皇，但只是推重他的科研成就，没有违反审查标准，决定予以放行。二人在文稿上加盖了"审查讫"的图章,并签出了准许这一期《新生》刊行的审字一五三六号审查证。此后,《新生》还经过送刊复审,经过南京中宣会终审,均顺利通过。《闲话皇帝》就此公开出现在读者眼前。

嫁祸于人的公诉

就在《闲话皇帝》刊出的第二天,也就是1935年5月5日,出人意料的事情发生了。上海的日文报纸故意危言耸听,以头条新闻登载消息,言《新生》周刊"侮辱天皇"。接着,在上海日本侨民聚居的虹口文监师路(现塘沽路)和虹口公园一带,又发生了日本浪人示威游行的事件,北四川路上中国人所开商店的大橱窗多处被打碎。租界当局闻讯予以干涉,临时戒严,形势十分紧张。

6月7日,日本驻沪总领事突然造访上海市长吴铁城,交出一份照会,里面附有一本刊载《闲话皇帝》的《新生》周刊。他以"侮辱天皇,妨碍邦交"为由,声色俱厉地指斥《闲话皇帝》一文是对日本天皇的大不敬,已引起日本民众和旅沪日侨的极大愤怒,事态非常严重,要求查禁该刊,惩办刊物的负责人和文章作者,等等。吴铁城唯唯诺诺,一边道歉,一边申明一定查办。

6月10日,国民党政府下达一道"敦睦邦交令",规定"凡以文字图画或演说为反日宣传者,处以妨害邦交罪"。此命令显然与《新生》事件有关。

6月24日,日本驻沪总领事再次为《新生》问题向上海市政府提出多种要求,主要有:一、必须于当天封闭《新生》周刊社。他们要在市政府得到回音,否则不走;二、没收该刊第2卷第15期并禁止其他报纸杂志转载《闲话皇帝》一文;三、必须惩办该刊编者杜重远和作者易水,并要法律起诉;四、上海中央图书杂志审查委员会对该刊出版也负有责任,必须惩办;五、要求南京国民政府正式道歉，并保证将来不再发生类似事件；六、禁止侮辱满洲国。

国民党当局对这些要求一一照办，《新生》周刊社当天被封闭，上海市政府公开向日本政府道歉，上海市公安局长被撤换，图书杂志审查委员会上海分会被取消，杜重远自然也受到了公诉。

7月7日，国民党中央宣传委员会通电全国，要求各省市党部严密取缔同类事情，电文称："本年五月上海《新生》周刊刊载对日本皇室不敬文字，引起反感，按日本国体，以万世一系著称于世，其国民对于元首皇室之尊崇，有非世人所能想像者，记载评论，稍有不慎，动足伤日本国民之感情。一年以来，本会曾迭次告诫，所幸尚能恪守，不意该《新生》周刊有此意外之记载，除业经另案处分外，并为防止将来再有同样事情发生起见，兹特再行切实告诫，着即转饬当地出版界及各报社、通讯社，嗣后对于此类记载或评论，务须实行防止。再关于取缔反日运动，中央迭经告诫，应遵照本年六月十日国府明令，转告各级党部同志，并随时劝导人民，切实遵守，是为至要。"

在中国发生新生事件时，美国也发生了一件类似的事件，但处理方式截然不同。美国《时髦社会》（Vanity Fair）杂志刊登了画家格罗泊的一幅讽刺画，画面是日本天皇拖了一架炮车，车上载着标有"诺贝尔和平奖"的证书。意思十分明显，就是嘲讽日本人是挂羊头卖狗肉的侵略者。日本外务省因此向美国政府提出抗议，认为漫画蓄意侮辱天皇。美国政府对此根本不理，声称自己对出版物不负任何责任。画家格罗泊也坦然宣称："我的画本来就是批判日本军国主义的，日本人反感，本人一概不管。"日本人对此无可奈何，只好不了了之。然而，南京政府却在处理新生事件的同时，主动通令全国海关，禁止美国的《时髦社会》入境。那么，南京政府为什么会如此惧怕日本人？这有其当时的政治、社会背景。

1931年"九一八"事变，日本强占沈阳。在蒋介石"绝对不抵抗"的政策下，东北迅速沦于敌手。1932年1月，上海抗战爆发，十九路军英勇抗日，但得不到蒋介石的支持。1932年，日军进逼热河，不久，热河弃守。紧接着，《塘沽协定》签订，实际上承认了日本对东北三省及热河的占领，并将华北置于日军监控之中。蒋介石当时的方针是："攘外必先安内，统一方能御辱"，将共产党和红军看做他最大的敌人，一心想全力剿灭，而对日本军队则一味妥协。日本人得寸进尺，于1935年将侵略魔爪伸向华北，并向国民党政府施加压力。当日方发现《闲话皇帝》后，故意小题大做，企图在舆论宣传上压制南京政府。

上海驻日总领事石射猪太郎在与上海市长吴铁城交涉时，曾气势汹汹地质问："《新生》周刊刊载了对我国天皇的不敬文字，为什么还取得了贵国中央宣传委员会图书杂志审查委员会所发的审查证？贵国政府总是说要敦睦中日两国邦交，为什么还允许这种妨害两国邦交的文字发表和流传？这是不是想要排日？"这令国民党政府十分恐慌。

此时，国民党政府最想做的是如何推卸责任，嫁祸于人。他们的如意算盘是将一切责任推到杜重远及《新生》周刊社。为此，他们计议：先采取威逼利诱的手段，迫使杜重远就范，交出国民党发下的审查证等相关证据。如果不能如意，即以绑票、暗杀等非常手段让杜重远消失。计议一定，他们马上行动起来。国民党驻上海的文化特务童行白、潘公展、项德言等人，连夜赶到《新生》编辑部，要求交出盖过审查印章的文章清样，企图消灭证据。编辑部人员识破了他们的阴谋，一面推说清样不在编辑部，一面将清样和有关证件秘密放进银行保险箱。无论特务们如何施展伎俩，总是难以达到目的，最后只好悻悻而去。

紧接着，又有国民党大员到上海劝说杜重远要以"爱国"为重，把一切责任担当起来，并提供作者易水的真实姓名及地址；要求把审查证交还销毁，对于已经审查批准一事，要绝对保密，不准泄露丝毫消息，以避免日本帝国主义要国民党政府负责。

对此，杜重远给予坚决的回绝，他表示：《闲话皇帝》是按照政府规定程序通过审查的，盖着"审查讫"图章的原稿仍在，可以为证；当局不应该屈从日方的威胁压制；至于作者易水，因属于自由来稿，作者又没有注明地址，所以无法寻找。如要审判，杜重远愿意代作者受审。

多次交涉均没有效果，国民党有点恼羞成怒，企图采取特别行动。好在此事已闹得国人皆知，广大民众支持杜重远，国民党不敢贸然行事，杜重远躲过一劫。

经过精心筹划，国民党对杜重远提起公诉，但在开庭之前，他们又害怕杜重远拒不出庭，或者在庭上提起稿件是如何经过审查的细节，因此他们又派专人找到杜重远，要求他在法院审理时出庭受审，并且关照他体念时艰，顾全大局，独自承担责任，以免牵连政府，扩大事态。同时，他们还欺骗杜重远，说这只是敷衍日本人，只要不在法庭上提起文章受过审查的事，法庭可以设法只判罚款了事，且所有罚金由国民党党部负担。

杜重远经过慎重考虑，为避免《新生》同人及其他抗日进步人士遭受更大的迫害，他决定出庭。

"《新生》周刊话皇帝，满街争说杜重远"

1935年7月9日上午，江苏高等法院第二分院开庭公审《闲话皇帝》一案。此案早已众所周知，法庭内外挤满了人。据当时报纸报道，除旁听席上座无虚席外，门外尚有三四百人之多。10点钟正式开庭，由该院刑一庭庭长郁华出任审判长，该院首席检察官郑钺提起公诉。被告杜重远西装革履，偕辩护律师吴凯声准时到庭。

首先由检察官陈述起诉内容。郑钺起立后声称：本案为5月4日《新生》

周刊第 2 卷 15 期《闲话皇帝》一文，诽谤各友邦之元首，其文章对日本皇帝更多侮辱，其作者易水，屡传无着。被告杜重远系该刊编辑兼发行人，并不指出作者地址，应由杜重远负全责。经上海市公安局请求后，本检察官特依照新刑法第 310 条第 1 项"意图散布于众而指摘或传述足以毁损他人名誉之事者，为诽谤罪，处一年以下有期徒刑拘役，或 500 元以下罚金。散布文字图书，犯前项之罪者，处二年以下有期徒刑拘役，或 1000 元以下罚金"，新刑法第 116 条，"对于友邦元首或派至中华民国之外国代表犯故意伤害罪，妨害自由罪，或妨害名誉罪者，得加重其刑三分之一"，提起公诉。

接下来是庭长郁华讯问杜重远。他首先讯问了《新生》周刊是否由杜重远主办，办有多久，是否由他自己编辑等问题。然后问："《新生》周刊本年 5 月 4 日出版第 2 卷第 15 期，《闲话皇帝》一文是你编的吗？"杜重远回答："不是的。因为本年 4 月初我到江西去办陶业。"辩护律师吴凯声将杜重远于 4 月 8 日由江西寄来的信件呈堂作证。郁华又问："你说不是你编的，是什么人编的？"杜重远答："我委托陈某代编的。"问："《闲话皇帝》这篇文字稿子，事前你看到否？"答："出版之前我没有看到。"问："这篇稿子究竟什么人的呢？"答："是易水。"问："易水你相识否？"答："不相识。"问："易水在什么地方？"答："不知道。"问："为什么写稿子人都不知道在什么地方，就将稿子登出呢？"答："投稿人假使不要酬劳，寄来的稿件，有的不写明通信处。"问："这篇文字内有侮辱日本天皇的语句，你看到了吗？"答："我在出版以后看过，照我的见解，这篇文字毫无侮辱日本天皇的意思，因为这篇文字分析起来，是学者态度研究各国政治历史。这种小品文，是无聊的作品，可是我对于这种无聊的文字，很不同情。因为一种刊物要有正确主张，我的主张是反对帝国主义，我与日本天皇并无仇怨，我是日本留学生，日本的情形我完全了解，我在日本有老师有朋友，我决不会攻击日本某私人，我要反对的是侵略中国的帝国主义。"

审讯至此，开始法庭辩论。检察官郑钺首先发言，他说："被告杜重远虽藉口《闲话皇帝》一文是易水所作，但易水在何处，又不能举出，易水是否就是杜重远，姑且不论。被告为《新生》周刊之编辑人兼发行人，应请庭上对于被告依新刑法310条第1项诽谤罪，及同法16条妨害国交罪，加重处刑。"被告律师吴凯声起立答辩，称贵检察官认为《闲话皇帝》稿妨害国交，依照新刑法第310条，旧刑法第325条，新刑法第116条起诉，但被告杜重远，当该期周刊发行之时，适在外埠，此小品文章，被告并未亲自过目，自当不能负责，请依照新刑法第41条，"犯最重本刑为3年以下有期徒刑以下之刑之罪，而受6月以下有期徒刑或拘役之宣告，因身体教育职业或家庭之关系，执行显有困难，得以1元以上3元以下折算1日，易科罚金"，第74条"受2年以下有期徒刑拘役或罚金之宣告，而有左列情形之一，认为以暂不执行为适当者，得宣告2年以上5年以下之缓刑，其期间自裁判确定之日起算，第1款未曾受有期徒刑之宣告者"办理。吴律师除提出上述要求外，还当庭提出一辩诉状（以上资料摘自1935年7月12日天津《大公报》）。

从审讯及答辩可以看出，无论法庭、检察官、被告以及被告律师，均有意识地避开了"审查讫"一事。而最后的宣判显然使杜重远有一种受骗的感觉，因为判决并不只是"罚款"了事。

庭长宣判：杜重远犯刑法第310条，散布文字，传诉足以毁损他人名誉之事，处有期徒刑1年2个月。《新生》周刊第2卷第15期没收。同时

杜重远因"新生事件"被监禁时所摄

宣布：不准上诉，自宣判后，杜重远即由法警执行。

宣判一出，法庭内外顿时群情激愤，民怨沸腾。被告律师吴凯声要求改科罚金，庭上不准。又要求上诉，法官称"环境不许可"。这时候，杜重远忍不住内心的愤怒，大声说："法律被日本人征服了！我不相信中国还有什么法律！"旁听者也更加愤怒，许多人喊着"打倒卖国贼！爱国无罪！"等口号。在场的日领事馆秘书田中见状大骇，由法警多人护送，仓皇离去。

由于国民党当局早有准备，法庭四周遍布警察。所以秩序虽然大乱，但没有发生大的冲突。

7月20日，杜重远夫人在沈钧儒及上海各大律师事务所的支持下，提出上诉。上诉被驳回，她又写出长达4000多字的"抗告书"，刊登在国内外重要报纸的头版，舆论哗然，形成"《新生》周刊话皇帝，满街争说杜重远"的局面。

"我所爱之国兮，你到哪里去了？"

新生事件发生后，国民党当局变本加厉地压制舆论，实行文网密集的白色恐怖。当年种种高压并不能使人们屈服。上海、南京、北平等地爆发了"抗日无罪，声援杜重远"的大游行。上海各界群众还组织了"新生事件后援团"，支持杜重远。上海律师公会也认为"高二分院之判决为失当"，"呈请司法院予以纠正"。上海《立报》在杜重远被判刑后，首先登出他的照片，并印着"虽在缧绁之中的杜重远"，用意非常明显，在为杜重远鸣冤。

远在美国的邹韬奋闻听此事，悲愤"不能自抑"。著名爱国人士沈钧儒先生从此事看到一个国家的悲哀，愤然写道：

> 我欲入山兮虎豹多，
>
> 我欲入海兮波涛深，
>
> 呜呼嘻兮，
>
> 我所爱之国兮，
>
> 你到哪里去了，
>
> 我要去追寻。

鲁迅先生也著文猛烈抨击国民党，嘲讽国民党设立图审会进行文化专制："如此善政，行了还不到一年，不料竟出了《新生》的《闲话皇帝》事件。大约是受了日本领事的警告罢，那雷厉风行的办法，比对于'反对文字'还要严：立刻该报禁售，该社封门，编辑者杜重远已经自认该稿未经审查，判处徒刑，不准上诉的了，却又革掉了七位审查官，一面又往书店里大搜涉及日本的旧书，墙壁上贴满了'敦睦邦交'的告示。出版家也显出孤苦伶仃模样，据说，这'一秉大公'的'中央宣传部图书杂志审查委员会'不见了，拿了稿子，竟走投无路。"

国民党惧外压内的举措，极大地伤害了中国民众的感情，也使其所宣称的法律公平变成令人厌恶的表面文章。这样的政权注定要以失败告终。鲁迅先生一针见血地指出："快了！一个政权到了对外屈服，对内束手，只知道杀人、放火、禁书、掳钱的时候，离末日也就不远了。"

由于杜重远是东北著名人士，积极支持抗日，因此他被判刑后，在东北军中引起强烈反响，军中将士纷纷以各种名义探监。国民党当局慑于舆论压力，不得不为杜重远单独开了一间特别牢房，供其接待来访人士。

在狱中，杜重远写了不少文章，辑成《狱中杂感》一书。其中，《青年的爱国义愤》一文，写于"一二·九"运动爆发之时，杜重远满怀激情地讴歌这一伟大的抗日民主运动，认为："这次学生的运动表面上像激于目前的华北自治,而骨子里却是蕴藏已久的抑郁愤懑啊!"他希望与学生们一道,"鼓起民族的战争"。可以说,新生事件与"一二·九"学生运动相呼应,共同将抗日洪流推向高潮。

《读悼戈公振先生余感》则是一篇"谈死"的文章,文字不多,却明了地体现出杜重远对生死的态度:

> 死有重于泰山,有轻于鸿毛。这是中国的两句老话,意思是说有值得死的,有不值得死的。所以人到了危难的关头,要先量一量分量,然后再下一个死的决心。不过这个分量的轻重也要随着时代和方向而有不同的判断。比方说在封建气味最浓的时期,提倡什么忠君咧,死节咧。一个十七八岁的大姑娘,听说她的未婚夫"呜呼哀哉"了,她连一面还没曾见过,便要服毒殉节。一般亲友们非但不替她可惜,而且还要建碑立坊,大事彰表;像这种死法,在现在争求男女平等和经济独立的女士们看来,真是一文不值的蠢事。再比方说意大利的黑衫党棍们为侵略阿国土地,冲锋陷阵,死而无悔;这在黑衫宰相看来,自然是欣赏不已,然而在主张正义的人们看来,简直是一堆死狗!时代和方向若不先弄清楚,呆头呆脑的死去,自己以为是重于泰山,其实还不如一个氢气球。
>
> 又有人说,人有死在手上的,有死在脚上的,这话怎讲呢?譬如苏联的列宁和印度的甘地,一生都是求民族的解放,为大众而牺牲,一旦死了,民众必捶胸顿足,惋惜不已,这叫死在脚上。又如帝俄的沙皇和法国的路易十六,他们是专谋一己的私利,摧残民众的魔王,死的时候,民众反鼓掌称庆,这叫死在手上。好友戈公振先生最近欧游归来,拿他几十年的学识经验和几年的海外观察所得,正要为民族解放努力,不料到沪未久,与世长辞,消息传来,中外悲悼,好像几千百个朋友也

拉不过他这一条死线似的，其重量虽然不比泰山，也总算是死在人们的脚上了。

每天翻开报纸看看，强敌压境，江河闹灾，为整个的民族设想，死神已经布满了宇内（少数汉奸民贼自然不在此列），就拿上海一个地方而论，有的坠楼自杀，有的服毒自尽，有的全家共死，有的夫妇皆亡，他们在临死的时候，自然顾不到什么泰山鸿毛，更管不了什么手上脚上，在这帝国主义穷凶极恶刀架在颈上的当儿，大家求死不遑，那里来的活路呢？

可是话又说回来了，我们要想活的出路，必得先有死的决心。与其一个一个的死，一家一家的死，或者一镇一镇的死，何如组织起来，联合起来，大家站在一条战线上，向封建势力而搏斗，向帝国主义而厮杀。

1937年8月，杜重远与马相伯、救国会七君子合影。

我们集四万万个鸿毛堆成一座庄严的泰山，奉劝死在手上的先生们，都来死在脚上吧。

杜重远被关押一年零两个月后出狱。他在狱中及出狱后都与张学良谈过话，其抗日思想对张学良的思想转变起了很大影响。

日本军国主义对杜重远非常仇恨。1938年11月26日深夜，杜重远得到一位日本友人的来电："日本特务机关已发出密令，追杀杜重远！"杜

在上海漕河泾江苏第二监狱中的杜重远

重远被迫离开上海。他没有应国际友人斯诺和艾黎邀请前往美国，也拒绝了政府的高职聘请，而是抱着"为祖国奠立最后抗战基地"的愿望，远赴新疆。他的夫人也毅然同行，走上那条艰辛而危险的道路。

此后，杜重远创办了新疆学院，宣传新思想，培养抗日人才，继续为国效力。令人痛惜的是，1943年，杜重远被军阀盛世才以莫须有的罪名陷害致死，终年45岁。

主要参考资料：

杜重远：《新生周刊发刊词》，出自《杜重远》，新疆大学出版社，1987年。

杜重远：《谈死》，出自《杜重远》，新疆大学出版社，1987年。

杜重远：《青年的爱国义愤》，出自《杜重远》，新疆大学出版社，1987年。

《新生案判决经过》，出自天津《大公报》1935年7月12日。

邹韬奋：《经历》，岳麓书社，1999年。

毕云程：《韬奋与生活书店》，出自《韬奋挚友毕云程》，学林出版社，2003年。

严长衍：《〈新生〉周刊事件》，出自《江苏文史资料第八十五辑》。

陈煦：《国民党的书刊审查与上海新生事件》，出自《文史资料选辑第四十三辑》，中国文史出版社，1999年。

杜毅　杜颖：《梧桐·老宅·尘封的记忆》，出自《纵横》2007年第10期。

张建安：《由〈闲话皇帝〉引发的新生事件》，出自《民国大案》，群众出版社，2002年。

救国会七君子（沈钧儒、邹韬奋、章乃器、李公朴、王造时、沙千里、史良）

救国会七君子:"团结救国"

序幕

1936年11月22日深夜两点,整个上海滩笼罩在一片清冷的月光之中,人们都已经沉入梦乡。

就在这个时候,救国会常务委员沙千里突然听到震耳急促的敲门声,有人在外面大喊:"开门!开门!我们是行里来的。"所谓"行里"就是上海租界的巡捕房。他们在这个时候敲门,肯定没有好事。

沙千里投身抗日救国的热潮,早有被捕入狱的准备,他并没有慌张,一面叫母亲去开门,一面回到自己的房间穿衣。他还没穿好衣服,五六个彪形大汉便从外面闯入,其中一人是西探,其余几人穿着黑色衣服,是从上海公安局来的。这些人进屋后,二话不说便拿着手电筒乱照,到处搜查,转瞬之间,房间已变得很乱。

沙千里质问道:"你们是来干什么的?你们凭什么乱动我的东西?"

来人并不回答。

西探走到沙千里面前,一边上下打量,一边不停地问:"你是沙千里吗?你是沙千里吗?"

"是。你们究竟想干什么?"沙千里知道自己的处境危险,但他不愿意不明不白地被这些人抓走。

"快穿衣服，跟我们走。"西探催促道。

"我为什么要跟你们走？民国的法律，对非现行犯实行拘捕，必须出示拘票，否则我有权力不跟你们去。请你们出示拘票。"沙千里是上海有名的律师，他知道用法律武器保护自己。

果然，那几个穿黑衣的彪形大汉愣住了，脸上出现茫然的神情，一时不知道该怎么回答。然而，那个西探却狡猾地说："到捕房去给你看拘票。"同时示意黑衣人将沙千里带走。

像黑社会绑架一般，几个彪形大汉迅速奔到沙千里面前，逼迫着将沙千里带走。

也就是同一时间，救国会负责人沈钧儒、邹韬奋、李公朴、史良、章乃器、王造时同时被捕。

轰动全国的救国会七君子案由此拉开序幕。

被拘押的六位"救国会"领导人（左起王造时、李公朴、邹韬奋、章乃器、沙千里、沈钧儒）

危急关头，只有挺身而出

随着1931年"九一八"事变的爆发，中华民族进入非常危急的关头。

日本侵略军将魔爪伸向中国的大片领土，侵占中国东北三省，接着出兵上海、热河等地。眼看着中国领土沦陷，大量的中国同胞遭受着亡国奴的耻辱，轰轰烈烈的抗日救亡运动不断高涨。可是，以蒋介石为首的国民党政府坚持"攘外必先安内"的政策，对日军一再退让，却对中国共产党领导下的革命根据地不断发动军事"围剿"。这一政策不得人心。

1935年底，以"一二·九"运动为起点，全国掀起了抗日救亡运动的新高潮，群众性的爱国救亡组织纷纷成立。1936年5月31日，18个省六十多个救亡团体的代表，在上海召开会议，宣告"全国各界救国联合会"成立，确定救国会的宗旨是："团结全国救国力量，统一救国方策，保障领土完整，谋取民族解放。"会议讨论并通过了《抗日救国初步政治纲领》、《全国各界救国联合会成立大会工作检讨》、《全国各界救国联合章程》，明确提出抗日民族统一战线的主张，向全国各界民众呼吁组织救亡联合战线，要求国民党停止内战，一致抗日。大会选出了执行委员和候补执行委员，并推定宋庆龄、何香凝、马相伯、沈钧儒、章乃器、陶行知、李公朴、王造时、沙千里、史良等十五人为常务委员。《救亡情报》成为救国会的机关报，不定期地出版。

此后，救国会积极投入到抗日救亡的活动当中，广泛宣传联合抗日的主张，团结各界群众，推动各党派一致对外，共同御辱。他们曾打电报或派人到西北、华北、两广等地，与张学良、杨虎城、傅作义、李宗仁、白崇禧、陈济棠等实力派将领接触，劝说他们以民族利益为重，停止内战，一致将矛头指向日军。国民党召开五届二中全会时，救国会发表宣言："要求国民党停止内战，一致对外，释放政治犯；给人民以抗日救国的言论、出版、集会、结社的自由；以武力制止日本在华北增兵；以武力制止日本武装走私；罢免并惩办亲日派官僚政客……"这一宣言引起社会极大的反响。接着,救国会又发表了题为《团结御侮的几个基本条件与最低要求》的公开信,不仅阐述联合抗日的紧迫性,而且更进一步提出了团结救国的前景:

假如大家真正能够诚意合作,对于联合战线的前途,真正有坚定的信仰,那么联合战线的基础只有一天天巩固扩大起来,直到抗日救国达到完全胜利的一天。就是在抗日救国完全胜利以后,这人民的大团结也不见得就会分裂。因为各党各派既然在一条战线上共同奋斗,终于得到了共同的胜利,大家就变成患难朋友,许多本来不能谅解的事情,就可以谅解;许多本来不一致的意见,也就可以一致起来。那时,中国才真正能够统一起来。因为历史告诉我们,许多国家都是因为对外战争的胜利而促成内部统一的。这样看来,民族联合战线决不是一种短命的过渡性质的结合,问题只在于我们对于参加联合战线的态度够不够热诚,对于抗日救国必然胜利的信念够不够坚定就是了。

这些舆论赢得全国人民广泛的支持,有力地推动了全国范围的抗日运动。不仅如此,救国会还组织多次大规模的抗日游行示威活动,呼吁全国人民团结起来,共赴国难;募集大批捐款,支持抗战,慰劳前线将士。1936年11月,在救国会及上海各方面力量的支持下,上海日商纱厂工人罢工运动取得胜利,鼓舞了人们的抗日士气。

救国会的力量日益壮大,代表着中国人民的普遍心声。然而,国民党当局却始终对其持敌视态度,阻挠破坏他们的活动。救国会曾派沈钧儒、章乃器为代表,去上海市政府会见国民党上海市市长吴铁城,向他说明救国会已在上海成立,并阐述这个团体的目的、任务和纲领,以便力争合法地位,同时避免日本帝国主义从外交上进行无理干涉。而吴铁城不但不认可,反而扬言要取消一切救亡团体，并威胁救国会的负责人。救国会负责人毫不退缩，公开声明："宁可坐牢也不愿卖国。"双方矛盾与日俱增。

救国会的活动引起了蒋介石的注意，他决定亲自出马进行干预，先召见了邹韬奋，接着约请沈钧儒、章乃器、李公朴三人到南京谈话。章乃器这样回顾当时的情景：

> 见面坐定后，蒋先同沈老寒暄，接着便同我谈。蒋说，他知道我在银行里工作得很好，肯研究问题，有事业心。以后，蒋又同公朴寒暄。之后，大家沉默了片刻，我们便说，很关切对日准备情况，请蒋指示。蒋装腔作势地说：日本人是要我们不战而屈，我现在有把握可以战而不屈。我们说，那太好了，可以立刻反攻了，何以华北还要退让呢？他于是重弹他的老调，什么共产党搞乱后方呀！共产党的话不能相信呀！共产党是不要国家的呀！等等。我当时暗想，你千不该，万不该，不该走反共反苏亲日的死路，更不该继续打内战。可是，因为我们事前已经约定，决不同蒋正面冲突，所以暗想还只能限于暗想。于是，我们就把话头转入抽象、空洞的方向去了。我说，希望蒋以百姓为心腹，以舆论为耳目；意思是要他莫偏听偏信CC和军统的情报。谈话结束，他和我们吃西餐午饭，陈布雷作陪。
>
> 蒋介石这一手是"先礼后兵"的"礼"，是流氓社会先给面子、后给颜色的"面子"，是后来逮捕我们的先奏。但当时，我们一点都没有警惕到。我们被捕后，蒋果然说："我对他们是很客气的，谈了话还请他们吃饭；可是他们反而闹得更凶了，所以只好逮捕了。"（章乃器：《我和救国会》）

恐怖氛围四处蔓延着。《生活》周刊由于发表上海文化界关于抗日救亡的文章而被查封，许多作者不得不屡易笔名，以免遭受迫害；史良等女同志由于参加上海妇女界救国会组织的游行示威活动被打伤；特务们猖獗地活动，爱国人士不断接到各种威胁……在这种情况下，救国会的负责人奋不顾身，继续无畏地前行，他们以天下为己任，继续联合有志之士共同奋斗。

1936年冬，陆续传来国民党将逮捕救国会领导人的消息，救国会领导人因此做好了被捕坐牢的准备。不久以后，那场发生在深夜里的类似绑架的事件便突如其来地出现在人们的视野。

"救国会"领导人之一史良

七君子被强行押往捕房。第二天，沈钧儒、李公朴、王造时、沙千里四人被押送到江苏高等法院第二分院。章乃器、邹韬奋、史良三人被押送到江苏高等法院第三分院。

与此同时，救援活动迅速展开。七君子被强行从家中押走后，愤怒的家属们马上采取了行动。章乃器的夫人胡子婴立即将此事告诉宋庆龄；迅速打电话与其他家属联系，请张志让律师做章乃器的辩护律师，到巡捕房看望章乃器；接着打电话给各个报馆，希望他们在第二天能将七人被捕的消息登出来。估计报纸不会刊登这一消息，胡子婴和吴大琨马上着手写文章，第二天在救国会的机关报《救亡情报》的号外刊登出来，迅速发遍上海。其他报纸均未刊登这一消息，只有萨空了主编的《立报》，在头版末条登了一条简单的消息。到了晚上，《大美晚报》转载了号外的文章。次日，其他报纸都刊登出来，此事马上全国皆知。

当法院对七君子进行审讯时，旁听席坐满了爱国群众。七君子的亲朋好友为七君子请来了辩护律师，神情严肃地在律师席就座。法警捕探则重重叠叠地站在法庭，戒备森严。审讯还未开始，法庭的气氛已十分紧张。

开庭时间终于来到。然而，审判长的第一句话便是："此案情节重大，禁止旁听。"旁听群众被迫退出法庭，但仍聚集在法庭门外，等待审讯结果。

高二法院开庭后，首先审问沈钧儒、李公朴、王造时三位。由于此案牵扯到捕房，所以捕房必须表明自己的立场。捕房律师甘镜先对审判长说："此案被告沈钧儒等人，均是在租界被捕的，依据有关规定，被告应由捕房羁押，侦查事宜也应由捕房负责，以便依法起诉。"原告席上是上海公安局派出的代表。这位身穿西装的青年，一副得意洋洋的样子，一开口便出言不逊，对沈钧儒等人肆意诬蔑。可是他的准备显然不足，一会儿说沈钧儒等人有反动嫌疑，一会儿说沈钧儒等鼓动工潮，一会儿又说他们图谋"危害民国"……信口开河，说了一大堆，最后连自己都无法确定地说出沈钧儒等究竟犯了什么罪。沈钧儒等人逐条批驳，公安局的代表被批驳得面红耳赤，只好强词夺理，但明显感觉到底气不足。审判长虽偏向原告，在这种情况下却也不好说话。沈钧儒等进一步变被动为主动，理直气壮地说："现在是讲法律的社会，你们这样明目张胆地对我们进行非法逮捕，我们有权力提出抗议！要求法院主持公道！"

沈钧儒、李公朴、王造时三人各有三位辩护律师。这九人也均是上海律师界叫得响的人物，他们轮番辩护，提出："如果被告犯罪，公安局和捕房应该拿出证据。你们既找不出证据，又执法犯法，在没有拘票的情况下，便强行逮捕公民，这是对法律的践踏。我们要求法院马上放人！"

在强有力的攻势下，公安局的代表无招架之力，而法院也被迫裁定：责付律师保释，改期再讯。

沈钧儒、李公朴、王造时三人当场释放。当外面等候的人群看到三位先生步出法庭门口时，顿时欢声雷动，一片掌声。

法庭接着审讯沙千里，同样的情形发生了。面对上海公安局代表的诬蔑之词，沙千里和他的三位律师毫不妥协，针锋相对，最终成功地将对方逼入死角。法院再次被迫宣布：被告人沙千里，责付律师保释，待十一月二十五日再行审讯。

高三法院，章乃器、邹韬奋、史良也进行了针锋相对的斗争。当审判长问章乃器曾否煽动上海日本纱厂的工人罢工时，章乃器抑制不住心头的愤怒，他昂起头高声说道："我觉得很惭愧，因为我的力量还不够！倘若我有力量煽动日本纱厂工人罢工，我要很骄傲地回答审判长，我曾经煽动日本纱厂工人罢工。"

审判长似乎觉得有机可乘，便马上问："这么说，如果你有力量，是要煽动的，那你至少是同情的。"

章乃器不假思索地回答："我当然同情。"接着慷慨激昂地说："中国工人在日本纱厂所受的压迫，正如那里的工人所讲的，是猪猡一样的生活。请审判长问一问全法庭的每一个有良心的中国人，对于中国同胞遭受侵略者这样残酷的待遇，谁不表示同情。"

审判长无话可说，甚至法庭上的法警也当场点头赞同。

法院最后裁定：章乃器、邹韬奋、史良，无犯罪行为，不予起诉，先由律师保释。

如此一来，救国会七君子赢得了第一回合的胜利，但国民党当局显然不会就此罢休，七君子也意识到这一点，好心人曾劝他们躲避，但他们认为躲避并不是出路，他们等待着、准备着进行新的战斗与考验。邹韬奋后来在《经历》中回顾：

后来有一位青年好友在他给我的一封信里，有一段描写当时的情景：

"自从先生的不幸案件发生后,我仅看过你一面。那就是在这事件发生后的当天晚上。当那特区法庭准予保释的消息传出时,鹄立门外静候审判消息的我们,原来每一个脸上呈现着忧虑与焦急的样子,顿时变成了欣慰的神情。你就在那数十亲友的庆幸欢笑的声中,走出法庭。我被兴奋的情绪激动着,几乎要流下泪来。谁预料到第二天你又再度被押呢?"

用智慧和勇气,斗争到底!

又是一个漆黑的夜晚,新的阴谋诞生。

七君子被释放仅仅几个小时,法院便在国民党当局的指示下,当晚补发拘票,将沈钧儒等人先后逮捕。史良因祖母有病回乡探视,未遭第二次逮捕。但她为了斗争的需要,于12月30日自动到法院投案。

沈钧儒等人受到第二次讯问。尽管对方仍拿不出证据,被驳斥得无言以对,但公安局已与法院、捕房串通好,将沈钧儒等人秘密移送到上海市公安局羁押。此事马上被舆论界得知,顿时满城风雨。

沈钧儒等人虽被关押,但国民党当局鉴于舆论及社会压力,不敢随意施加暴行,反而满足沈钧儒等人的一些要求,将他们关在一起。硬的不行,国民党当局便采取诱降等其他手段,并不断延长时日,罗织"罪状"。沈钧儒等人自始至终紧紧团结在一起,他们休戚与共,约定:"如果反动派要把我们分开羁押,或用别的阴谋分化我们,我们就以绝食来对抗。我们一起进来,就得一同出去。"此时,他们已做好了最坏的准备,即便国民党下毒手杀害他们,他们也决不会妥协。

国民党上海市公安局局长蔡劲军曾设宴招待七君子。席间,蔡劲军表现得非常客气,一个劲地说:"此次羁押各位,实在是一场误会,只要各位将事情解释清楚,兄弟保证,马上派车送各位出去。"七君子当即识破他的诡计,你既然要我们将事情解释清楚,那我们自然要解释。于是你一言我一语,很轻松地驳斥了强加给他们的各种"罪名"。蔡劲军见无法得逞,只好将他们继续羁押。接着,公安局采取了夜审的手段,将沈钧儒等人分别叫去,给他们强加"组织非法团体"、"煽动工潮"、"勾结赤匪"等莫须有的罪名,沈钧儒等冷静对待,逐一驳回。

公安局司法科科长黄华讯问沙千里时,问:"职业界救国会你在内吗?"

沙千里平静地回答:"我是发起的一分子,现在是理事之一。"

黄华问:"还有谁是理事?"一边问一边紧盯着沙千里。

沙千里回视着对方,回答道:"很多,但是在救国有罪的环境里,我不愿宣布。如果今天宣布救国不是犯罪的,那么我明天就可以宣布。"接着,他加上一句:"救国竟然有罪?你认为不荒唐吗?!"

黄华没有回答,继续问:"会员有多少?"

"一二千。同情而未加入的多到不可计算,并且一天天在发展。"说到这儿,沙千里的嗓音提高了。

"有没有共产党分子?"黄华迫不及待地将话题引向敏感地带。

沙千里对这个问题早有准备,他提高了警惕,回答:"不知道。救国会素来主张:是不问党派,不问职业、地位,不问信仰,只要主张抗日救国的,都应该团结起来。所以职业界救国会里,在职业方面,有经理、老板、买办,也有伙计、学徒、老司务,以及一切自由职业者,如医生、律师、新闻记者等。在信仰方面,有基督教、天主教,也有佛教和反宗教者;在党派方面,除国民党党员外,因为环境不允许他们宣布,他们也不肯宣布,救国会里无从知道他们是属于哪一党派。所以有无共产党分子,我完全不知道。即使有了,也和国民党党员一样,大家一律以抗日救国为目的,不是实行某党某派的主义或政策，当然不必拒绝他们；况且他们也不告诉救国会说他们自己是共产党。脸上或外表上又无共产党的标志，所以无从知道有无共产党。"

黄华见达不到目的，便采用了另一种办法，接下来问一些不打紧的问题，然后突然冒出一句问话："你加入了火花读书会，对吧？"

火花读书会是当时由中国共产党指导和领导的群众性组织之一，黄华突然问这句话，就是想在沙千里没有思想准备的情况下"就范"。

沙千里却一直警惕性极高，回答道："不知道有火花读书会这样一个团体。"

"它是否职业界救国会的一个会员？"黄华问。

"职业界救国会只有个人会员，没有团体会员。"沙千里回答。

讯问延续了好几个小时，黄华始终无法找到把柄。

其他几人也以同样的机智化解了黄华设置的种种圈套。

每次讯问后，沈钧儒等都要聚集在一起，秘密研究对策，准备着新的战斗。

上海公安局长期羁押救国会领导人的行为很快引起社会各界更大的反感。上海《立报》、上海《大公报》、上海《申报》、北平《晨报》、天津《益世报》、南京《新民报》等先后刊登文章或消息，认为公安局此举不合法律程序。各地进步人士及爱国同胞也纷纷发表言论，质问国民党凭什么羁押救国会领袖，要求马上予以释放。国民党内部一些上层人士也表示了自己的不满，积极营救。国民党中央委员于右任、孙科、冯玉祥、李烈钧、石瑛等二十多人，联名致电蒋介石，要求对此慎重处理。冯玉祥还以个人密电请蒋介石"电令释放"章乃器等人。广西的李宗仁、白崇禧也致电南京政府，要求无条件释放救国会领袖。宋庆龄、马相伯等救国会领袖更是多方面设法营救。宋庆龄发表严正声明："反对以毫无根据的罪名横加于诸领袖。"

此事还激起张学良的强烈不满。当年张学良被迫撤离东北，背上了卖国的罪名，对日本人恨之入骨，对蒋介石的"攘外必先安内"的政策也深为不满，总想着率军打回东北。如今见国民党不仅不打日本人，反而非法拘押了救国会的领袖，他愤愤不平，当面对蒋介石说："最近总司令逮捕、监禁了上海救国会七领袖。这些人都是爱国的，请你释放他们。"

蒋介石不以为然地说："他们爱国？那我就不爱国了？汉卿，你别上别人的当，也不要看表面现象。我听说你跟这些救国会的人有联系，是不是？"

张学良有点生气："这些救国会领袖与我非亲非故，他们多数人我连认识也不认识。我之所以请你释放他们，是因为他们信奉的原则与我相同。我爱国，他们也爱国，如果你也爱国，你就放了他们。"

蒋介石沉下脸来："你就别多费口舌了。说不放就不放，除非他们听我的话。"

二人不欢而散。

全国掀起了更大的抗议浪潮。为了应付舆论并进一步施行他们的阴谋，1936年12月4日，国民党当局命令将沈钧儒等人押往苏州高等法院看守所，等候审讯。

押送途中，沉闷的车厢里突然传来歌声，沉郁而有力的歌声："起来，不愿做奴隶的人们！……"那是李公朴先生轻轻唱起的《义勇军进行曲》。章乃器坐在他的身旁，低低地和着。他们的歌声感染了其他人，大家自然而然地同声唱起来。开始时，歌声并不高，有点忧郁的情绪。但越唱声音越高，越唱心情越激动，嘹亮的歌声在车厢中回荡，人们的情绪高涨起来。押解他们的人员也受到感染，李公朴等人便向他们讲解歌词的含义，要他们一起唱。"一二三，大家一起唱。"在李公朴的指挥下，救国会领袖与押解他们的人员一起唱起了《义勇军进行曲》，几十个人的声音汇成一片，雄壮有力，如怒涛汹涌。

就要到苏州了，救国会领袖推举李公朴为代表，向押解人员致告别辞，当讲到国难深重、民族沦亡迫在眉睫时，押解人员的一些人流泪了——他们也是中国人呀！李公朴先生眼含着热泪，继续宣传着救国的主张："我们中国人一定要团结起来，我们不愿当亡国奴，我们要共同抗日！"声音久久地回荡着。

7天后，西安事变爆发。张学良、杨虎城扣押蒋介石，通电全国，提出八项主张，要求全面抗日。其中第三项主张是"立即释放上海被捕之爱国领袖"。国民党中央召开紧急会议，商讨对策。陈果夫、陈立夫大声叫嚣着要枪毙救国会领袖，冯玉祥等人强烈反对，冯玉祥对二陈说："我们也有人在张、杨手里，不怕报复吗？如果出什么事，你们能担得起责任吗？"这样，沈钧儒等人方幸免于难。

被捕的救国会领袖在生命受到严重威胁时，斗志更加高昂。他们已将生死置之度外，商定一旦被押赴刑场，他们将齐声高唱《义勇军进行曲》，并在临刑前一致高呼："打倒日本帝国主义！民族解放万岁！"

一种悲壮的情绪流动在这些爱国人士之间，浑身热血沸腾——为救国而死，这样的死值得！

无论发生什么事情，他们决不能妥协，一定用他们的智慧和勇气，斗争到底！

苏州看守所阴冷而潮湿，由于救国会领袖被押，这儿成为公众关注的焦点。鉴于外界强大的舆论压力，国民党政府仍然不敢施加暴行，主要采取诱降的手段。沈钧儒等六位男士每两人合住一个房间，六个人有一间餐室，由于天冷，经检察官批准，由沈钧儒等六人出钱，装了一个火炉。他们的大部分时间是在这儿度过的。史良投案后被关押在女看守所，一个人作战，更不容易。侦察庭在两个月时间内进行了五次侦讯。每次侦讯，都是翻来覆去地问同样的问题。特别是关于"人民阵线"和"民族阵线"的问题，每一次都问。检察官翁赞年是一个毫无民族观念的无耻之徒，是国民党CC系的忠实走狗，讯问时他总是装出一副一本正经的样子，不时问一些蠢猪一般的问题。

这一天，翁赞年又一次问邹韬奋"人民阵线"与"民族阵线"的问题。邹韬奋不得不再一次向他解释，后来口干舌燥了，翁赞年还在这个问题上打转。邹韬奋非常厌烦，于是把他以前在《生活时报》上发表的一篇"答读者问"的文章递给翁赞年。文章讲得很清楚，说明"人民阵线"与"民族阵线"是不同的，救国会主张建立民族阵线，而不是"人民阵线"。翁赞年非常认真地看了这篇文章，邹韬奋以为这一下他该不会再问这个问题了。岂料翁赞年随手将文章一丢，说："这个文章不算数。文人著述全是'言不由衷'的。"邹韬奋大怒，气得跳了起来，大声说："我对我自己的文字，负百分之百的责任。你说我的文章言不由衷，这是对我人格的侮辱。我要提出抗议！"翁赞年不甘示弱，也站了起来，说："我有权这样讲。"两人争执起来，一个连续说："我要抗议，我要抗议。"另一个也说："我有权这样讲，我有权这样讲。"

几次侦讯下来，检察官始终无法抓住把柄，于是在1937年2月3日申请延长两个月的侦察时间，公开审理的时间因此被推迟。

看守所外的斗争也愈演愈烈。一方面，营救七君子的队伍越来越壮大，北平文化教育界李达、许寿裳、许德珩等107人，联名致电国民政府，大声疾呼开释七君子，北平大学学生救国联合会决议，罢课两天，声援七君子，并组成请愿团赴南京，要求开放民众救国运动，释放救国会领袖。全国的救国呼声更趋激烈。另一方面，国民党置民众呼声于不顾，继续逮捕爱国人士，罗青、孙晓村、曹孟君、张仲勉、陈道弘、陈卓等相继被捕，在美国讲学的救国会领袖陶行知也受到通缉。

七君子案在国际上也引起强烈反响。旅美华侨柳无垢、陈其瑗、刘维炽、冀朝鼎等300余人发表《为营救抗日救国七先生告海外同胞书》，要求立即释放被捕七人。国际上的知名人士，如约翰·杜威、爱因斯坦、罗素、罗曼·罗兰等人也纷纷致电国民党政府，要求恢复七君子的自由。国际和平大会也做出相应的表示。这些舆论对国民党造成了不小的压力。

西安事变早已和平解决，蒋介石也曾声明要释放救国会七君子，但释放显然是有条件的。1937年3月间，国民党当局曾制造释放七君子的假象，一些党政要员和司法方面的当权人物纷纷看望七君子，告诉他们侦查期满后，就予释放，但七君子恢复"自由"后，应前往南京，与当局开诚谈话，消除隔阂。蒋介石派国民党浙江省党部头面人物罗霞天到狱中探望沈钧儒。交谈中，罗霞天提出："只要七君子发表一个声明，再到反省院办个手续，就可以马上得到自由。"七君子识破了这个阴谋，这显然是让七君子公开承认自己的做法是错误的，进反省院岂不就是向蒋介石投降。七君子断然拒绝。

"起诉书"与"答辩状"

1937年4月3日，国民党当局在多次诱降不成的情况下，由江苏省高等检察厅向省高等法院提出对"七君子"的起诉。起诉书的主要内容是："各被告共同以危害民国为目的而组织团体，并宣传与三民主义不相容之主义。依《刑法》第十条、第二十八条，系共犯《危害民国紧急治罪法》等六条之罪。"

起诉书罗织"被告"十大罪状，包括：阻挠根绝"赤祸"之国策；作有利于共产党之宣传；抨击宪法，煽惑工潮；宣传与三民主义不相容的主义；勾结军人，图谋不轨；组织和参加以危害民国为目的的团体等等。

七君子看过"起诉书"后，对其蓄意歪曲事实、罗织罪名十分气愤，决定提出答辩，予以反驳，同时商量聘请律师，为他们辩护。沈钧儒等都是社会知名人士，有坚实的社会基础，而且沈钧儒多年担任上海法学院（原名法科大学）的教务长，又是上海律师公会会长，一直是上海律师界的权威；史良、沙千里、王造时均是当时全国著名律师；章乃器、李公朴、邹韬奋也无一不是一呼百应的知名人士；再加上他们此次均是由于爱国行动被捕被审，因此，

由张志让等律师组成的辩护团

许多著名律师纷纷走出来，愿为被告做义务辩护。阵容庞大、意见一致的辩护律师团在很短的时间内组成。按照当时法律，每一个被告可以请三名辩护律师，七君子共有 21 个律师，再加上同案被审的罗青、任崇文、顾留馨三人的六名律师，共 27 名，堪称有史以来律师最多的一场官司。

沈钧儒的律师是张耀曾、秦联奎、李肇甫。

章乃器的律师是张志让、陆鸿仪、吴曾善。

王造时的律师是李国珍、刘世芳、江庸。

李公朴的律师是汪有龄、陈志皋、鄂森。

邹韬奋的律师是刘崇佑、陆庭锐、孙祖基。

沙千里的律师是江一平、徐佐良、汪葆楫。

史良的律师是俞钟骆、俞承修、刘祖望。

罗青、任崇文、顾留馨的辩护律师是敬树成、薄涛、朱斯跃、庚骧、李文杰、唐豪。

这些律师大多来自上海、江苏、南京等地，都是久负声望、名重一时的人物。为沈钧儒辩护的张耀曾律师，在北洋政府时期曾任司法总长；为沈钧儒辩护的另一位律师李肇甫，北洋政府时期曾任国会议员。为章乃器辩护的张志让律师，曾在北洋政府时期担任全国最高审判机构大理院的推事；另一位律师陆鸿仪曾任大理院院长。为王造时辩护的江庸律师曾出任过北洋政府修订法律馆总裁；另一位律师刘世芳是东吴法学院资深教授，上海公共租界工部局华董。为李公朴辩护的汪有龄律师曾在北洋政府时期出任过司法次长。为邹韬奋辩护的刘崇佑律师曾担任北京临时参议院议员，第一届国会议员。1920年天津发生"一·二九"惨案，周恩来在狱中写申诉书请他辩护，得到过他的大力帮助。其他律师也均为法律界精英，不一一列举。

律师们很快投入到案前的准备工作。第一件大事便是针对"起诉书"写成"答辩状"。这一工作由七君子提议，以张志让律师为主，由胡愈之协助，最后写成了两万多字的《为江苏高等法院对沈章诸先生提起公诉的答辩并告全国人民和全体会员》(简称"答辩状")，对"起诉书"所列各项一一进行批驳。

针对起诉书所指控的非法"组织救国会"、非法"发起救国运动"，组织和参加以危害民国为目的的团体。答辩状驳斥道："缘东邻入寇，得寸进尺，侵扰三边，囊括四省。……形式岌岌，不可终日。于是平津教授呼号于前，学生市民奔走于后，风声所至，举国奋兴。沪上人乃有救国会之组织。……鉴于中华民族的危机日迫，整个华北又将成为第二个伪满，特发起救国运动，并发表宣言。……起诉书却认为被告等以共同的危害民国为目的而组织团体，或宣传与三民主义不相容之主义之嫌疑。然以被告等爱国之行为而诬为害国，实属颠倒是非，混淆黑白，摧残法律之尊严，妄断历史之功罪。"

针对起诉书称救国会发布宣言，"不承认现政府为有统治权"，并要求释放政治犯，甚至与共产党、红军联系，"建立统一之抗敌政权"，因而对民国现政权形成危害。答辩状指出："救亡唯一之道，端在全民团结一致，御侮抗敌，故言论、行动莫不以此为依规。""盖统一政权于抗敌救亡运动为必要，而和平为实现统一政权之手段，各党各派进行谈判，制定共同抗敌之纲领，则为和平统一之方法。"答辩书进一步指出，蒋介石便曾在国民党会议及其他场合多次提出以"和平、统一"为政府的基本方针。既如此，"救国会鉴于外侮之日迫，发为内部团结之呼吁，政府既以和平、统一为怀，何能引为罪据？"

答辩书还对起诉书其他各项一一驳斥，可谓有理有据，深得人心。但这样深得人心的答辩书如何才能让广大公众见到，如何获取更多人的理解与支持，这在当时是一个需要马上解决的大事。

检察厅的起诉书已在上海各报登出，七君子的答辩书要想与广大民众见面，也必须通过报纸，尤其是需要发行量大影响面广的大报。而上海各家报纸由于受国民党新闻检查所的压力，只刊载"起诉书"，却拒不刊登"答辩状"。面对这一难题，救国会决定派章乃器的夫人胡子婴去见《大公报》社长张季鸾，想办法说服他将答辩状发表出来。

张季鸾虽不在国民党内担任官职，但与蒋介石关系密切，享有不少"特权"。张季鸾与沈钧儒也是忘年之交，当年他参加一场重要的考试，因故误场，幸亏沈钧儒的帮助，他才得以破例参加考试。这份交情也相当深。

张季鸾在素未谋面的情况下，接见了胡子婴。胡子婴直入主题，问："《大公报》是不是刊登过检察厅对七君子的起诉书？"

张季鸾回答："是。"

胡子婴说："既然可以发表起诉书，那么七君子的答辩状是不是也应该发表？"

"不发表。"张季鸾直截了当地回答。

"为什么？"胡子婴问。

张季鸾不回答，却发出一声冷笑。

胡子婴非常气愤，提高嗓门说："你们的报纸号称大公，但是你们只登官方一面之词，算得上什么大公？今后你们报社的招牌应该摘掉，不配再叫大公了。"说完后，胡子婴又自言自语地说："一个读书人最重要的是要有骨气。屈服于压力，不敢主持正义，还算什么读书人？"

听了这些话，张季鸾却依然冷笑，说："我不发表你们的答辩状。因为我不愿意陪同你们做戏，《大公报》也不准备作你们演戏的舞台。"

这句话说得胡子婴莫名其妙，急忙问："你这是什么意思？"

张季鸾这才说了一件事情。

原来，张季鸾刚从庐山回来。在那儿，他见到蒋介石、叶楚伧、陈布雷等人。当时第二次国共合作开始，在全国人民强烈要求团结抗战的情况下，蒋介石不得不装出假象，准备邀集"社会贤达"在庐山开会，共商抗敌大策。七君子均是抗日救国的知名人士，当然也在邀请之列。因此，蒋介石希望尽快结束"七君子案"，以便这些人能在开会时间准时前来。然而，叶楚伧、陈布雷却另有自己的算盘，并精心策划"诱降"的阴谋。一天，蒋介石嘱咐叶楚伧早些结束"七君子案"，不要再拖延。叶楚伧说："我们早已安排好了，先在江苏高等法院对他们审讯一下，然后押送到庐山参加会议。"蒋介石听了皱皱眉头，说："不要这样麻烦吧。"叶楚伧蛮有把握地说："钧座放心，七君子已经同意这样安排，不会有什么问题。"蒋介石这才点点头，说："那也好。不过到时候一定要把他们送到庐山啊。"

上述对话为张季鸾亲耳所听，所以认定七君子已私下与国民党当局达成妥协。胡子婴非常吃惊，原来国民党内部的意见并不统一。她赶紧告诉张季鸾真相，说："叶楚伧等人的诱降计划，完全是痴心妄想。七君子不但不会'悔过'，而且还要采取'三不'的办法，不吃、不说、不写，以此抵制国民党的阴谋。我来这儿决不是为了做戏。"

最后，张季鸾相信了胡子婴的话，并了解到CC派在"欺骗"老头子（即蒋介石），于是毅然对胡子婴说："好吧，我相信你们，答辩书明天可以见报。"接着，他仗着与蒋介石的特殊交情，使答辩书在没有送审的情况下登报面世。

答辩书发表后，迅速引起全国的普遍关注，并得到广泛的支持。很快就要开庭审讯了，人们拭目以待。

黑云压顶，苏州高院第一次庭讯

6月11日，黑云压顶，阴雨绵绵，给人十分压抑的感觉，仿佛有什么东西在心里压着，促使人想大喊一声，将所有的憋闷都宣泄出来。

这一天，正是七君子案开庭审讯的日子。

开审之前，法院曾发出120张旁听证，但从早晨起，便有几百名从各地赶来的群众聚集于高等法院第一庭门前，要求旁听。许多社会名流也冒雨前来，其中包括原教育部长张一麐、曾任国务院代总理的李根源以及张菊生、沈卫、陶家瑶等先生。他们声势浩大地站在那儿，法院深恐当众出丑，不敢公开审理，于是贴出布告，禁止旁听，所有已发之旁听证一律无效。

门前的人群愤怒了，立即提出强烈抗议。沈钧儒等人也马上声称：如果审判不公开，则拒绝发言。张一麐老人十分生气，亲自去见法院院长朱树声，加以交涉。迫于压力，法院终于让步，允许新闻记者和被告亲属进入法庭旁听。其他人仍被拒之门外，但他们并未离开，在雨中等候公审的消息。

下午2时，法院开庭了。27位辩护律师鱼贯而入，分前后数排列坐。接着，审判长方闻、推事汪珏、郑传缨以及书记官入庭。随后进入的是检察官翁赞年。最后，十名被告（除七君子外，还有顾留馨、任崇高、罗青三位）被传唤到庭。他们的精神状态都挺好，对着审判长站在两旁。

开庭后，首先由检察官翁赞年起立宣读起诉书，接着由审判长逐一审问被告。

沈钧儒是第一位被审问的，只见他须发花白，但精神矍铄，一脸正气。

审判长问："你赞成共产主义吗？"

沈钧儒回答："赞成不赞成主义，这是很滑稽的。我请审判长注意这一点，就是救国会从来不谈主义。如果一定要说我们宣传什么主义，那么，我们的主义就是抗日主义，救国主义！"

沈钧儒回答得非常巧妙，但审判长显然并不甘心，仍想在这个问题上做文章，问："抗日救国不是共产党的口号吗？"

沈钧儒奋声答道："共产党吃饭，我们也吃饭，难道共产党抗日，我们就不能抗日吗？"

审判长问："你知道你们被共产党利用吗？"

沈钧儒不假思索地说："假如共产党利用我抗日，我甘愿被他们利用；并且不论谁利用我抗日，我都甘愿被他们利用。"

审讯进行了一个半小时，沈钧儒始终正气凛然地回答审判长的问题，并不时反问审判长，对起诉书做了有力的批驳。

接着受审的是章乃器，他目光炯炯，态度从容。

审判长问："你对于各党各派是主张联合的吗？"

章乃器回答："在这国难空前严重的时候，每一个中国人都愿意各党各派联合起来一致抗日。"

审判长问："你对于共产党抗日有什么意见？"

章乃器回答："如果共产党要求抗日，自然应该让它来一同抗日的。"

审判长听到章乃器这样回答，迫不及待地追问："那么，你认为剿共是错误的吗？"

章乃器皱了皱眉头，加重口气回答："我们认为我们内部不应该再有摩擦，在亡国的威胁之下，自己内部还有什么恩怨可说呢？"

审判长问："你是不是煽动过日本纱厂罢工工潮？"

这个问题早在以前的审讯中便曾出现。章乃器依旧带着情绪回答："很惭愧！我没有这样大的本领！我要有这样大的本领就好了！"

章乃器始终保持着自己一贯的气魄，有理有力地辩护着。

第三个受审的是王造时。王造时身为著名律师，深知法庭辩护中用字的精当。

审判长问："你们大会的宣言有句话说：各党各派代表进行谈判，建立一个统一的抗敌政权。是不是不要现政府呢？"

王造时回答："起诉书把政权和政府混为一谈，真是不知政治为何物！被告是研究政治学的，据我所知，政府是一个国家的机构，政权为政府行使它的职能的力量；政府是具体的，政权是抽象的。政府目前最迫切、最重要、最神圣的任务是抗日。我们要抗日，就不能不使这个作为国家机构的政府有极强大的力量。这极大的力量，必须全国统一，才能发生，我们所说的统一的抗日政权的意义便是如此。"

审判长显然对"政权"与"政府"的区别不甚了了，为掩盖自己的尴尬，他赶紧转移话题，问："为什么要援助罢工风潮呢？"

王造时又一次纠正对方的用词不当，回答："不是援助罢工风潮，而是援助罢工工人。"停顿了一下，继续说道："我们为了工人没有饭吃，没有衣穿，才援助他们的。我们不但自己援助，并且希望当局对于在日本压迫下的工人也加以援助。他们虽是日本工厂的工人，但到底是中华民国的国民，是我们的同胞！"

此后，李公朴、邹韬奋、沙千里、史良等逐一接受讯问，均以理直气壮的言辞回答了审判长的问题。

法庭的气氛十分紧张。七君子由于准备充分，所以面对对方设置的一个个陷阱，毫无惧色，显示出各自的风采。他们要求法院调查"起诉书"中提出的二十多个事实，找有关人员（如马相伯、吴铁城、张学良、傅作义等）核实，但审判官对这些要求一律裁定驳回。

被告的律师们先后起立发言，提出理由，要求传唤人证，调查证据，但庭上均以摇摇头、摆摆手等动作，不予回答。被告和律师们对此非常愤怒，据律讲理，形成一条对审判长、检察官进行攻击和防御的坚强阵线，使对方面红耳赤，穷于对付。不得已，审判长宣告"明日续审"，草草收场。辩护律师以阅卷和准备辩论意旨需要时间，要求延期续审，未被采纳。

三小时以上的庭讯之后，被告及他们的律师以及亲属们一点没有松懈，积极准备第二天的迎战策略。就在这时，胡子婴告诉大家一个特别的消息。形势顿时变得非常严峻。

原来，胡子婴作为被告家属坐在旁听席上。开庭前，旁边一人突然向她打招呼。胡子婴见到此人，马上提高警惕。因为她知道此人是一个叛徒。

胡子婴心想：他既不是被告家属，又不是新闻记者，怎么能够进法院呢？此中必有蹊跷。想到这儿，胡子婴问："你来这儿干什么？"此人也不避讳，直言说道："你还不知道吗？七君子案今天一堂审结，我是奉命来接他们进反省院的。"胡子婴大吃一惊，敌人这一阴谋很快就要实施了，如果七君子被强行送往反省院，他们的人格和尊严无疑会被染上污点。

"说什么也要设法阻止这一阴谋。"胡子婴不动声色，心中暗想。

庭讯刚刚结束，胡子婴马上告知七君子及他们的律师。众人赶紧聚集在一起，商讨对策。众人你一言我一语，提出许多方案，但最好的方案还是一位律师提出的建议。他说："有办法。法律上有一条，如果审判官不公道，当事人可以申请回避。这一次审讯，被告和律师一再要求对起诉书列举的事实和有关人员进行调查和对证，但是审判长不予考虑，立即驳回，我们就可以拿这作为理由，申请回避，拖延时间，徐谋良策。"这一建议被大家讨论通过后，接着商议何时申请回避。研究的结果是：过早提出，法院可以有时间调换审判人员，最好是在第二天开庭前提出，打对方一个措手不及。

第二天上午，律师们照样去法院阅卷，没有任何异常举止。下午开庭，法庭内外依然戒备森严，宪兵们荷枪实弹，处于高度紧张状态。但令审判官诧异的是，法院门外竟没有一个群众，律师休息室也空无一人。这种冷清的场面反而使审判官更加心虚，他隐隐感到事情不妙。

果然，就在距开庭只剩一小时的时候，辩护律师突然向法院递送申请审判官回避的状子，上面写道：

"本案传于本月十一日审判，事前法院对请求旁听者，限制甚严，盘查登记，按名给证，已足维持谨严的秩序，乃在临时突然禁止旁听。于开庭后，虽承审判长宣称禁止之理由为恐妨害治安秩序，然未有指明发证后有何具体堪虞之事实，固可疑及本案之审判，或不能使公众闻知之形势。洎乎审判开始，审判长对于各被告为本案事实的询问后，各被告及辩护律师，先后就起诉所列举事实，提出有利于被告之证据方法，共有二十余点之多，请法院调查，方审判长均不假思索，向陪审团之汪、郑两推事左右回顾默示，立即谕知驳回申请之裁定，甚至仅以摇手示意，不加置答。辩护人均以重加考虑为辞，制止发言，令人莫测高深。此种审判态度与方法，在任何刑事案件均不能谓与刑事诉讼法第二条之规定相符。……而在审判之前，检察官之侦查历时四月，所举罪证多至十款，乃对被告任何一款提出任何有利于辩解而调查又无困难之证据，悉予摒弃不理。其为合议庭推事全体已具成见，不能虚衷听讼。……断难求得合法公允之审判，显已具有刑事诉讼法第十八条第二款所示之原因，合亟查照同法第二十条第一项前段，具状申请主审本案之方审判长及汪、郑两陪审推事，均行回避……乞即依法裁定，并依第二十二条之规定，停止诉讼程序。"

当时《刑事诉讼》第十八条规定："当事人遇有左列情形之一者，得申请推事回避……推事有前条以外情形,其执行职务有偏颇之虞者。"《刑事诉讼》第二十二条规定:"推事被申请回避者,除应即速处分者外,应即停止诉讼程序。"被告与律师们的这一依法而行的策略,果然使法院猝不及防,狼狈不堪。再加上开庭时法院门外没有一个群众,律师休息室空无一人,全体律师没有一人到庭。法院被迫匆匆宣告停止诉讼程序,改期再审。国民党特务企图押送七君子去反省院的阴谋也难以得逞了。

"申请推事回避",使本案有了戏剧性的转折。被告由被动转为主动,其意义不可低估。

第二天中午,被告家属在吴曾善律师家宴请众律师,看守所所长前来透露,方审判长收到声请回避状后大发雷霆,指责翁检察官起诉书写得不好。大家听到这个消息,均会心一笑。这一天,在宋庆龄的支持下,上海各界人士还举行了声势浩大的"上海市民援助沈案大会"。

怒吼声中,江苏高院第二次庭讯

6月25日,又是一个阴雨天。上午9时30分,大雨滂沱,似发出愤怒的吼声。江苏高院进行第二次庭讯。在此之前,七君子已于6月22日和24日先后向法院提出《第二次答辩状》和《申请调查证据状》。除进一步驳斥《起诉书》内所列"罪状"外,又提出十个新问题,要求法院调查证据;再次提出参加第一次审讯的审判人员均应回避的要求。沈钧儒等人是由法院派汽车从看守所接来的,显得正气凛然,十分精神。与之相反,法院审判长已换为朱宗周,推事也已易人,显得十分紧张。检察官依然是翁赞年到庭,他比法官还要紧张,生怕当众出丑。法庭的旁听席上仍旧只允许被告亲属及新闻记者出庭。当审判人员、原告、被告以及辩护律师先后到庭后,气氛显得十分压抑。

被审问的第一个人是沈钧儒先生，历时最长。面对审判长的问辞，沈钧儒从容不迫，对答如流。他以教育学生似的口吻，向审判长阐明救国无罪的道理。当审判长问起"救国会"煽动学生罢课时，沈钧儒马上反问审判长，是哪年、哪月、哪日？是全上海？还是哪一个学校？是哪个人煽动的？与"救国会"有什么关系？证据在哪儿？一连串的反问使审判长面红耳赤，无法对答，匆匆要沈钧儒退庭。

第二个被讯问的是章乃器。当审判长向章乃器提出，救国会主张抗日救国是被共产党利用时，章乃器回了一句："我想审判长也是和我一样是主张抗日的吧，难道也被共产党利用么？"审判长顿时接不上话。过了一会儿，审判长才接着说："你们发表文章批评宪法，这算不算违法？"章微微一笑，缓缓说道："谈到宪法问题，当宪法草案公布之日，政府曾公开登报，征求人民发表批评意见，而各界人民批评的文章在报章杂志上也发表得很多，可是审判长少见多怪，竟问出这样幼稚可笑的问题。"审判长听到这些话，脸红到脖子根，而旁听席上则发出会心的笑声。章又说："检察官代表国家行使职权是正当的，但还希望他能代表中华民族的人格，否则给他做一个中国人，也丢尽了我们老百姓的脸。"

讯问王造时，王以其渊博的政治、法律知识，给审判人员上了一节课，也赢得旁听席上人们的尊重与钦佩。

接下来传问李公朴。李先生身穿长袍，回答提问时常手理行髯，镇定自如。谈到联共容共的问题时，李公朴提出：孙中山先生主张容共，他没有错。何况我们只主张停止内战，联合各党派，目的就是集中国力，共同对付日本。

在审问邹韬奋时，已过正午，宣告退庭。张一鹏律师宴众律师于其家并摄影。

午后2时许继续开庭，询问被告邹韬奋、沙千里和史良。三位被告纷纷申辩，可谓理直气壮。

审问邹韬奋先生时，检察官翁赞年突然起立发言，强调救国会曾致电张学良，叫张出兵抗日，因此此案与西安事变有关。邹韬奋气愤地回答："为什么今天检察官只提到我们致电张学良将军而独不提及我们在同一时间也致电国民政府和当时在察哈尔、绥远两省前线的宋哲元将军和傅作义将军？这是公开的事实，随时可以调查证实的。"接着又指出：电报的内容明明是希望张学良请命中央出兵援绥抗日，并非叫他兵谏，且打同样性质的电报给国民政府。既如此，他反问检察官："这与西安事变究竟有什么因果关系？"检察官答不上来，尴尬地站在那儿。最后，邹韬奋拿出自己曾写过的题为《现代国家与民众运动》的文章，说明他本人热切希望政府开展民众运动，增强御辱力量，而决没有所谓"危害民国"的意思。他一字一句清晰地说："如果说危害二字，只能说危害日本帝国主义侵略者而谈不上危害民国。"他说这句话时，法庭上静悄悄的，邹韬奋激昂高亢的声音在法庭内回荡着。

此后，在继续审讯的过程中，沙千里、史良均对答如流，义正词严地阐述了自己的立场。当讲到救国会主张联合中国各党各派共同抗日时，史良做了一个比喻，说："这好比一个人家，强盗打进大门了，最要紧的是叫家里的兄弟姊妹们不要自己打自己，而应当联合起来抵抗外来强盗，这有什么错？！"她的话，连旁边的法警都觉得是这么个道理。

被告辩护律师们也做了精彩的发言。审讯过程被一浪接一浪地推向高潮。沈钧儒的辩护律师刘崇佑声震屋瓦地说："国家到了今天的地步，老实说，作为中国人，有哪一个不要救国？救国，是一种义务，同时也是一种神圣的权利。谁敢侵犯这种权利？"

审讯最后的焦点集中到西安事变是否与本案有关系这一点上。被告及他们的律师一致要求，应传张学良将军到庭作证，以明确被告与西安事变的关系。检察官对此不以为然，坚持不用传讯张学良。双方就调查证据的问题展开激烈的辩论。检察官一再被逼问得哑口无言，恼羞成怒，连连吼叫："这是侮辱检察官，这是侮辱检察官！我要检举，我要检举！"七君子及他们的律师充分发挥了自己的能力，一次次将检察官逼入死角，只见他声嘶力竭地喊道："你叫什么名字，你叫什么名字，记入笔录，记入笔录！我要依法起诉！我要依法起诉！"他的这些举动却引得哄堂大笑。法庭上显得既火药味十足，又十分热闹。

最后，经过退庭评议后，审判长宣布，"决定向南京军事委员会调阅审问张学良的案卷，再定期开审"。不过这次审讯后，法院再没有重新开庭。

夜色苍茫，当七君子被再次押解回看守所时，他们的斗志却更加坚定。

"我所爱之国兮，你到哪里去了？"

七君子案一直牵动着无数人的心，救援活动进一步展开。上海5000名市民上书国民党当局，请愿释放沈钧儒等爱国人士。各大城市的各种团体以及海外华侨慰问七君子的函电如雪片般飞来。"爱国无罪"成为全国人民一致的呼声。

看守所中常常有客来访。1937年6月23日，上海文化界救国会成员之一陆诒曾专门看望沈钧儒等7人，汇报救国会的一些工作后，特地请他们题字留念。

沈钧儒沉吟片刻，当场奋笔疾书，写了一首诗："我欲入山兮虎豹多，我欲入海兮波涛深。呜呼嘻兮，我所爱之国兮，你到哪里去了？我要去追寻！"并在诗后作注解："新生事件宣判之第四日，我自杭州返沪，车中写此诗于报纸角上，随吟随写，泪随声下，湿报纸。今两年矣！书此不自禁其感之深也！二十六年六月　沈钧儒识于江苏法院看守所。"

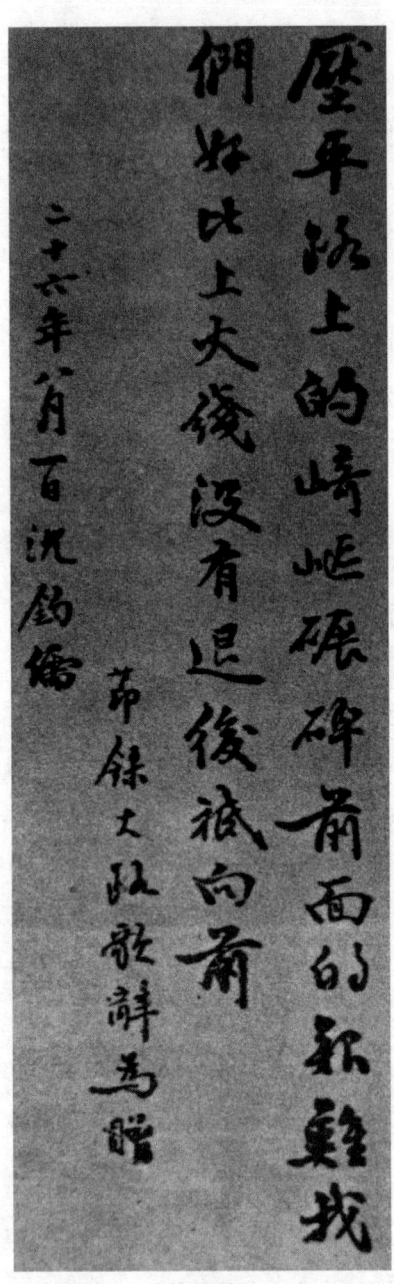

沈钧儒题词

其他六人均有题字。

章乃器写道："正义感是我们这一阶层人为民族、为社会奋斗的发动机，但这是不够的，我们还要有一个正确的理论做我们的舵。"

王造时写道："在这民族生死存亡的关头，非全国一致不分党派，不分阶层，大家团结起来御侮不可。"

沙千里题写："民族解放的斗争必得最后的胜利，爱国无罪，将为大众和历史一致的裁判！"

李公朴写："我们要使每个中国人认识自己有着抗日的任务，并要了解怎样能各就范围的去执行这个任务，更要加紧一般的政治训练，以增强抗日的力量。这样把广大群众和民族解放的斗争联合起来，把救国的工作和民众运动联合起来！"

邹韬奋写："为争救国无罪，不是为个人，而是为救亡运动的前途。不许侮辱人格，也不是为个人，而是为了维护中华民族人格的光辉。"

史良写："除非把我幽禁到无人的荒岛，我才没有办法宣传和抵抗侵略者的残暴。但是我还是设法训练着

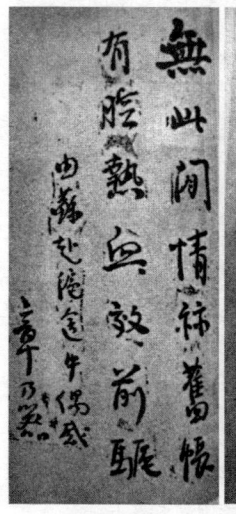

救国会七君子：「团结救国」

章乃器题词 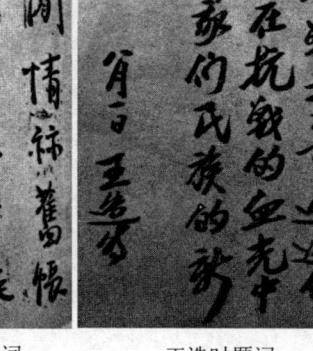　　　王造时题词 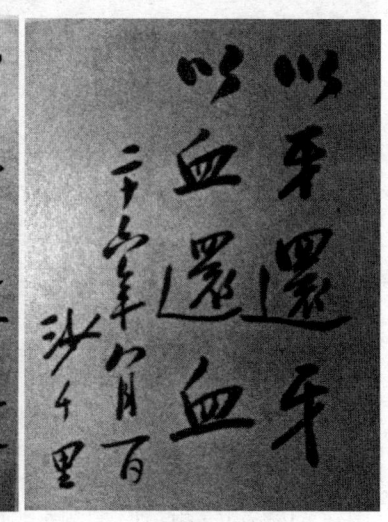　　　沙千里题词

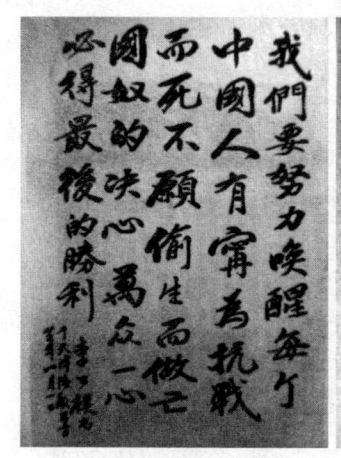

李公朴题词 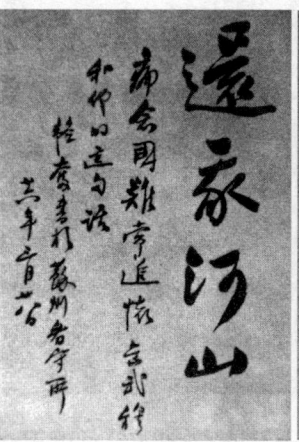　　　邹韬奋在苏州看守所中所作题词 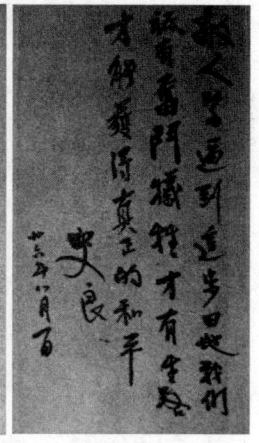　　　史良题词

上海各界爱国人士代表到苏州江苏高等法院看守所慰问"救国会七君子"

不害人的野兽，准备有一天同侵略者作最后的决斗，因为侵略者的残暴实在超过野兽百倍！"

这些题字只是七君子狱中题词的一小部分，反映着他们高尚的爱国情操。

震惊中外的"爱国入狱运动"

爱国人士在救援七君子的过程中，也出现了许多可歌可泣、斗智斗勇的场面。最引人注目者是宋庆龄等人发起的"爱国入狱运动"。

6月25日，宋庆龄、何香凝、胡愈之、张宗麟、王统照、胡子婴、刘良模等16人聚在一起，共商救援七君子的事情。宋庆龄以商量的口吻对大家说："我想发起一个'救国入狱运动'，就是我们自愿为救国而入狱，以此扩大声势，救援已被关押半年多的沈钧儒诸先生。"大家一听此话，均是热血沸腾，觉得这是个好主意，以国母的身份要求入狱，无疑会对当局造成强大压力，但同时为宋庆龄的安危担忧。当时，宋庆龄的身体很弱，万一当局真把她们关起来，宋庆龄的身体能受得了吗？宋庆龄看出了大家的心思，坚定地说："国难当头，匹夫有责。救国会成立之初，全体委员就抱着为抗日救亡运动同生死的决心，如今，沈先生他们还在狱中，我们岂能坐视。我们要以我们的行动表明我们爱国的决心。一定要把七君子救出狱中。否则，我们宁愿在狱中与他们共生死！"她的话深深地感染了在场的人员，她们很快向苏州江苏高等法院呈文具状，开始了"救国入狱运动"的第一步。具状内容如下：

> 呈为沈钧儒等被诉危害民国羁押受审一案。具状人等，言行相同，束身待质，请予并案办理事：爱国无罪，不待烦言，沈钧儒等，从事救国工作，并无不法可言，羁押囹圄，已逾半载，倘竟一旦判罪，全国人民均将为之惶惑失措。具状人等，或为救国会会员，或为救国会理事，或虽未加入救国会而在过去与沈钧儒等共同从事救国工作。爱国如竟有罪，则具状人等，皆在应与沈钧儒等同受制裁之列。具状人等，不忍独听沈钧儒等领罪，而愿与沈钧儒等同负奔走救国而发生之责任。为此特联名具状，束身待质，仰请钧院将具状人等悉予羁押审讯。爱国无罪，则与沈钧儒等同享自由；爱国有罪，则与沈钧儒等同受处罚。具状人等愿以身试法律上救国之责任。特具呈钧院，守候传讯，伏乞钧院迅予办理，以解天下之惑，实为公便。谨呈江苏高等法院。

将具状送出后，宋庆龄等16人马上向上海新闻界发表谈话，宣布发起"救国入狱运动"。与此同时，发表了《救国入狱运动宣言》：

我们准备好去进监牢了！我们自愿为救国而入狱，我们相信这是我们的光荣，也是我们的责任！

沈钧儒等七位先生关在牢中已经7个月了。现在第二次开审，听说还要判罪。沈先生等犯了什么罪？就是犯的救国罪。救国如有罪，不知谁才没有罪？

我们都是中国人，我们都要挽救这危亡的中国。我们不能因为畏罪，就不爱国、不救国。所以我们要求我们所拥护信任的政府和法院，立即把沈钧儒等七位先生释放。不然，我们就应该和沈先生等同罪。沈先生等一天不释放，我们受良心驱使，愿意永远陪沈先生等坐牢。

我们准备去入狱，不是专为了营救沈先生等。我们要使全世界知道中国人决不是贪生怕死的懦夫，爱国的中国人决不仅是沈先生等七个；而有千千万万个。中国人心不死，中国不会亡！

我们都为救国而入狱吧！中国人都有为救国而入狱的勇气，再也不用害怕敌人，再不用害怕日本帝国主义的侵略！

中华民国万岁！

这一运动迅速被国人所知，产生了巨大的感召力，全国各界纷纷起来响应。7月2日，作家何家槐等13人，具状投案，愿为救国与七君子负连带责任。7月3日，上海电影界著名人士应云卫、袁牧之、赵丹、郑君里、白杨等20多人，具状江苏高等法院，要求收押。上海、北平等地教授、学生、工商界人士、普通老百姓也纷纷签名，要求加入"爱国入狱"的行列。这些活动，使国民党慌了手脚。

7月5日，天气闷热。两位妇女带着简单的行装来到上海北火车站。其中一人气度雍容，虽脸色惨白，身体虚弱，但神色坚定，气度不凡。另外一人显得年轻点，也是一脸正气，跟随着前者。这两个人，一位是宋庆龄，一位是胡子婴。由于法院对她们的具状没有答复，宋庆龄等人决定实施行动，前往苏州。此行共12人，为避免国民党特务发觉，他们在车站装作不认识，分别上车。宋庆龄、胡子婴上了头等车厢，胡愈之等十人分别坐在二等车厢，好像各不认识。到苏州后又各自乘坐黄包车直奔高等法院。众人到法院门口聚集，在法院会客单上填写了名字，要求会见院长和首席检察官。然后，12人在会议室静坐，准备迎战。

院长没想到宋庆龄等人真的会来，所以一听到这个消息，顿时十分紧张。他知道，这些人可不是好应付的，于是决定先派一庭庭长朱树声出面试探。同时赶紧将首席检察官孙鸿霖请来，商量对策。

宋庆龄等人正在等待，朱树声从外面进来，看见宋庆龄，自我介绍："鄙人是一庭庭长，我代表院长来……"

他的话还没有说完，宋庆龄已明白了怎么回事，打断他的话，严肃地说："我们有要事找院长和首席检察官，他们为什么不见？"

朱树声回答："首席检察官不在，院长有要事没法过来。"

宋庆龄面带怒色："我们有更重要的事。告诉你们院长，别摆架子了。我们即使要见蒋委员长，他都亲自迎接，你们院长是不是比蒋介石的架子还大，你叫他快点出来。"

宋庆龄声音不大，但一股重压向朱树声袭来，他脸色大变，唯唯诺诺地退了出去。

"等等，"宋庆龄把他叫住，"告诉你们院长，我们既然来了，就一定要讨个说法，你们院长一天不出来，我们就在这儿坐一天，两天不出来，我们就坐两天，直到他出来为止。"

听了朱树声的汇报，院长没有办法，只好硬着头皮面见宋庆龄一行。

"救国有罪无罪？"宋庆龄等一见院长便提出这个尖锐的问题。

"救国当然无罪，当然无罪。"院长慌不迭地回答。

"既然院长认为救国无罪,那么就该释放主张救国的救国会领袖。"宋庆龄直截了当地说明来意,"我们也都是救国会的主持人,如果七位先生因主张抗日救国有罪入狱,那么我们十余人也应该共同负责,一起坐牢;如果爱国无罪,七位先生应该跟我们一样,享有自由,请立即释放他们。"

院长搪塞道:"此案还在审理当中,内中有各种困难,法院方面也希望迅速了结,实感抱憾。"

"你不必找借口了,我们此次前来,并非只是为了营救七位先生,我们也是为争取爱国无罪而来。既然院长不能释放七位先生,说明院方认为七位先生有罪。他们既然有罪,我们与他们有同样的罪,法院完全可以将我们羁押起来。"宋庆龄等人的态度非常明确,院长有点不好对付。又搪塞了几句,院长额头出了汗,他不敢正视宋庆龄,支吾道:"此事应该由检察官与各位商谈。"边说边退了出去。

上午十时许,首席检察官孙鸿霖出来与宋庆龄等人见面。孙鸿霖态度傲慢,一开始便与宋庆龄等人进行唇枪舌战。宋庆龄等人要求检察官让他们到看守所去,检察官拒绝,认为"法律上没有这种规定"。宋庆龄便说:"那么,逮捕七位先生时,连拘票都没有,这种做法就有法律规定?"检察官无法回答。双方就七君子的案件作了种种争辩,气氛十分紧张。几个小时下来,孙鸿霖最终败下阵来,以公务忙为由溜了出去。

中午时分,天气更加闷热,白色的阳光照进屋内,令人眼晕。众人都担心宋庆龄的身体,宋庆龄一边喝着随身携带的药片,一边以坚定的目光鼓励着大伙。看守所所长进来了,他以私人身份问大家吃点什么,是否出去吃饭?大伙都主张在会客室吃饭,每人一碗两毛钱的粗面。

法院下午不办公,只留几个事务人员。宋庆龄等人见无人过问,毫不气馁,决定一直等下去,今天不接见,就等到明天,一个月没人管,她们就等两个月。

时光流逝着,几个小时过去了,夕阳西斜,宋庆龄等人仍然在会客室坐候。院长几次派人暗中窥视他们的动静,急得像热锅上的蚂蚁,不知该如何收场。他明白,以宋庆龄的身份,万一在他这儿出什么差错,他将吃不了兜着走。最后,他终于决定派检察官夏敬履去见宋庆龄,无论如何暂时平息此事。

夏敬履出面后,态度非常和气,认真回答宋庆龄等提出的问题,气氛有所缓和。胡愈之提出:"假如我们提出证据,与七位先生负关联之责,要求与他们同等待遇,法院是否受理?救国会究竟是否是危害民国的团体?假使其他救国会成员自请入狱,如能提出证据,法院是否给予同等待遇?"

夏敬履一一回答,虽然回答得不算爽快,但最终表态:救国会不是危害民国的团体。对于自己前来投案的人,如果提出证据,法院可以受理。

宋庆龄等人得到上述答复,认为可以给当局一个回旋的余地。于是,她们答应暂时回去,提取证据。

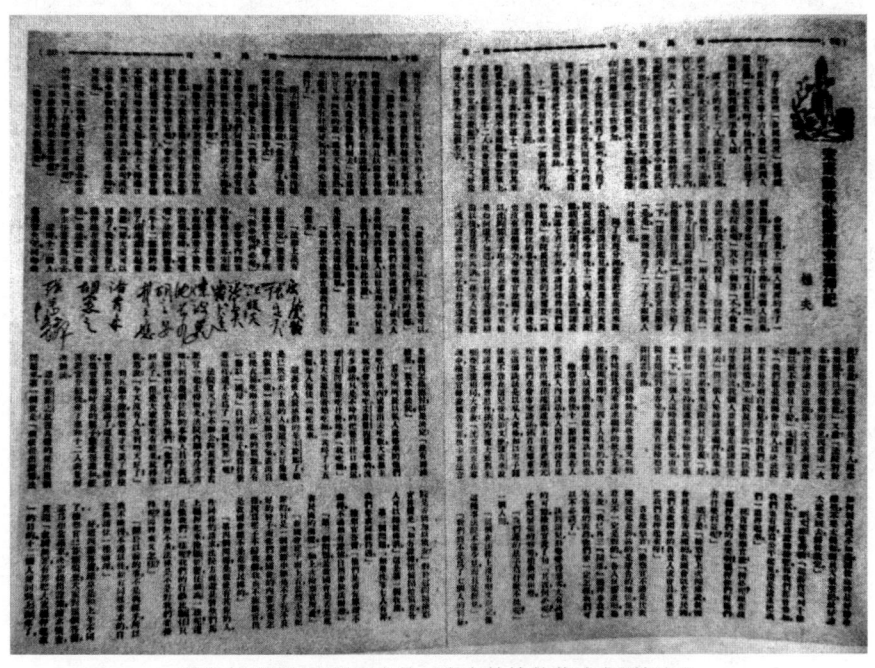

刊登在《国民》周刊上的《宋庆龄等赴苏请求羁押记》

返回上海时，大雨倾盆。看着风雨中的宋庆龄，胡子婴的心中油然升起敬意。

最后的胜利

1937年7月7日，卢沟桥事变爆发。在抗战全面展开的情况下，蒋介石发表了比较强硬的抗日讲话。在这种形势下，再不释放沈钧儒等人，国民党政府将丧失人心。因此，江苏高等法院于7月31日，对沈钧儒等停止羁押，宣布："由于被告等家庭困难，家属失其赡养，裁停止羁押，具保释放。"当即，沈钧儒由张一麐具保，章乃器由李根源具保，王造时由陶家瑶具保，李公朴由陆翦双具保，邹韬奋由张一鹏具保，沙千里由钱梓楚具保，史良由潘经具保。其他被告如罗青等人也同时具保释放。

当救国会七君子光荣出狱时，200多人鹄立于烈日之下鼓掌欢迎，七君子的言行受到了全国爱国人士的尊敬。但国民党政府并未就此罢休，七君子出狱属于具保释放性质，很显然，国民党为此案留下一个尾巴，企图找机会继续迫害。

直到1938年1月26日，在全国抗日民主力量的压力下，在律师们的努力下，江苏省高等法院第一检察处终于宣布撤回这一案件的"起诉"，在法律程序上宣告了结。第一检察处在陈诉撤诉理由时说：

本案被告沈钧儒等，前在上海以"联合各党，抗敌御侮"为名，组织"全国各界救国联合会"，并发表刊物，以资号召。经江苏高等法院检察官翁赞年依据所出各种刊物，认为："被告等宣传与三民主义不相容之主义，实有《危害民国紧急治罪法》第六条之罪嫌"提起公诉。

惟查该项《危害民国紧急治罪法》已于民国二十六年九月四日修正、公布、施行在案。核其条文，于"宣传与三民主义不相容之主义者"并无犯罪之规定，是该被告等犯罪后之法律已废止其刑罚。

复查该被告等虽属组织团体，号召民众，但其所谓"抗敌御侮"及"联合各界救国"各节，均与现在国策不相违背，不能认为"以危害民国为目的"。该被告等之行为自属不罚之列。

依据前开法条各款，均系应不起诉。本案虽经起诉在先，惟既发现有应不起诉之情形，合依同法第一条撤回起诉。

如此，七君子最终获得胜利。

主要参考资料：

沈钧儒：《沈钧儒文集》，人民出版社，1994年。

章乃器：《我和救国会》，出自《君子之交如水》，作家出版社，2007年。

三联书店编：《韬奋：韬奋画传·经历·患难余生记》，岳麓书社，1999年。

沙千里：《回忆救国会的七人案件》，出自《文史资料选辑第八十九辑》，中国文史出版社，1999年。

胡子婴：《"七君子"狱中反诱降的斗争》，出自《文史资料选辑第八十二辑》，中国文史出版社，1999年。

史良：《史良自述》，中国文史出版社，1987年。

陆诒：《"七君子"受审旁听记》，出自《文史资料选辑第七十三辑》，中国文史出版社，1999年。

李文杰：《回忆上海律师界为"七君子"案进行辩护的斗争》，出自《文史资料选辑第八十二辑》，中国文史出版社，1999年。

谢居三:《救国会七君子被捕案轶闻》,出自《文史资料选辑第八十九辑》,中国文史出版社,1999年。

章立凡:《君子之交如水》,作家出版社,2007年。

沈谱　沈人骅编:《沈钧儒年谱》,中国文史出版社,1992年。

张建安:《救国会七君子案实录》,出自《民国大案》,群众出版社,2002年。

蒋百里（1882—1938）

蒋百里:"中国是有办法的"

蒋百里是个什么样的人?

他当过校长,是为教育工作者;

当过外交特使,舌战过墨索里尼,是为外交家;

办过报纸,是为报人、新闻工作者;

学贯中西,撰文写书,发起成立过"南社"等重要的文学社团,是为作家、学者;

他甚至获得过舞蹈冠军,写得一手好书法,通美术、音乐……

他才华横溢,是中国乃至世界少有的天才。

而在众多的才能当中,蒋百里更是以卓越的军事天才而名闻天下。

他曾以突出的军事天才令日本人尴尬;

他同样以绝世的军事天才令德国将军赞叹不已;

他曾是中国军界最看好的年少俊才;

他却又以自杀事件而轰动全国;

他曾是中国最高统治者的座上客、最受尊重的军事顾问;

却又一度成为阶下囚;

……

他的曲折经历,吸引着无数人的视线;而他的远见卓识,更是暗夜里的光芒,引领国人走出黑暗。尤其在战时,他以深刻的思想与敏锐的判断力,认为"抗日战争除了考试作用外（谁最努力），还有一种排泄作用。譬如人类疾病中有一种'癌'，不是外来的菌，而是自己身体内变坏了的细胞所构成的，天幸敌人给了我们一种妙药，将这种毒细胞尽量地吸引过去（汉奸），使我们民族的血液变得清洁和健康了"。他指出中国必胜的方式与未来，给国人带来了希望与自信力，他说："万语千言，只是告诉大家一句话，中国是有办法的！"这时候，蒋百里先生又不仅仅是思想家、战略家了，他还是预言家和导师。

"此真我中国之宝也！"

蒋百里，名方震，浙江海宁硖石人，光绪八年（1882）生。祖父蒋光熙为著名的藏书家，建"别下斋"藏书楼，贮书10多万册，后因战乱而楼毁人亡。父亲蒋学烺，天生残缺，没有左臂，十岁时被送到寺庙当了小和尚。蒋学烺身残志不残，二十多岁时还俗，拜同邑名医朱杏伯为师，苦读医书，悬壶济世。不久又娶浙江海盐儒生杨笛舟的独生女杨镇和为妻。杨镇和也是自幼多难，父母早亡，只能自谋出路，于多艰的人生旅途中苦苦跋涉，却也从不放弃对知识的追求与喜好，所以也是知书通礼。二人婚后非常和睦。蒋学烺天性坚韧乐观，不仅通医术，而且能吹笛，并随口编造唱词，使艰苦的生活增加了无穷乐趣。等蒋百里呱呱坠地后，这个苦难的家庭更是充满了幸福。

蒋百里十二岁时，父亲病逝，整个家庭一下子失去了生活来源。杨镇和不得已奔走于丈夫的亲戚之间，寻求帮助。族人商量后，分给杨镇和、蒋百里母子住所和田地，并多所帮助。杨镇和则一边做手工挣钱，一边教育儿子写字读书。在寡母的精心教育下，蒋百里从小就培养出喜好诗书的萌芽，且培养出很多的兴趣。蒋百里天赋奇高，读书过目不忘，且擅长将书本知识转化为口头演讲,常常绘声绘色地给亲戚朋友讲故事,甚至被拉到茶馆"说书",一时被传为"神童"。蒋百里又非常懂事,总能得到周围人的喜欢,所以也总能得到他人的帮助。蒋百里的叔父蒋世一延请老秀才倪勤叔给自己的孩子授业讲课,蒋百里经常溜到书房里去听。倪勤叔见其聪慧,生爱才之心,就对杨镇和说:"百里这孩子是可造之才,我愿教他读书,不收'束修'(即学费)。"从此,穷孩子蒋百里即跟随倪勤叔读书,熟背了四书五经,习练了灵飞经书法,课余还读了《水浒传》《三国演义》等古典小说,而且还渐渐了了解了中国的时势。

当时的中国灾难深重,1894年的中日甲午之战,更使古老的中国蒙受了巨大的耻辱,也深深地刺激了蒋百里。他经常手捧《普天忠愤集》,立誓为国效命。自此以后,蒋百里养成了阅报、读史的好习惯,受新学思想的影响,爱国思想逐日增强。1897年,蒋百里应试安澜书院,写了题为《问意索沙门湾宜如何措置?》的策论,得到海宁知州林孝恂的盛赞,评其为:"议论精谨,考核详明,得贾之横、得董之纯;为国家之栋梁者,是人;为国家之砥柱,是人。年未弱冠,而造诣如此,有深望矣。"1898年,戊戌变法,蒋百里醉心于变法维新之说,昼夜研读。同年秋入上海新创办的"经济学堂",学习法语、数学等。"百日维新"失败后,"经济学堂"亦被停办,蒋百里不得已返回家乡,应硖石郊伊桥镇孙氏之请,聘为塾师。此时他仍不忘时势,想方设法地找书看。他又与好友张宗祥一起考书院,"恰好双山学院购进了四大橱经、史、子、集和时务、策论、算学、格致等书,听到这个消息,蒋百里和张宗祥'真如穷人得着了宝藏,连忙请求老师每天早一二小时下学,到书院里看书。书院中一间小屋静静陈列着四个书橱,除了我们两人之外,连一个人影都不见。'"(张宗祥:《蒋方震小传》)

1900年春,蒋百里在清明回乡扫墓时顺道拜访一位同族塾师,看见案头有新任桐乡县令方雨亭所拟观风题试卷,列题三十,限期一月交卷,文体虽沿用传统的制艺、诗赋、策论之类，但立意革新，都是有关实际民生的论题。蒋百里颇感兴趣，抄录后如期作成交卷，洋洋洒洒数十万字。同年冬天揭晓的时候，蒋百里被取为超等第一名，方雨亭亲笔评论，并总结道："此真我中国之宝也！"爱才心切，方雨亭破例给予三十银圆的奖金及膏火费，且派人请蒋百里到桐乡相见。翌年春，蒋百里到桐乡拜见方县令。方雨亭降阶相迎，他虽是旧官僚，但思想开明，劝蒋百里放弃科举的老路子，转求实学救国之路。蒋百里深受鼓舞。方雨亭还将蒋百里推荐给杭州知府林迪臣，使蒋百里进入林迪臣创办的新式学校——求是书院（浙江大学前身）就读深造，所读课程除国文外，还有英文、数学、格物（物理）等。蒋百里刻苦攻读，两次考试皆获全院冠军。课余又参加林迪臣所创的另一东城书院月课，屡列榜首，因此才名大噪，并引起求是书院监院（教务长）陈仲恕（陈叔通之兄）的注意与帮助。可以看出，在当时国家危难的时候，确出现了许多急切为中国培育英才的人物，无论是方雨亭、林迪臣，还是陈仲恕，他们本与蒋百里没有任何关系，但非常热心地向蒋百里提供了真诚的帮助，解决了他的求学及生活费用，使得穷书生蒋百里得以在新式书院读书、上进，这些行为也潜移默化地影响着蒋百里，促使他做一个有用的人、高尚的人、对国家民族有益的人！

1900年的庚子国变再一次刺激了蒋百里，他深恨清政府无能，开始参加社团，抨击时政。同年八月，"自立军"首领唐才常因反清运动失败而被杀，蒋百里赋诗悼念唐才常，被书院总理陆懋勋发现。方雨亭、林迪臣、陈仲恕三人为保护蒋百里，共同出资，送蒋百里东渡扶桑留学。

在日本，蒋百里先后入东亚商业学校、陆军成城学校学习，1903年进东京陆军士官学校，一方面努力学习军事，另一方面仍在文化战线施展才华。他很快掌握了日文，并为中国留学生在东京出版刊物《译书汇编》（后改名为《政法学报》）译稿。1903年2月，大型综合性、知识性杂志《浙江潮》创办，蒋百里为主编。该杂志32开本，月刊，每期约8万字，行销国内及留学界，梁启超、鲁迅等人都积极支持《浙江潮》。该杂志的发刊词文辞激越、气势宏大，饱含年轻学子之爱国热情，即为蒋百里所写，内容如下：

我浙江有物焉：其势力大，其气魄大，其声誉大，且带有一段极悲愤极奇异之历史，令人歌，令人泣，令人纪念。至今日则上而士夫，下而走卒，莫不知之，莫不见之，莫不纪念之。其物奈何？其历史奈何？曰：昔子胥立言，人不用，而犹冀人之闻其声而一悟也，乃以其爱国之泪，组织而为浙江潮。至今称天下奇观者，浙江潮也。

秋夜月午，有声激楚，若怨若怒，以触于吾耳者，此何为者也？其醒我梦也欤？临高以望，其气象雄，其声势大，有若万马奔腾，以触于我目者，此何为者也？其壮我气也欤？夫子胥之事，文明之士所勿道；虽然，其历史可念也。呜呼！亡国其痛矣，不知其亡，勿痛也；知之而任其亡，勿痛也；不忍任其亡而言之，而勿听，而以身殉之，而卒勿听，而国卒以亡。呜呼！忍将冷眼，睹亡国于生前；剩有余魂，发大声于海上。古事往矣，可勿言矣！而独留此一纪念物，挟其无穷之恨，以为吾后人鉴，吾后人可勿念哉？

抑吾闻之，地理与人物有直接关系在焉。近于山者，其人质而强；近于水者，其人文以弱。地理之移入，盖如是其甚也。可爱哉，浙江潮！可爱哉，浙江潮！挟其万马奔腾、排山倒海之气力，以日日激刺于吾国民之脑，以发其雄心，以养其气魄。二十世纪之大风潮中，或亦有起陆龙蛇，挟其气魄以奔入于世界者乎？西望葱茏，碧天万里，故乡风景，历历心头。我愿我青年之势力，如浙江潮；我青年之气魄，如浙江潮；我青年之声誉，如浙江潮；吾愿吾杂志亦如之。因此名以为鉴，且以为人鉴，且以自警，且以祝。

蒋百里还在《浙江潮》中发表了许多作品，以全球及历史之眼光，分析中国的危难形势，寻求救国之路，对清末思想界产生重要影响。此外，他还在《新民丛报》发表《军国民之教育》，此文与蔡锷所著《军国民篇》相呼应，成为鼓吹军国民主义的代表作品。蒋百里、蔡锷所鼓吹的军国民主义，是面向全体国民进行军事教育，希望以尚武精神组建新式军队对抗帝国主义的侵略。蔡锷是蒋百里的同学，二人志同道合，成为形影不离的生死之交。蔡锷的老师梁启超也在日本，由蔡锷介绍，蒋百里结识梁启超并拜其为师。梁启超对蒋百里的才华十分赞赏，时有帮助；蒋百里也一直视梁启超为恩师，执礼甚恭。二人感情深厚。不过，私交归私交，在革命与改良的政治问题上，蒋百里却不赞同梁的改良主义，敢于公开驳斥梁的主张。梁启超在《新民丛报》上宣扬"立宪说"与"新民说"，称："中国所以不振，由于国民公德缺乏，智慧不开，故本报对此病而药治之。"蒋百里则在《浙江潮》中以飞生被笔名撰写文章，尖锐地指出："中国之亡，其罪万不能不归之于政府。国民之不责政府，国民之罪也；归亡国之罪于国民，又不劝其不责政府，则又何说焉？……'新民说'不免有倒果为因之弊，而'立宪说'则直所谓隔靴搔痒者也。"此文连载两期。刚刊出上半篇，即引起梁启超的高度重视，马上写《答飞生》一文进行辩解。这场师生间的论战，实际上是后来革命派与改良派那场大论战的先声，反映了两种思想的分歧。由于均出于公心，所以论战归论战，而在感情上，无论是梁启超还是蒋百里，都不会因此而疏远。

在军事学习中，蒋百里取得了最优秀的成绩，击败了同期300多名日本学生，以步兵科第一名毕业。由于是第三期士官生的冠军，蒋百里还获得了日本军人视为最高荣誉的奖励——由日本天皇亲自向他授军刀。这件事令日本军界非常尴尬。当时日本刚刚战胜俄国，正是目空一切的时候。不料，士官生冠军竟为一名中国留学生所得，这在他们心理上是感到羞耻的。尴尬之余，为防止再出现同样的事，从第四期开始，他们将中、日学生分别编队，这样就不会有中国人夺冠了。而蒋百里的名声则由此传开。蔡锷、张孝准也是此期士官生中的佼佼者,他们与蒋百里一道,被并称为"中国士官三杰"。

1906年春,蒋百里回国,经陈仲恕介绍,25岁的他即被盛京将军赵尔巽破格任命为(东北)新军督练公所总参议(参谋长),筹建新军。赵尔巽转折奏保蒋百里为"特异人才,可以大用"。只因东北军队内部混乱,新旧军矛盾重重,蒋百里虽有奇才,却也难有作为。同年9月,赵尔巽拨款万元,派蒋百里、张孝准、宁调元三人赴德国实习军事,蒋百里再次踏上异国的土地。

与在日本时一样,蒋百里在德国的生活仍是多姿多彩的,不只是学习军事,而且学德语,大量翻阅德文版的欧洲著作,并到处游历,对欧洲文艺复兴的事迹深感兴趣,意识到文艺对于国家之复兴有重大的意义。他还擅长跳舞,在参加柏林的一次舞会中,他还以华尔兹舞取得第一名。他尤其以军事方面卓越的组织、指挥才能,在德军演练的军事演习中展露出来,得到德军著名元帅兴登堡(后为德国总统)高度赞赏。兴登堡甚至拍着蒋百里的肩膀,意味深长地说:"从前拿破仑说过,若干年后,东方必出一伟大的将才,这或者就应在你的身上吧。"类似的话,德国军事家伯鲁麦将军也这样评价过蒋百里。由此可见,蒋百里在德国的实习也是非常成功的,同样为中国人争气!

轰动全国的自杀事件

1910年,蒋百里奉命回国,参与筹备接待德国太子访华事宜。当时,德、美、中三国已进行了数年的秘密外交,如果德太子访华成功,将有利于中国抵制德日两国同盟、防俄制日。对此,清政府是非常重视的,但由于内奸的出卖、外交人员的素质太低,再加上日本想方设法地破坏,竟使得这一利国利民之好事半途破产。蒋百里则由此进一步看到了清政府的不可救药。

1911年，辛亥革命爆发时，蒋百里正在奉天赵尔巽处任东北三省新督练公所总参议，操练新军，着手规划把东北建成抗俄抗日的国防基地。武昌起义胜利的消息传来，蒋百里马上响应革命，策动东三省独立。只因赵尔巽骑墙观望，并调张作霖所率旧军进城，监视新军。蒋百里迫于形势，只好匆匆南下，被浙江都督聘为督署参谋长。

1912年，中华民国成立。蒋百里由云南都督蔡锷推荐，出任临时政府总参议。不久，袁世凯窃取革命成果，孙中山被迫辞职，蒋百里也随之辞去总参议职务，回老家居住，以读书写作为乐。同年冬，蒋百里到达北京。有人向袁世凯推荐蒋百里出任保定陆军军官学校校长，而蔡锷也邀请蒋百里去云南担任民政长。保定陆军军官学校时为中国最高的军事学府，出任此职，有利于实现自己的军事理想，将先进的军事思想灌输给年轻学子，为中国培养栋梁之才。所以，蒋百里考虑再三，婉拒了好友蔡锷的邀请，决定出任保定军校校长。

蒋百里上任之前，保定陆军军官学校正闹得不可开交。由于校长及教官都是无才无德的旧军人，该校全体学生向陆军部请愿，要求撤换校长。而校长赵理泰是陆军总长段祺瑞的心腹，打击他也就是不给老段面子，因此段祺瑞不仅不答应学生们的合理要求，而且决定要解散该校。学生们自然不甘失败，四处呼吁。事情闹得越来越大

保定军校

了，袁世凯势必要出面解决，他的侍从武官长荫昌向他推荐了蒋百里。蒋百里名声在外，显然是最理想的人选。段祺瑞是地道的德国迷，自然也知道蒋百里在德国和中国的声誉，所以不好多说什么，便颁布了委任蒋百里为新校长的命令，并告诉蒋百里，将在必要的情况下予以经费补贴。

蒋百里怀着十足的信心来到保定陆军军官学校。他对年轻的学生是有信心的，说："我想，学生目的无非求学，我们只要满足他们这个要求，也没有什么不能解决的问题啊！"他对自己也是很有信心的，第一次向学生训话的时候，就说："今世之谈陆军者，不曰德国，即曰日本。这两国我皆到过，其军队我皆考察过。他们的人也不是三头六臂，他们的办法，也没有什么玄妙出奇。不过他们能本着爱国精神，上下一心，不断的努力，所以能有这样的成就。我相信我们的智慧能力，我更不相信我们的国家终于贫弱，我们的军队终不如人。我此次奉命来长本校，一定要使本校为最完整之军校，使在学诸君为最优秀之军官，将来治军，能训练出最精锐良好之军队。我必当献身于这一任务，实践斯言！万一不效，当自戕以谢天下！"学生们对蒋百里印象很好，觉得他是个生气勃勃、励精图治的人；对他的话也留下了深刻的印象，认为他与以前的校长完全是两回事，是可以尊敬和信任的。

重要的还是看行动。蒋百里成为保定军校校长后，以身作则，锐意改革，他从抓"清洁与严肃"入手，从细节上纠正学生们的不良生活习惯。他努力改善学生的伙食，严格学校纪律，提高教学质量。他每日亲临操场、讲堂、食堂、宿舍，亲自指导纠正。同时请求调走能力、作风差的教员，约请了不少真才实学的军界新秀来任教，很得人心。他经常集合教官指官指示战术教学要点，要求教官授课时要讲求实用，除按照教材讲述外，还应讲解可能发生的临时变化，并指导学生们临机应变的能力。每逢周六下午，蒋百里必集合全体师生举行演讲会，讲述古今中外著名军事将领的言行，以此激励师生们奋发图强，提高自身的军人修养。他还签名赠送每位学生一册梁启超所著的《中国之武士道》，希望学生们忠于职守，忠于自己的国家。蒋百里也成为学校中最为忙碌的人，每逢哪位教官请假，他就自己代课。他的讲课内容丰富，观念新颖而深刻，深深地吸引着学生们。所以，学生们倒是盼望教官们经常请假。可以说，经过蒋百里几个月的管理，保定军校面目焕然一新，无论从外在的形式还是内在的军人素质，均有了长足的进步。

但是，蒋百里的军事理想很快受到了打击。"陆军部遇事掣肘：要调用的人迟迟不予发表，即使委任状也扣压，而撤换教官、队长的命令也不见发布；需用的教材不能及时供应，骑兵科没有马，炮兵科没有炮。很多速成学堂毕业的人把持陆军部，军学司魏宗翰就是速成学堂派的头头，蒋百里先生曾几度亲自到京交涉，而始终不获解决！"（季方：《白首忆当年》）在这种情况下，蒋百里每次赴京都要憋一肚子气，他意识到自己的上司们均是些党同伐异的小人，根本不以国事为重。他的合理要求一而再、再而三地被搁置，他本人则饱受冷眼，处处碰壁。尤其是军学部司长魏宗瀚，对他的计划先是搁置，转而全部推翻，故意刁难。蒋百里不由地想到：自己的这点要求都达不到，更谈何实现军事强国之理想。他感到异常的灰心，他在这灰色沉闷的官僚空气中看不到中国的出路，思来想去，决定以自己的死来唤醒国人的良心。

民国二年（1913）6月17日夜，蒋百里又憋着一肚子气由京城回到保定，他的气色非常难看，校长室侍童史福十分担心，但不敢多问。蒋百里让史福为他磨好墨后，便让史福出去，然后把门关上，一个人在灯光下沉思。

他的思绪回到了当初出任校长时的训词："我必当献身于这一任务，实践斯言！万一不效，当自戕以谢天下！"

他下定了自杀的决心，接着便写起了遗书。

他分别给军校教育长张承礼、军校教官张翼鹏并其他教官以及自己在老家的母亲写了遗书，接着又给好友蔡锷写了长信，最后又给段祺瑞写告别信，写完后自己又撕成碎片，扔在废纸篓里。

其中给张承礼的遗书中这样写道:"耀庭吾兄鉴之,仆于校事,不能尽责,今以身殉职。所有后事,处理如左:对于总长处,望即以告学生之语告之。惟有一事不能不加入者,对于军事,非有一至善之目的不能达到,勿以彼善于此之言聊以自慰也。校中款项,责成某经理提回,内有仆薪饷五百元,留作二侄女下半年结婚时费用足矣。家母处,望告以仆之死为殉职、殉国,善为劝解为祷。家中薄田数亩,老母寡妻,尚能度日。如能时常询问,聊慰高堂之寂寞也。十年知交,半年同事,知无不言,言无不尽,一朝永别,能无惨然!魂魄有灵,二十年后当再相见也。"

留给母亲的遗书这样写道:"为国尽忠,虽死无关重要,然于陆军前途及国民有益。遗币二百,薄田数亩,聊供赡养。"

安排好后事后,蒋百里静等黎明之到来。

第二天清晨,蒋百里召集全校二千多学生在军校操场紧急集合。他身着戎装,站在尚武堂的石阶上,用严肃的眼光扫视全场。学生见校长表情异常,均猜测发生了什么事,但他们绝不会想到校长竟要自杀。

全场静悄悄的。蒋百里开始讲话,他沉痛地说:"我初到本校时,曾经教导你们,我要你们做的事,你们必须办到;我办不到,我也要责罚自己。现在看来,你们一切还好,没有对不起我的事,我自己却不能尽校长的责任,是我对不起你们。"说到这儿,蒋百里提高了声音,郑重地说:"不能尽责任就得辞职,但是中国的事情到处都是一样,这儿办不通,那儿也未必办得通。你们不要动,要鼓起勇气来担当中国未来的大任!"(陶菊隐:《蒋百里传》)

学生们听到这些话,有的人感觉纳闷,有的人则不由地产生不祥之兆。就在这时,枪声已响,校长自杀了!

全场顿时一片混乱。

幸亏蒋百里身边的一名差弁李如意见机迅速。他在蒋百里讲话的时候,已感觉不妙,因为蒋百里从来没有这样悲愤过。后来,李如意见蒋百里伸手摸向腰间，便狂奔着冲上石阶，抢夺蒋百里的手枪。经李如意使劲一拉，蒋百里的枪口向左偏了一些，子弹从肋骨穿出，没有伤害心脏。而且子弹穿透前后肋骨时都是从骨头缝中穿过，也没有击碎肋骨。这样，蒋百里并没有死去。

见到蒋百里倒在了血泊中，学生们无不痛哭。又见蒋百里尚未气绝，乃由张承礼打电话报告总统袁世凯。袁世凯即日派高等顾问带领医护人员乘专车前来救护，将蒋百里挽救回来。蒋百里在军校医治期间，学生们轮流守卫，一直等到痊愈。

蒋百里自杀事件迅速轰动全国。朝野震惊。身任云南都督的蔡锷马上发电，要求北京政府务必查明事由。接着，湖南名流熊希龄发电："此案如不水落石出，誓不甘休！"全国各地对政府的责难声纷纷传开，更有无数对蒋百里的慰问信。袁世凯为收买人心，请了日本最好的大夫和护士为蒋百里治病。而段祺瑞虽然受到一些压力，但并没有严惩自己的亲信魏宗瀚。北洋政府黑暗依旧。蒋百里从这一事件中悟到："其实自己这样的死是不值得的，并不能因此唤醒国人。"所以，他辞去了校长职务，并对好友张宗祥说："我从此认识了这一班狐群狗党的下流军人。"

蒋百里担任保定军校校长虽然只有半年时间，但自此以后，每一届保定军校学生都尊蒋百里为师长，并因以为自豪。蒋百里的门生遂遍及军界。

因为这次自杀事件，蒋百里认识了照顾他的日本护士左梅。左梅无微不至地关心着病中的蒋百里，并以女性特有的温柔劝说蒋百里："自杀不是勇敢，'忍'才是大勇者所为。自杀是逃避人

蒋百里全家照

生责任。人生责任应以大无畏，冲破一切难关，从而实现伟大理想。如果有志气的男儿不能忍耐，轻言牺牲，那么谁能承担对国家的责任，国家还有什么希望？"在左梅的开导下，蒋百里的思想变化很大。他也深深地爱上了左梅。经过几番周折，有情人终成眷属。

导引国人奋发向上

蒋百里辞去保定军校校长职务后，袁世凯任其为总统府军事处一等参议，不久改任为陆军大元帅统率办事处参议。这段时间，蒋百里潜心于军事学术研究，独立完成了《孙子新释》一书，与刘邦骥合作撰写了《孙子浅说》，在好友蔡锷的启发下编写了《军事常识》。他与蔡锷起初对袁世凯抱有幻想，希望通过辅佐袁世凯达到强国之目的，但很快，他们便察觉到袁世凯的阴谋，乃转而进入反袁的行列。在蒋百里等人的掩护下，蔡锷离开京城，回到云南后发动了护国战争，迫使袁世凯取消帝制。蒋百里也伺机离开北京，辅助蔡锷，为总参议。蔡锷病重，蒋百里一直在旁照料。蔡锷赴日本治疗，蒋百里也一直相伴，陪着好友走完其最后时光。蔡锷病逝后，蒋百里代写遗电，与石陶钧等人扶蔡锷灵柩回国，并含泪撰写《蔡公行状略》，回顾好友生平，发扬其"置其身于生死外"的精神。安置好蔡锷遗体之后，蒋百里应邀入川，半途而知情况有变，乃重返北京，担任总统府顾问，仍勤奋著译，以此引领国人进步。

1917年，蒋百里成功地翻译了英国斯迈尔的名著《职分论》，并加以"附注"，由上海商务印书馆出版。所谓"职分"，即人生应尽的职责与义务。蒋百里借此呼吁国人严于律己，勇于承担救国之责任。著名军事教育家徐培根对此有很高的评价：

欧洲文艺复兴，为近代欧洲文明发展之肇端，其关系至为重要。欧洲之所以能冲破宗教黑暗，创造出现代之文明，实由于此一运动唤起人生之醒觉。百里先生认为要发扬中国之文化，亦必须解除过去之束缚，获得思想之自由，始能推陈创新，有所建树。但百里先生有顾虑到自由思想之流弊，易于走向横决放荡，以至沦于堕落罪恶之途。因之，彼又译《职分论》一书，以为人生遵循之规范。《职分论》里说："人之生于世也，必各有不可不尽之职分。……而至高至善之人，决不以自身之幸福与名誉为其一生之目的。人之生也，固别有至强之重力，即导源于众善所归之事业是也。"至于事业为何？著者斯迈尔引述许多先哲之言行与行事，归纳为"至高至善之人，必须为其家庭、社会、国家乃至全世界之人类谋福祉，乃为人生之职分。"百里先生并引述我国《大学》书中一段"身修而后家齐，家齐而后国治；亲亲而仁民，仁民而爱物"，以为人生职分之解释。本书责任章里说："职分者，自出生始，自死亡终，实与生以俱来。由家庭推及于乡里、社会、国家，以至于世界全人类，皆有吾人之职分。人与人相助而成社会，故社会之权利与个人之职分，各人皆当遵守，人类乃有生存之道。"百里先生介绍此种学说于人欲横流罪恶滔滔之世，正以箴规时俗，指引迷津，以济人心邪僻之穷也。总之，百里先生当时之介绍新思潮，乃是导引国人奋发向上，以至于至善至美之境域。

在文化方面，蒋百里更重要的作品则出现在考察欧洲之后。1918年12月，梁启超、蒋百里、丁文江等七人组成欧洲考察团，前往英、法、德等国考察。第一次世界大战刚刚结束，欧洲大地一片荒凉，到处是战争留下的创伤。蒋百里等人乃能换一种角度，客观分析军事与文化，从而得出更为深刻的观点。考察欧洲战场后，蒋百里应梁启超之邀撰写《德国战败之诸因》，从政略和战略两个方面分析了德国战败的原因，最后得出结论："军阀之为政，以刚强自喜，而结果也必陷于优柔而自亡。"此文表现出蒋百里已不再服膺于德国的军国主义，在思想上有了极大的变化，他开始主张"寓兵于民"、"生活与战斗一致"的军事思想。与此相伴的是欧洲文化对他的启发。他对资产阶级启蒙运动的发源地巴黎进行了广泛的考察，流连于博物馆、图书馆、美术馆等文化场所，并大量接触法国著名的政治家、思想家，与他们进行交流。

回国以后，蒋百里积极参与文化事业，主持编辑《改造》杂志，并发表《新思潮之来源与背景》《中国之新生命——军国主义与立宪政治之衰亡》《代军阀而亡者谁？》《欧洲文艺复兴时代翻译事业之先例》《我的社会主义讨论》《如何是义务兵役制》《裁兵计划书》等文章，产生了较大的反响。他还参与梁启超发起的其他社会文化活动，是"共学社"的主持人之一，并担任讲学社总干事，负责接待美国学者杜威、英国学者罗素、德国学者杜里舒、印度诗人泰戈尔来华讲学，促进了中西文化的交流。

1921年，蒋百里撰写的《欧洲文艺复兴史》公开出版发行，这是我国第一部系统介绍欧洲文艺复兴的图书。蒋百里并指出此书之现实意义，即"以中国今日之地位言，则社会蝉蜕之情状实与当时欧洲有无数共同之点"，因此，此书一出，便受到社会的广泛关注，并出现一则美谈。

蒋百里写完此书后，本来是请梁启超作序。没想到梁启超一发而不可收，竟写了一篇洋洋六万多字的序言，其篇幅竟与蒋百里原著相当。世界上当然没有这样的序言，梁启超只好单独以《清代学术概论》出书。不仅如此，梁启超还反客为主，转而请蒋百里为之写序。蒋百里欣然同意。而梁启超则为蒋百里另写一序，郑重地向读者推荐，称其为蒋百里欧洲之行为中国所求之曙光，盛赞为极有价值之作。另一位大学问家曹聚仁先生则认为："《欧洲文艺复兴史》，对于那时期的气息，体会得很亲切，文字中也流露着闪眼的光芒。"并说："为什么一个大变动时代的人物，不只扮演一种角色，而要扮演许许多多样式的角色？史家解释欧洲的人文主义，说是一种活泼新奇的人生观！对于人生现实发生乐趣，富有自信力，为青春狂热所鼓动。人人对于现状乐观，对于世间一切都觉得有办法，即有尝试为之的精神，当其为旧的表示厌恶，对于一切新的即爱接受，自然而然，要多方面去尝试了。蒋先生文字中带来的乐观气氛，即是这一种活泼新奇的气氛；它之所以可能吸引人亦在此。"

这一时期，蒋百里还经常主动与年轻人交往，以激励中国青年有所作为。后来成为一代国学大师的梁漱溟先生即这样回忆："1920 年一个夏天，梁任公（启超）、蒋百里（方震）两先生由林宰平（志钧）先生陪同来我家（北京崇文门外缨子胡同）访我，以前辈而枉顾我一后学，这是我与两先生彼此交往之始……"

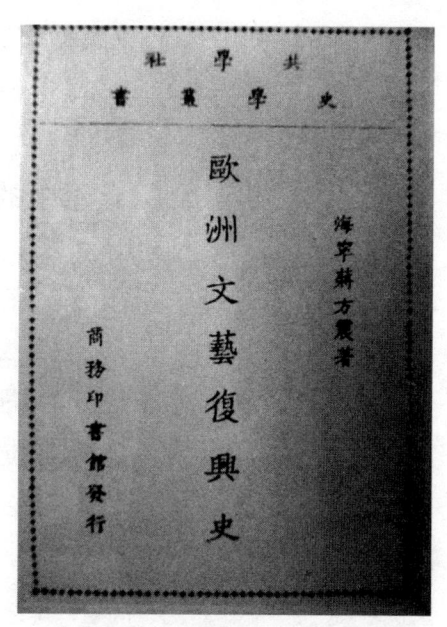

商务版《欧洲文艺复兴史》原书扉页

蒋百里还在 1922 年发表《军国主义之衰亡与中国》，以战略家的眼光，公开指出中国最感危险的是邻国日本的侵略，而"我侪对敌人制胜之唯一方法，即是事事与之相反。彼利速战，我持之以久，使其疲敝；彼之武力中心在第一线，吾侪则置之第二线，使其一时有力无用处……"这一持久战观点对中国抗战影响非常深远。

四年后，蒋百里路过徐州时，更是提出具体的方案："将来有这么一天，我们对日作战，津浦、京汉两路必被日军占领。我们国防应以三阳为据点，即洛阳、襄阳、衡阳。"这一预见是令人钦佩的，在当时，中国之大，能有几人预见到中国竟会被日本如此纵深的入侵。

众军中的鹅毛扇

鉴于蒋百里卓越的军事才华以及在军界的影响力，他虽然也度过几年相对平静的脱离军队的生活，但很快又成为各路军队首领争取的对象。

1923年，河南督军冯玉祥因钦佩蒋百里，经常请蒋百里到开封军中讲演。冯玉祥调任陆军检阅使到达北京后，仍然每周请蒋百里到军中讲课，并试图请蒋百里担任参谋长。蒋百里不做正面回答，将话题转移。1923年6月13日，冯玉祥部逼走总统黎元洪，冯部旅长张之江就此事征询蒋百里的意见，蒋百里说："总统好不好是另一问题，总之应求政治解决，军人不应有此动作。"此后，蒋百里不再到冯部演讲。

1925年，第二次直奉战争爆发。直系首领吴佩孚赴北京主持讨奉事宜，向蒋百里求教，并想约请蒋百里同去东北前线指挥。蒋百里则在军阀混战之时不愿贸然卷入政治军事旋涡，婉言拒绝。吴佩孚又想请蒋百里指挥两个师驻扎湘鄂边境，也遭蒋百里推辞。吴佩孚当时正是势力强大、目空一切的时候，而蒋百里却无意置身南北纷争之要冲，保持着自己的独立判断。很快，由于第三路军总司令冯玉祥的突然倒戈，吴佩孚部两面受敌而败，精锐部队全部覆没，一代枭雄从此走了下坡路。而蒋百里却在吴佩孚重整旗鼓之时，出任了吴佩孚十四省讨贼联军的总参谋长。这自然不是什么所谓的义气。蒋百里当时的思想，是希望通过自己的努力，促成直系内部的团结，并将直系与广东的国民革命军联合起来，共同打倒奉军，从而实现中国的统一。然而，事与愿违，吴佩孚在面子上很尊重蒋百里，而实际上根本不听蒋的建议。当蒋百里派人与广东国民革命军联系的时候，吴佩孚却暗中与奉军联系，他们一个是具有战略眼光的军事家，一个是朝秦暮楚的混世魔王，时间一长，自然无法相处。蒋百里最终离开吴佩孚，而吴佩孚则很快走向消亡。

部将孙传芳转而代替吴佩孚的位置，掌握着直系军队的主要力量，在南京正式宣布成立浙、闽、苏、皖、赣五省联军，自任总司令。孙传芳是日本士官学校六期毕业，极力拉拢士官同学，想方设法地找到蒋百里，力请其出任总参议。蒋百里一笑置之，只答应充任孙的非正式顾问。孙传芳又请蒋百里出任上海市长或江苏省长，蒋百里仍未同意，但转而介绍丁文江出任。丁文江则转介陈陶遗为江苏省长，自己则出任淞沪市政督办。孙传芳一一任命。当时，蒋百里的老同学陈仪也在孙传芳手下担任浙军第一师长兼徐州总司令，他的许多保定军校的门生也在孙的军队里担任要职。如此，蒋百里虽然未出任孙的总参议，但幕后力量却不小。不仅如此，蒋百里也受到了广东国民革命军总司令蒋介石的邀请，请其出任总参谋长。蒋百里虽然也是一笑置之，但他意识到自己在南北双方军事力量中的有利位置，乃进一步推进孙传芳与国民革命军联合，致力于南北统一。不料，孙传芳还不如吴佩孚，也是从反奉走向联奉，走的还是旧军阀的老路子。蒋百里因此很瞧不起孙传芳，二人的合作也告一段落。不久，孙传芳被国民革命军彻底打败，蒋百里的老同学陈仪则转而加入了革命军的行列。

1927年3月，蒋介石进驻南京，约请蒋百里晤谈，称蒋百里为先生，礼遇有加。当时，蒋百里的得意门生唐生智任国民革命军第八军军长兼北伐军前敌总指挥，在武汉统兵十余万，为当时最有军事实力的将领之一。蒋介石与唐生智在长沙相会时，蒋提出与唐结拜，唐却说："结拜也靠不住，从这次湖南大变动中，我摸透了，过去和我拜过把子的人，口里喊哥哥，手里摸家伙。拜把兄弟干起来，比外人还狠一些。"因而拒绝。宁汉对峙时，蒋介石再次提出结拜，并请蒋百里来说，仍被唐拒绝。唐生智非常敬重蒋百里，也常向蒋百里请教。蒋介石与唐生智既有合作又有对立，蒋百里则在蒋介石与唐生智之间摇动他的鹅毛扇，试图为国家统一做出努力。

1928年，国民党政府表面上统一了全国，但各派军阀仍混战不休。当年3月，蒋桂战争爆发，蒋介石起用唐生智为第五路总指挥，但对唐并不放心，于是请蒋百里做保证人。唐生智迅速召集旧部，导致桂系全线溃败。蒋介石取得胜利后，见唐生智力量壮大，竟变相软禁了唐生智。然而蒋冯战争很快爆发，在冯玉祥大军进攻下，蒋军屡败。蒋介石再次想到唐生智，但一时又下不了决心，于是再次请蒋百里商议。蒋百里力保唐生智，唐因此再度统领大军。蒋介石电令各军："所有前方部队，均归唐总指挥节制调遣，即本总司令，亦唯唐总指挥之意见是从！"唐生智于是实力大增，并在讨冯战争中取得阶段性胜利。蒋百里此时也进入人生中最佳时期，保定系门生云集，在战争中形成一股巨大的军事力量。但也就是在这个时候，危机出现了。唐生智表面上继续率兵与冯军作战，而实际上则筹划着反蒋。他首先暗地里与冯军达成谅解，然后就为反蒋做准备工作。

在起兵反蒋前，唐生智曾征求蒋百里的意见。蒋百里密电致唐，郑重提出"东不如西"的战略性建议。就是劝唐生智不必在东部逐鹿，应转而向薄弱的西部发展，将大军开向西北新疆等地，然后可以久安于位，并进一步实施统一全国之大业。如果唐生智接受蒋百里建议，则中国军事政治格局将有大的变化，而中国形势究竟向何方发展将难以预料。只是这一次唐生智却没有听从老师的意见。蒋介石也请蒋百里转告唐生智，欲以调唐为军政部长进行拉拢，蒋百里未予传达。蒋百里显然是倾向于唐生智的。

唐生智起兵后并未果断地展开攻势，他的所谓联盟军阎锡山显然在利用他，使他很快陷入孤立状态，被从容以待的蒋介石瓦解。唐生智总部被抄，蒋百里给唐的密电本也被抄去。蒋百里的亲友纷纷劝其暂避风头，但蒋百里自信蒋介石还不至于向自己动手，仍然静守不动。这一次他想错了，他的生命不期然地遭遇了一段凄凉岁月。先被软禁于杭州一别墅中，接着解送到南京总司令部看守所。因是蒋介石"御令",蒋百里虽有陈仪等老友在军中担任要职,又有张宗祥等人四处奔走,但直至1931年12月,才靠着挚友唐天如等人的帮助以及门生陈铭枢向蒋介石力保,终于获得自由。前后监禁达12月之久,虽然妻子左梅携女儿到南京租房居住,可以每天进监狱照顾蒋百里,但蒋百里仍备尝了人生的另一种艰辛与苦楚,对生命的体悟更为深刻,而其救国强国之雄心却并不因此而消失。

出狱时,蒋百里好友张宗祥写诗一首相赠:

闻蒋百里出狱

江风江雨逼衾寒,喜极翻成梦不安;
闻说六朝山色好,不妨留吓客中看。

蒋百里感老友之情谊,心潮澎湃,乃回赠二诗:

百里回沪寄诗代简(二首)

君向吴淞我汉阳,天教劳燕自分张;
白头期会知能几,况是重生返故乡。

中原谁是济川才,垂老雄心苦不灰;
倘使鼎中不全沸,好分片席筑书台。

深忧时局　推动抗日

1931年"九一八事变"以后,中国局势更加危急。蒋百里忧心忡忡,密切关注战局。1932年"一·二八"淞沪战役爆发,陈铭枢旧部十九路军蔡廷锴、蒋光鼐等坚决抗日,蒋百里积极支持,以敏锐的洞察力,做出正确的判断,并提出很多切实可行的办法。曹聚仁后来回忆当时的情形,称:"有一天,那是'一·二八'淞沪战争发生后的第三天,二月一日,他(百里)和我们在一家的咖啡馆喝茶,翻开那天上海版的'每日新闻',头条新闻是日本陆相觐见天皇的电讯。他沉吟一下,对我们说:'二月五日早晨,会有日军一师团到达上海参加作战了。'他何以这样说呢?他说日陆相觐见天皇的意义是报告日军正式出战。依日本当前的运输能力,三天之间,可运输一个师团兵力,四万战斗兵及其装备到上海。所以他估计这一师团,五日可以投入战斗。(后来,他把这一估计,告诉了蔡廷锴将军。)果然,'一·二八'战役,日军的第一场反攻是从二月五日开始的。他估计得非常正确。我对于百里先生的钦佩,就是这么开始的。"十九路军参谋长张襄等人是蒋百里的保定门生,经常向老师请教,蒋百里总是提出了很好的建议。淞沪战役中,十九路军顽强抗战,有力地回击了日寇。中日签订《淞沪抗战协定》。此后,蒋百里过了一段平静的日子。

　　蒋百里以军事见长,但说到底他是一个文人,始终保持着文化人的生活习惯及追求。在无法施其报国之志的时候,他便顺乎自然地沉了下来,致力于自己的研究。在悟事、悟人的过程中,不忘著书立说,先后写成《国防论》《东方文化史及哲学史》《战斗与生活一致》《法西斯与民主》等图书和论文。而这段沉下来的日子,实则也是蒋百里梳理自己头脑、观察中国形势、为再展宏图所做的准备过程。他勇于从自己所处的阶层——知识分子阶层入手,揭批中国传统文人的致命弱点,从而激励中国知识分子不要再做迂腐的书呆子,而应该从事对社会对国家有用的实践工作,担当起救国强国的使命。他说:"古来士为四民之表率,国家弄到这样衰弱,文人实在应负大部分的责任。读书越多的人,越不能成为主权阶级,仅知如何逢迎君主,得了一人的恩宠,就能爬到高层辅佐阶级的地位。他们终身的目的不过如此……真正文人四十岁以前埋头读死书，变成了饱学的书呆子；四十以后埋头科举，纵能显亲扬名，这辈子已是个废物了……三年一小考，五年一大考，不知坑死了多少读书人。他们就是幸而考取，满头白发出来做了官，这种人对国家对民族那里还有一点儿用处呢？……我分析起来，中国之大而弱，由于不读书的流氓做了皇帝，成为最高的主权阶级，而知识分子则沦为辅佐阶级。"蒋百里的这些评说，对当时知识界有很大的影响。曹聚仁即称："百里的历史观，对我们影响很大。我的'书生无用论'以及'脱下长衫，莫作奴才'的口号，一半受了吴敬梓的影响，一半也受了百里先生的影响。"所以，在这段表面沉静的时期，蒋百里的内心却并非一潭死水，他也随时关注着日本的形势，思考着对策。

两年后，蒋百里从书房走出，开始参加各种活动，试图从各个方面寻求强国的力量。他曾在农商银行任常务董事，研究银行法及经济学，试图仿照美国农业银行的成例进行改革；他曾十分关注中国的工业发展，向好友丁文江等人了解矿产等方面的情况，提出可取的建议；他还研究战时的交通、工业的布局等等，这一切，在当时就是为抗日做努力。他抓住了当时中国存在的主要危机——日寇侵华日益深入，然后想各种办法，并尽可能地团结各界英才，大家一起来渡过难关。

梁漱溟也是一位像蒋百里一样的有识之士，他希望通过乡村建设来振兴中国农村，进而带动中国工业的振兴，从而实现强国之路。1935年8月20日，蒋百里特地到山东邹平去找梁漱溟，梁正守护着垂危的妻子黄靖贤。蒋百里上午到达后，梁漱溟的同事接待了他，但并没有告诉梁漱溟。及至下午，黄靖贤去世，蒋百里想到梁漱溟一定没有心情，便离开了。梁漱溟事后才知蒋百里来过，但不知蒋百里有何事。到了1936年，梁漱溟前往广州讲学，路经上海时特地拜访蒋百里，并问他为何去邹平。一谈之下才知道，蒋百里找梁漱溟是为了谈国家大事，谈日本侵略中国的问题。接着，二人进行了长谈。对此，梁漱溟先生于1985年作文回忆：

> 蒋先生素来熟习日本情况，而各方情报又很灵通，对我首先指出日本大举入侵我国将不在远。他说，中国人固是大难临头有不待言，而最后失败却将是惹是生非的日本人自己。日本人眼光短浅，它很不应当侵略中国。日本文化是接受中国的文化，它侵略中国，对它毫无好处，而给它带来的将是很大的灾难。他断言，华北纵然有失，将为时不久；就连已失去的东北，将来收回亦不成问题。理由是国际情势转变甚快，说不定三年五年就有机会到来。不过外面机会虽不难有，甚且一遇再遇，而我们自己没有准备，不成一个力量，对此种机会不能加以利用，则仍然无希望。……结论就在中国人自己要努力。

此时，蒋百里所关注的是整个国家的命运，不会因个人的得失而在意。所以，虽然蒋介石曾关押过他，但他还是从国家利益的角度，多次向蒋介石提出种种抗日的建议，二人达成和解。

1935年，蒋百里作为最佳人选，被蒋介石任命为军事委员会高等顾问，出国考察现代军事及总动员法。蒋百里行迹所至，有新加坡、印度、意大利、奥地利、德国、美国、加拿大等国，历时近一年，收获颇丰。反复研究后，蒋百里写出了《考察意国空军建设之顺序与意见》等报告，建议中国建设并迅速发展独立的空军，这是适应国防所必需的。蒋百里的建议内容非常全面，他是中国最早提出全面构建空军的战略家。

1936年12月12日，西安事变爆发时，蒋百里正好也在西安。他虽然被扣押，但很快成为西安事变得以和平解决的重要人物。因蒋百里崇高的声誉及无党派人士的身份，张学良对其非常尊重。当张学良与蒋介石处于僵持的危险状态时，蒋百里无意中成为缓和双方矛盾的合适人选，并提出很好的方案，促使张学良释放了扣押人员中他最不喜欢的蒋鼎文，以显示自己与南京和解的诚意。又是在蒋百里的建议下，使蒋介石将亲笔手令放心地交到蒋鼎文手中，从而把蒋介石的命令传回南京。这便为西安事变的和平解决做出了很好的铺垫。西安事变后，蒋介石对蒋百里的态度已不再是只有尊重，而且变得亲切了。

1937年初，蒋百里明确地阐述了中日战争的趋势将是长期持久的全体性战争，他本人也开始积极投入到抗战准备工作当中，视察南北防务，实地考察山东、湖北等七省，研究抗敌方案。这一年春天，蒋百里最重要的军事著述选集《国防论》出版，这是蒋百里一生军事著作的精华，其国防经济思想的核心是："中国国民的军事特色，就是生活条件和战斗条件的一致。世界任何民族，生活条件与战斗条件一致者强，相离者弱，相反者亡。"他客观论述了中国近代以来国防建设的致命弊端，但对中国的未来充满信心，他认为中国的武力虽然不如日本，但中国有最大的武器就是坚强不屈的意志。他当然不会空洞而谈，而是"理论结合实践""现实结合历史"地提出令人信服的观点。特别是提出了"持久作战"的主张，认为对付日本的有效办法，就是要全面抗战和持久作战，即"我国家根本之组织，不根据于贵族帝王，而根据于人民；我国民军事之天才，不发展于侵略霸占，而发展于自卫"，"彼利速战，我持之以久，使其疲敝；彼之武力中心在第一线，我则置之第二线，使其一时有力无用处。"

针对当时普遍存在的恐日心理，蒋百里特地在《国防论》扉页上强调："万语千言，只是告诉大家一句话：'中国是有办法的！'"

七七事变后，中国进入全面抗战阶段，蒋百里更是热血沸腾，决心拼死以报国。他临危受命，在极艰难的情况下出使德国、意大利。当时，德、日、意大防共协定谈判实际上已成定局，蒋百里以拳拳报国之心及卓越的外交才干，促使墨索里尼会见了他，并在当面交谈中打击了墨索里尼狂傲的气焰，达到了难能可贵的外交效果。同样，在德国，蒋百里也施展了杰出的外交才干。这次出使，延缓了德、日、意的联合，对中国抗日是有益的。而在百忙之中，蒋百里还写就了《日本人——一个外国人的研究》，批评了日本人性急、短视和容易入于悲观的性格，并以渊博的学识分析了日本的情况，包含"民权与王权"、"暗杀与守法"、"文治与武功"、"双重外交"、"国粹与洋化"，最后得出："日本政治家天天在火山上跳舞！"蒋百里并以此告诉中国人："胜也罢，败也罢，就是不要同他们讲和！"

人格之追求

蒋百里的人生观念，视人格为最重要者。年轻气盛时的自杀举动，虽然不足以宣扬，但反映了蒋百里对人格之至高追求。他在军事方面的主要贡献在军事理论方面，可称为军事学家，在这方面，他自然可以一揽众山小，独立地表达自己的意愿和主张；而在实际工作中，蒋百里一生多次担任参谋长，虽然身居要职，但在当时传统观念上则属幕僚身份，是最高长官的附属。这样一来，参谋长的独立性就大打折扣，人格完美之追求自然也难以达到。且看蒋百里是如何对待这一矛盾的。

1938年的后半年，蒋百里被任命为中国最高军事学府陆军大学的校长（此前由蒋介石兼任），上任途中，蒋百里即着手准备在陆大两个演讲，题目分别是《参谋官之品格》《知与能》，由他口述，陶菊隐笔录下来。

陶菊隐先生在后来所撰的《蒋百里传》中做了详细的回忆，称：

关于第一题，百里认为："参谋二字是从日文中译来的，我们原来叫做'军师'或'幕宾'。姜太公被尊为'师尚父'；黄石公授张良兵书时告以'读此可为王者师'，如此说来，参谋长便是帝王的先生。姜太公穷得以钓鱼为生，要周文王礼聘至再才肯出山，这便是参谋官的'品'；张良世代为韩相，韩亡后散尽家财誓为故国报仇，不惜牺牲一己，这便是参谋官的'格'。

"张良的无我精神一直传授给诸葛亮，他对刘先帝说：'臣本布衣，躬耕南阳'，就是说他不找事也有饭吃的意思。一直等到先主三顾茅庐，然后才'感激'，才'驰驱'，而一出茅庐之后，人家把皇帝送给他做，他却报之以'鞠躬尽瘁，死而后已'。

"参谋官的地位由'军师'降为'幕宾'，虽不在三军主帅之上，但还是处于平起平坐的对等地位。自从中国成立新军以来，参谋长再降为军曹，甚至成了司令官的'马弁头儿'，可以招之使来，挥之使去。今天要恢复参谋长的荣誉和原由地位，只有拿人格去争取，如果不能自重，休怪别人不肯敬重我们。"

……

关于第二题《知与能》的问题，他脱口而出指示说："前面讲的品格问题就是有骨气，气要高，骨头要硬，这是做人的基本条件。但在讲学问的时候，却要两种相反的原理，就是心要虚，脑子要柔软。……"

以上这些话，可以称得上蒋百里对人格与学问的基本态度，他的一生也是秉着这一态度度过的。

蒋百里于 1938 年 11 月 4 日逝世。当时陆军大学奉命由湖南桃源迁往贵州遵义，蒋百里筹措迁校，长途跋涉中，风疾复发。在桂林时即感疲惫，但迁校心切，仍然抱病动身，等到宜山时大汗淋漓，益感不支，不得已停顿下来，请当地医生治疗。几天后病情似有好转，蒋百里再次拒绝夫人的建议，

中华书局出版的《蒋百里传》书影

急切地想要动身。没想到,他在 4 日上午还与前来探病的学生长谈,下午 3 时还与郑晓沧长谈,晚饭后还听陆大教育长周亚民的工作汇报一直到 8 点钟,而 9 点 50 分的时候,蒋百里即在入睡后逝世。这一方面与他早年自杀举动所带来的后遗症有关,另一方面却由于他在抗战以来无休止的超强度工作有关,他是劳瘁而逝的!

蒋百里噩耗传开,举国震悼。国民政府明令褒扬,称:"军事委员会顾问兼代理陆军大学校长蒋方震,精研兵法,著述宏富,比年入参戎幕,讦谟擘划,多所匡扶。方冀培育英才,用纾国难,不幸积劳病逝,轸悼良深。应予特令褒扬,追赠陆军上将,发给治丧费五千元,交军事委员会依例议恤,并将生平事迹存备宣付史馆,用示政府眷念耆贤之至意。"国民政府主席林森、国民政府军事委员会委员长蒋介石以及各界人士冯玉祥、张宗祥、陈立夫、陶菊隐、高子白、章士钊、钱均甫、李小川、刘文岛、黄炎培、梁漱溟、曹聚仁等纷纷撰写诗文悼联,表达对蒋百里的无限痛惜。蒋百里先生被公称为品行高尚、好学深思、博古通今、融会中西的硕学儒将。

参考书目:

蒋百里:《欧洲文艺复兴史》,东方出版社,2007 年。

陶菊隐：《蒋百里传》，中华书局，1985年。

张宗祥：《蒋方震小传》，出自《文史资料选辑第十辑》，中国文史出版社，1999年。

许逸云：《蒋百里年谱》，团结出版社，1992年。

张学继：《兵学泰斗：蒋方震传》，杭州出版社，2004年。

梁漱溟：《忆蒋百里先生》，出自《梁漱溟全集第七卷》，山东人民出版社，1993年。

季方：《白首忆当年》，出自《纵横》1984年第3期。

李晋阶：《保定陆军军官学校第一期回忆》，出自《旧中国军事院校秘档》，中国文史出版社，2006年。

沈宁：《一个家族记忆中的政要名流》，中国青年出版社，2008年。

宋晞：《蒋方震》，出自《中华民国名人传》，近代中国出版社（中国台湾），1984年。

卢作孚（1893—1952）

卢作孚：为了"实业救国"

在民国，卢作孚称得上中国最有影响力的实业家之一。他创办的民生实业股份有限公司，是民国时期最大的民营企业之一，不仅击败了国际上有名的船运公司，而且在国难当头之际承担了巨大的社会责任，创造了一个又一个惠及国家民生的奇迹。他主持的以北碚为中心的嘉陵江三峡现代化乡村建设，是"中国众多乡村建设实验中时间最长、成就最大的一个，是民国时期乡村建设运动最完整的历史记录"。毛泽东说中国民族工业发展过程中有四个实业界人士不能忘记，其中之一就是卢作孚。

卢作孚不仅是实业家，还是教育家，他毕生从事学校教育、职业教育、民众教育，其成就举世瞩目。他怀着"教育救国"的宏愿，做了许多改革，但他最终感受到：教育固然是根本，可是没有好的经济基础，"教育救国"的想法很难实现。于是，他转而"实业救国"，在他为"整个中国现代化"所进行的艰苦卓绝的努力中，乡村建设、交通运输业成为主要部分，而乡村建设中，教育事业也是其中的一部分。他说："自己现在是办实业的，但实际上是一个办教育的，几乎前半生的时间，都花在办教育上，而现在所办的实业，也等于是在办教育，是想把事业当中全部工作人员，培养起来，提高他们的技术和管理。"（《论中国战后建设》）

卢作孚也是一位思想家，他通过自己的实践和思考，寻找出一条切实可行的救国强国道路，提出了以物质建设为基础实现中国现代化的思想。他说：

"中国的弱点只在没有走入现代，没有完成现代的物质建设，没有完成现代的社会组织，没有运用现代的科学方法去完成物质建设和社会组织。"（《南洋华侨的两个工作》）又说："促使全国统一于一个公共信仰四个现代化的运动（产业运动、交通运动、文化运动、国防运动）之下，这是最可靠的统一全国的方法。"（《从四个运动做到中国统一》）

为了美好的中国，卢作孚身体力行，竭尽全部的力量。他志向宏伟，追求人生价值的最大实现。他生前为社会创造了亿万财富，自己却两袖清风，不为家谋。他瞧不上那些只知道为自己谋利的人，积极提倡："人的成功不是要当经理、总经理，或变成拥有百万、千万的富翁，成功自己；而是盼望每一个人都有工作能力，都能成功所做的事业，使事业能切实帮助社会。"（《超个人成功的事业　超赚钱主义的生意》）在国家落后、濒临危难的时候，卢作孚更是将自己的事业与中国的命运紧密连接在一起。他坚定地认为："中国的未来完全产生在中国人的手上！中国人要将它造成什么，他便成功一个什么，只要定了办法，下了决心，持以毅力，贯彻下去，是绝对有把握不会错误的。"（《中国应该怎样办》）如此，他成为梁漱溟心中的"贤哲"、晏阳初心中的"完人"，成为无数中国人心中的榜样。

早期的努力与实践

卢作孚是一位自学成才的人。1893年，卢作孚生于重庆市合川县。他幼时家境贫寒，小学毕业即辍学。由于品学兼优，卢作孚很受老师、亲友的喜欢。他15岁的时候，得到了亲友们的一些资助，步行去成都求学。先到一家补习学校学习数学，后嫌课程太浅，转而刻苦自学，解答了大量数学难题。学了中文版本后，他又学习英文去攻读外文版，显示出非凡的自学能力。

16 岁时，为了解决生活上的困难，卢作孚一边学习，一边招收数学补习生；在教中学数学的过程中，他还编著了《代数》、《三角》、《解析几何》习题解等书，用卢思的笔名在成都提学使署备案，准备正式出版。

此时已是晚清末年，外强的欺凌，清政府的腐败无能，激发了革命热潮。救国之声也传到了成都，使年轻的卢作孚热血澎湃。他开始研读大量的进步读物，探索救国救民之道。他非常推崇孙中山的革命学说，不久即加入同盟会。1911 年，卢作孚积极参加四川保路同志会的革命活动。辛亥革命后，卢作孚先后担任中小学老师，报纸记者、编辑，曾被诬陷入狱，经各界人士联名保释。1919 年五四运动爆发时，卢作孚正担任《川报》的记者、主笔和编辑，积极宣传爱国运动和新文化运动，在舆论界崭露头角。同年 6 月，卢作孚加入了"少年中国学会"，8 月担任《川报》社长兼总编辑，持续关注教育、财经问题，在报上开辟《省议会旁听录》等专栏，报道新闻，并发表进步的言论，提出改进民生的各种批评与建议，抨击损害民众权益的行政措施或议会提案……受到社会各界的器重。

1921 年，川军第二军第九师师长兼永宁道尹杨森邀请卢作孚前往泸州，担任永宁道尹公署教育科科长。卢作孚正有"教育救国"的宏愿，于是欣然前往，并邀"少年中国学会"会员王德熙、恽代英、肖楚女等前往，以川南师范学校、通俗教育会为中心进行一系列改革，积极开展新文化运动，组织各种形式的文体卫生活动，受到民众的普遍欢迎。1922 年 1 月，卢作孚以教育科名义，编辑出版《教育月刊》，并在发刊词中表明了"教育救国"的宏愿。认为解决中国问题，"教育尤其根本"。希望通过《教育月刊》，"研究教育应循之途径，与夫应采之方法"，不仅与教育界人士，而且与教育界以外的人士，共同致力于教育救国，以期获得成功。然而，就在卢作孚想要进一步展开工作的时候，四川军阀混战，杨森退出泸州，卢作孚也不得不离开，转而到重庆省立第二女子师范学校担任国文教员。

1924年2月，杨森以四川军务督理兼摄民政，集四川军政大权于一身，邀卢作孚到成都担任四川省教育厅长。卢作孚不愿担任教育厅长，但建议在成都开办通俗教育馆。杨森同意后，卢作孚迅速在成都少城公园（今人民公园）创办四川通俗教育馆，很快建起了博物馆、图书馆、运动场、音乐演奏室、游艺场、动物园，并成功举办了四川省第一次大型体育运动会，迎来了众多的民众，使通俗教育馆成为集科学、文化、艺术、游览一体的民众教育中心。为此，卢作孚可谓殚精竭虑，调动了成都各种工程技术人才和文学艺术专家，充分发挥了他们的才智，获得了很大的成功。在此期间，有一事很能体现卢作孚的作风：

从筹备通俗教育馆的第一天起，作孚每晚必亲自审核财务收支，以防来自各方面的工作人员出差错。他自己在经济上从不假公济私。对公共福利事业，如1925年春季在全市中小学普种牛痘，还是用他自己的薪金开支的。然而竟然还出现了一段可笑的插曲：当时兼任成都市政督办的王缵绪，看到通俗教育馆规模大，筹备开支多，同时听信谗言，疑心作孚经济上有问题，竟然叫市政公所人员到通俗教育馆撬开柜子，将财务账册全部抱走，来一个突然袭击。清查结果，全部账目有物有据，分毫不差。作孚对此事的态度是无私、无愤、无恨。正是在此次查账以后，人们才知他多次私人解囊为公的事。通俗教育馆这件事真相大白后，原为谋私利而挑动是非的人，事与愿违，未达目的。作孚知道后却未与计较，以后仍与共事，且竟使他后来成为事业的主要助手之一。（卢尔勤：《回忆卢作孚片段》）

正因为卢作孚有超人的能力，又有高尚的品行，通俗教育馆各项事宜顺利展开：办讲座、开夜校、增添图书，开展通俗教育宣传活动。凡有助于启迪民智的，卢作孚无不尽力而为。但没过多久，杨森下台，通俗教育馆的事业失去了有力支持，有人落井下石，诽谤卢作孚做无谓之举，白花钱，卢作孚的工作无法继续。这件事使卢作孚深感"纷乱的政治不可凭依"，于是下决心开展新的事业。他对三弟卢尔勤说："在纷乱的政治局面下，依靠军人办文化教育事业易发生动摇，建立不起稳固的基础，每是随军事成败而人与事皆共浮沉，这是一个教训。为了国强民富，今后应走什么道路值得研究。"又说："因此要考虑一项既有关国计民生，又有发展前途的事业，这应该是以经济为中心。"也就是在这个时候，卢作孚回到家乡合川，走向了"实业救国"的大道。

"决作国家进入现代的前驱"

1925年7月，卢作孚决心谋求实业救国之道，但此时的他，一没有权，二没有钱，他该如何实现这一宏愿？他显然需要一些志同道合的人，需要别人的资助，可是他又如何获取这些人的信任和帮助呢？曾任合川县知事的郑东琴回忆："他（卢作孚）常与亲友谈论社会改良之道，认为应推广教育，以开民智；振兴实业，以苏民困，并立志竭尽一己之力为社会人群服务。他的理想和抱负在当时合川的知识分子中，实属不多见。一般人对他颇为推崇，我也对他大加赏识。"

也就是说，在卢作孚的思路中，向来把自己的事业放在服务社会、效力国家这样的大框架之下。因此，在他离开通俗教育馆之后，考虑的是如何实业救国。而在考虑实业救国的时候，他又寻找既切实可行又能解决国家重要问题的事业。

切实可行，是需要扎扎实实地做实事，从创办公司开始。

解决国家重要问题,则首先需要解决当地急需解决的问题。

当时的四川政治、经济、文化无不落后,其主要原因是由于交通不便,处处闭塞。因此,当务之急就是发展省内和省际的交通。等发展交通之后,才可以进一步发展生产、发展文教。而交通又分为水路和陆路。在经过调查分析以后,卢作孚的目光指向了航运。卢尔勤回忆:在这个时候,"他(卢作孚)提出了畅通航运的意见。认为航运可沟通长江下游直至上海,甚至海洋,省内水路也能四通八达,比之民间力量办不到的公路、铁路建设花钱少,见效快。航运业不但能以本身业务直接帮助于经济贸易和人员往来,通过良好的服务还可影响广大的人群。此外,办航运事业还有收复内河航权的积极反帝的意义。他这个意见获得了朋友们的赞同和热情支持,最后还邀集大家专门开了一次会,把这项拟议大体定了下来。民生公司的命名,意在致力于孙中山民生主义的实现。"

大的方向确定以后,卢作孚需要迈出艰难的第一步。扬子江上游的航运业虽然曾经非常繁荣,但在卢作孚想要进军航运业的时候,这里已十分消沉,任何公司都感无法撑持。为什么会出现这样的情况?经过调查,卢作孚了解到:"在扬子江上游初有航业的时候,航业是时髦的事业。由于轮船的不足,商人争相要求运货,运费可以提高到最有利的程度,几乎一艘轮船一年可以赚回一艘轮船。一些有实力的商人为了荣誉、利益和自己运货的便利,都欲经营航业……所以航业以极短的时间,发展到极盛。但是一到过剩时期,则一切都颠倒过来了。船东争放运费(即降低运费),货物仍不够运输,仅装少量货物往来,收入不够开支,甚至不够轮船上燃料的开支。于是重庆宜宾间的各公司只得约定轮船轮流开行。但是这样一来,轮船停歇的时候远多于航行的时候,收入仍不够开支。而又因为一般采用买办制度,在有利的时候,一切管理放松到不能过问的程度,等到亏损太多,积重难返,不可爬梳,大多陷于股本折完,欠债无法偿还,以至于转向卖船,其情势非常杂乱。"既然如此，卢作孚选择航运业是否正确？似乎值得重新研究了。这必然也成为当时的卢作孚需要慎重对待的问题。

在进一步调查和研究后，卢作孚认定，选择航运业的大方向并没有错，而航运业中已存在的问题则需要他们认真对待。由此，卢作孚决定采取"人弃我取，避实就虚"的方针：不到原有轮船过剩的航线中去竞争，而是在极少轮船行驶的嘉陵江上寻求突破；不像其他轮船一样只重视货运，还应重视客运；不再采用落后的买办制管理方式，而是采取新型的"经理负责制"管理方式。为了证明发起人的目的不在利益，而在事业，卢作孚自行负起主持事业的责任，任总经理。最早支持卢作孚事业的陈伯遵、黄云龙任经理，彭瑞成、陶建中分担事业各部分的责任。这些公司里的核心人物，他们的报酬都非常低，待遇较高的倒是船员。

在募集到第一笔资金后，卢作孚到上海订造了一只载重70.6吨的"民生"号小船，造价3.5万元。但到该全部交付购船款项的时候，卢作孚却再次遇到困难。因为一部分股东虽然约定了投资，但鉴于过去若干轮船的失败，对新造的轮船也产生怀疑，因而迟迟没有交款。原来打算募股5万元，实际收股却不过8000余元。经过反复商量，卢作孚和几位创业者只好靠借贷来解决。民生公司终于正式营业，公司的宗旨是："服务社会，便利人群，开发产业，富强国家。"1926年8月，"民生"轮扬帆起航，开始了渝合线（重庆到合川）的客运业务，很快就以"安全、迅速、

卢作孚为民生公司构思的一张宣传画

1926年，卢作孚在上海订造的民生公司第一艘轮船"民生号"。

"舒适、清洁"的服务获取了成功，业务十分兴旺。

　　第一步走好以后，那些观望的股东开始积极缴股，很快达到5万元。以"实业救国"为宏愿的卢作孚当然不会就此满足，他马上决定加募股额，又购置了两艘轮船，使渝涪（重庆到涪陵）、渝合两条航线每日都有船开。他了解到重庆虽然有许多轮船公司，但只有两家小修理店，许多轮船需要修理时还需到1300海里之外的上海，所以马上决定设置机器厂，"以修理自己的轮船为主，以为同行业修理轮船或为社会需要制造机器为辅"。于是，机器制造业从此开始了，并随着航运业的发展而发展。以上种种，即可看出卢作孚的气魄和果敢。而新问题的出现，又使得卢作孚有了新的解决之道和新的拓展。当江水干涸时，民生公司的轮船不得不开拓新航线。而在这样的开拓中，卢作孚认识到整个航运业迫切需要整顿。

1929年，应四川善后督办刘湘之邀，卢作孚担任了川江航务管理处处长，主持整顿川江航务。在一年的时间内，卢作孚主要做了三方面的贡献。一是促使军队征用轮船打差必须给煤、给费，军人乘船必须买票；二是借助码头工人的力量，对不接受航管处士兵检查的外轮，不予装卸货物，迫使外商轮船接受中国士兵的检查，开创了内河港口对外轮进行监督检查的新纪元，鼓舞了国人的志气；三是促成了在川外轮与华轮的相互合作。

还有一件事却是卢作孚想做而没能做到的，他本来希望促成华轮在宜昌、重庆间，各自联合组织成为一个公司，以期结束纷争，节省开支，以便在轮船过剩、业务萧条的情况下仍能继续生存。但由于华轮太散漫等原因没能做到。1930年8月，卢作孚辞去航管处处长的职务，专心致力于统一川江航业的工作，提出了"化零为整"的方针，联合华轮公司共同解决经济上的极大

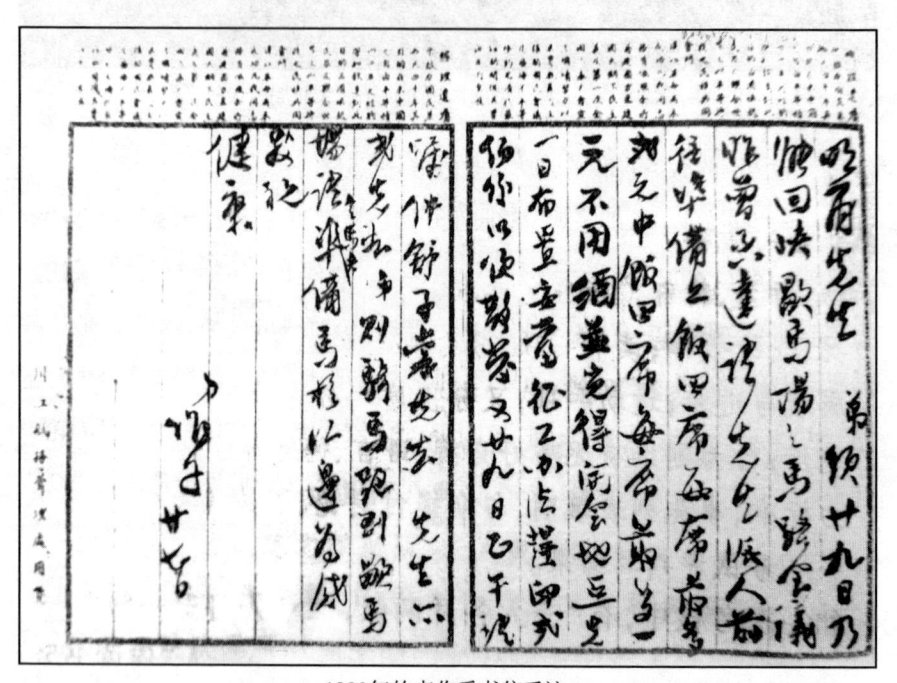

1930年的卢作孚书信手迹

压力。为此，卢作孚还将民生公司由合川转移到重庆，以民生公司为中心，增加资本，接受因经营不善而必须售卖的轮船，合并可以合并于民生的公司。一年之内，共有七家川江上游轮船公司与民生公司合并。一些本来接近废弃的轮船，在民生公司修理改装后以崭新的面目出现。卢作孚也开始收购外国的轮船。有一艘英商太古公司的轮船沉于水底，此轮船长达 226 英尺，很难打捞上来，卢作孚却硬是花钱买下来，然后想办法打捞起来，拖到重庆，经机器厂改装加长后，使其成为打破川江纪录的最长的轮船，长达 220 英尺，速度比以往稍快，载负比以前多 100 吨或棉纱多 500 件。将原来散乱的公司合并后，卢作孚可以统一合理地调度船只，效率大为提高，实力大为提高。

民生公司的实力大增后，卢作孚的目光也随之投向了更为广阔的空间。他开始向川江下游发展，并力谋向长江中下游发展。这便遭到了外国轮船公司的敌视。英商太古公司、怡和公司，日商日清公司，美商捷江公司，凭借强大的实力，与民生公司展开了激烈的竞争。为了挤垮民生公司，他们采取了很多不正当的手段。例如：不顾成本地降低运费，利用船多任意增航，利用中国没有海关自主权而勾结海关巡江司的英籍人员故意刁难阻挠中国轮船……这样，就使得民生公司面临巨大的困难。但卢作孚迎难而上，一方面提出"中国人坐中国船，中国人的货要中国船运"等口号，激发中国人的爱国热情；另一方面提高服务，让中国人在民生轮船上有尊严。当时，中国人乘坐外国轮船常常受到歧视，甚至受到打骂侮辱，而民生公司则不断提高对乘客的服务："凡买了统票的乘客，不另出铺位钱；在统舱设置餐桌，用餐时不仅有饭，而且又菜有汤。同时，专门训练船上服务人员（当时叫茶房），要求对旅客态度和蔼，为旅客端饭菜，递茶水，打铺盖卷，提行李，向旅客介绍沿江名胜古迹、风俗人情、土特物资等，并且不收小费。此外，还备有书报，供旅客阅览，使旅客感到不仅生活上得到便利，人格上也受到尊重。"（童少生：《回忆民生轮船公司》）这样，民生公司不仅没有被挤垮，反而业务增加。许多乘客宁愿多住几天旅馆,也要乘坐民生公司的轮船。货运方面,民生公司把美商捷江公司作为主要竞争对手,特派特快轮民丰号与捷江轮同班开,并采用直达的方式,走得快,航期短,同时加强理货管理,尽最大可能减少货物的差损。在这样的情况下,货主愿意将货物交民生公司运输,而不愿交外商。最后,民生公司竟收购了美商捷江公司,成为长江上游最大的航运公司。1934 年,民生公司在长江上游航线占 61.7%,在下游航线占 33.7%,成为可与长江航线上的四大轮船公司太古、怡和、日清、招商并驾齐驱的航运公司。

卢作孚已经创造了奇迹,但他决不满足。他在民生公司的努力,是希望以此为试验,提供中国跑上世界最前线的样本。中国虽然落后,但卢作孚认为,正因为中国是跟在许多文明国家后面跑,所以倒可以将所有先进国家经过的经历省略了,从而更快地迈向先进。在 1936 年《民生实业股份有限公司十一周年纪念刊·代序》中,卢作孚写道:"公司要求航业化零为整,合并了许多公司,同时把航业以外与有关系的事业都办起来,正是要求省略了先进国家产业失败的历程,一脚踏到成功的阶段上去。假使这只是一度试验,亦是一度最有价值的试验,万万不可失败。为了集中全力于事业的成功,一时兼顾不了我们工作人员生活上的痛苦,我们亦须忍耐。我们决作国家进入现代的前驱,即须身先一般同胞荷戈负矢,趋赴前线。尤其是领导人员要身先士卒,抛开生活问题,用强力将一般苟偷风气转变过来,转变到事业上来,乃至广大的社会上来。"

显然,作为实业家的卢作孚,他更注重的是对社会、对国家的责任。他始终提倡:"民生公司最后的意义决不是帮助本身,而是帮助社会。"他一再提醒民生公司的职员担负起自己的使命:

> 我们不要忘却我们的航业是帮助客人的旅行和货物的运输的,不

要忘却我们的机械业是要进一步帮助一般机械的修理乃至于制造的。不要忘却我们的电灯和自来水厂是帮助合川城市的光明安全和卫生的,不要忘却我们要对外投资是帮助其他生产事业的。我们现在的事业帮助的范围是太狭小,然而就我们的力量而论,现在帮助的范围亦就太嫌伟大。我们有什么办法可以增加我们的力量去帮助社会,尽我们现在所幸得的机会,帮助社会寻求现代文明的方法,走入现代文明生活当中去或竟超越它们前面去。我们决心帮助社会,决不是等待机会的,而是要寻求机会。不是要人请求我们帮助,是要运动人接受我们帮助。我们决不像一般旧习,帮助亲戚邻里朋友,为他们找碗饭吃,谋个差使。我们只帮助社会,帮助个人亦只是因为他要帮助社会。这是我们的事业最后所含的意义,不但要十分明了它,而更要努力实现它。

奔向现代化

卢作孚生活在中国落后的时代,振兴中国成为他的最大志愿。他认为:"中国的根本办法是建国不是救亡。是需要建设成功一个现代的国家,使自有不亡的保障。"在发展民生公司的同时,卢作孚做的另一件大事,是主持了四川嘉陵江三峡的乡村建设。与晏阳初、陶行知、梁漱溟、黄炎培等人一样,卢作孚成为中国乡村建设的代表人物。尤为突出的是,卢作孚率先提出了以经济建设为基础的乡村现代化、国家现代化蓝图,并为之不懈努力。

1927年,卢作孚出任江(北)、巴(县)、璧(山)、合(川)四县交界的嘉陵江三峡地区防务局局长,其目的不只是剿除匪患、维护安定,更要在这片土地上做一番大的试验,从而为整个中国提供一条崭新的大道。什么大道呢?就是乡村现代化。正如卢作孚所讲:"我们凭藉了一个团务机关——江、巴、璧、合四县特组峡防团务局，凭借局里训练了几队士兵，先后训练了几队学生，在那里选择了几点——北碚、夏溪口以至于矿山北川铁路沿线——试作一种乡村运动。目的不只是乡村教育方面，如何去改善或推进这乡村里的教育事业；也不只是在救济方面，如何去救济这乡村里的穷困或穷变。中华民国根本的要求是要赶快将这一个国家现代化起来。所以我们的要求是要赶快将这一个乡村现代化起来。"（卢作孚：《四川嘉陵江三峡的乡村运动》）

卢作孚一上任，即提出："打破苟安的现局，创造理想的社会。"他联络军队和地方力量，运用"化匪为民，寓兵于工"、"以匪治匪，鼓励自新"等方法，很短就将周围的匪患清除了。地方安定了，乡村运动随之展开。

乡村运动的展开需要大量的人才。卢作孚首先致力于人才的寻找和训练。他一方面努力延聘已经获得成就的专家学者或高级领导人才，另一方面通过严格的招考聘用中层以下的干部。他延聘的人才，遍及国内国外。卢作孚尤其重视人员的训练。他认为中国的根本问题是人的训练，而乡村运动能否成功也取决于能否训练和运用真正的人才。这种人才，不只是技能熟练而已，更重要的是有理想、有道德、有社会责任感。所以，卢作孚在训练人才时，提出三个要点："第一要他们的头脑有现代整个世界那样大，能够在非常明瞭的整个世界的状态之下决定他们自己的办法；第二要他们的问题至少有中华民国那样大，在非常明瞭的国家紧急状态之下决定他们自己的任务；第三是要他们在可能的范围内创造一个现代的物质建设和社会组织起来，无论在交通方面、产业方面、文化方面或其他公共活动方面。"按照这种标准，从1927年夏天开始，通过艰苦而严格的训练，先后训练了学生第一、第二两队，少年义勇队三期，警察学生队一期，总数达500余人，分配到各机关、事业单位，成为乡村运动的主要力量。

训练人才与乡村事业是同步展开的。卢作孚的乡村事业，其实是一个乡村城市化的事业。既包含经济事业，如修筑铁路、经营煤矿公司、经营三峡染织厂和北碚农业银行等等；更包含创造文化事业和社会公共事业。面对当时"死"一般的乡村现状："乡村的人们除了每年偶然唱几天戏外，没有人群集会的机会；除了赌博外没有暇余时间活动的机会；除了乡村的人们相互往还外，没有与都市或省外国外的人们接触的机会；因此他们没有一切知识和一切兴趣。"卢作孚决心用文化事业和社会公共事业，全方位地彻底改造这片土地：训练学生担任警察任务，维持公共秩序，管理公共卫生；创办地方医院，为远近的人治疗疾病；创办图书馆，供人们借阅图书；创办公共运动场，提供人们活动的场所；创办平民公园，里面建起博物馆、动物园，供人们游玩；创办嘉陵江日报馆，每天刊载国防、交通、产业、文化等新闻，陈列、张贴在一切公共经过的地方；创办中国西部科学院，其中生物、地质两个研究所，附设一个染织厂、一个中学、一个小学，也分几个时期让人们尽量进去参观……当所有的这些新气象完全包围了当地的乡村时，乡村便出现了翻天覆地的变化，而人们的观念也在日新月异地发生变化。

卢作孚创办的中国西部科学院主楼

民众教育作为乡村运动的中心环节，随之大力展开。在卢作孚的精心布置下，峡防局专门设了一个民众教育办事处，联络各机关服务的几十个青年，白天各担任机关的工作，晚上共同担负民众教育。他们先后办了十个民众学校，进而去挨家挨户地普及教育。他们办船夫学校、力夫学校、妇女学校……为各种人群培训职业技能。设置民众问事处，帮助人们解答疑问、写信、写契约；开办职业介绍所，一方面帮助需要工作人员的单位，一方面帮助需要工作的人；尤其总动员的是民众会场的活动，以电影、幻灯、演剧等丰富多彩的形式吸引了远近的人群，电影中多播放三峡的事业，演剧中也排练了民众教育的新剧，而工作人员总是抓住闭幕时间的报告，给民众以深刻的刺激与影响。

　　卢作孚的理想正一步步实现，北碚地区从穷乡僻壤一跃而为全国知名的

20世纪40年代的北碚一景

地区。1931年，著名爱国人士杜重远来到北碚，他对北碚乡村建设取得的成就感到十分惊讶，对卢作孚更是由衷地敬佩。他说："昔称野蛮之地，今变文化之乡，以一人之力，不数年间而经营如此，孰谓中国事业之难办？党国诸公对此作何感想？卢公年四十许，思想缜密，眼光敏锐，处事勤奋，持身俭约，虽时至今日，仍短服布衣，出门向不用车轿。彼在北碚二十年内之计划（今已四年），即充实内容，深入社会，以全力建设经济基础。弟之来川，以得晤卢公为平生第一快事。"1936年，著名教育家、乡村建设倡导者黄炎培来北碚，眼前的景象令他感慨万千：

> 历史是活动的。有许多"人"昨天是无名小卒，今天便是鼎鼎名流。"地"何尝不这样呢？诸君从普通地图上找"北碚"两字，怕找遍四川全省还找不到。可见这小小地方，还没有资格接受地图编辑专家的注意呀！可是到了现在，北碚两字名满天下，几乎说到四川，别的地名很少知道，就知道北碚。与其说因地灵而人杰，还不如说因人杰而地灵吧。原来北碚是嘉陵江上游巴县、江北、璧山、合川四县交界地点，在八九年前，满地是土匪，劫物掳人，便作家常便饭，简直是一片土匪的世界。现今鼎鼎大名、公认为建设健将的卢作孚先生……施展他的全身本领，联合他的同志，第一步训练民团，第二步搜剿土匪……不上几个月，把杀人放火的匪巢变成安居乐业的福地。据当地人讲，有几次与匪苦斗，卢先生还冒着不少危险哩！从此地方老百姓感戴这位卢局长到五体投地。

1932年，卢作孚辞去防务局局长的职务，由其弟卢子英接任。嘉陵江三峡地区的建设，仍在卢作孚的直接指导之下，一步步向现代化迈进。那么，卢作孚设想的三峡现代化的蓝图是什么呢？他在1934年时这样描述：

将来的三峡：

1.经济方面：

（1）矿业 有煤厂、铁厂，有硫磺厂。

（2）农业 有大的农场，有大的果园、大的森林、大的牧场。

（3）工业 有发电厂，有炼焦厂，有水门汀厂，有造纸厂，有制卤厂，有制酸厂，有大规模的织造厂。

（4）交通事业 山上山下都有轻便铁路、汽车路，任何村落都可通电话，可通邮政，较重要的地方可通电报。

2.文化方面：

（1）研究事业 注意应用的方面，有生物的研究，有地质的研究，有理化的研究，有农林的研究，有医药研究，有社会科学的研究。

（2）教育事业 学校有试验的小学校，职业的中学校，完全的大学校；社会有伟大而且普及的图书馆、博物馆、运动场和民众教育的运动。

3.人民 皆有职业，皆受教育，皆能为公众服务，皆无嗜好，皆无不良的习惯。

4.地方 皆清洁，皆美丽，皆有秩序。皆可住居、游览。

卢作孚还有更广阔的蓝图。1936年，他在《中国应该怎么办》中设想了一幅美丽的中国未来的蓝图，其中第5条是：

就一般人民言

有知识。

有职业。

有勤俭的美德。

有相勉为善的风气。

有忠效人群乃至于国家的热忱、决心和勇气。无不良的嗜好。

无疾病。

无贫穷。

无犯罪的行为。

卢作孚甚至还将目光投向整个世界的生态文明，称："愿人人皆为园艺家，将世界造成花园一样。"

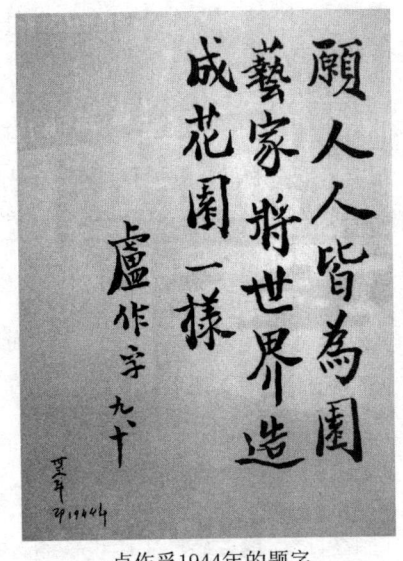

愿人人皆为园艺家将世界造成花园一样

卢作孚九十

卢作孚1944年的题字

最艰巨的任务

卢作孚是坚定的爱国者。在1931年"九一八事变"发生后，卢作孚即强烈呼吁四川各军停止内战，一致抗日。他撰写并印刷揭露日本侵略阴谋的《东北游记》，向各界人士分送。他动员北碚地区的青年组织"北碚抗日救国义勇军"，号召他们"赶赴前敌，共救国难"。在民生公司内部，他也积极组织员工开展抗日救亡运动，进行军事训练，号召员工把爱国救国作为头等大事。公司的每次朝会上，全体员工要高唱义勇军进行曲和其他抗日救亡歌曲；在每位员工的床单上，印着卢作孚亲拟的十六个字："作息均有人群至乐，梦寐毋忘国家大难。"

1937年全面抗战爆发，卢作孚告诉民生公司的员工："国家对外的战争开始了，民生公司的任务也就开始了。""民生公司应该首先动员起来参加战争。"紧接着，卢作孚和民生公司迅速投入了一场前所未有的大考验，他们将一起承担起艰巨的国家重任。

随着日军的进逼，国民政府做出战略转移的决定，大量的人员、物资需要在极短的时间进行大转移。当时，在长江中，官办的招商局船只基本上没有几只，其他民营船力量很单薄，繁重的运输任务，几乎全靠民生公司的46条轮船承担。1937年8月，卢作孚组织民生公司船只，协助上海、苏州、常州等地工厂搬迁。11月，四川需要赶运四个师、两个独立旅到前方抗战，民生公司集中了所有的轮船，在两个星期内将他们从重庆、万县赶运到宜昌。1938年初，抢运的任务更加艰巨而迫切，卢作孚被国民政府任命为交通部常务次长，主管战时水陆运输任务。他在汉口设立民生公司临时总经理室，亲自坐镇指挥抢运后撤工厂设备器材和人员入川。

民生公司重庆总公司办公大楼（1935年—1939年）

1937年10月，武汉失守，全中国几乎所有的兵工工业、航空工业、重工业、轻工业都集中在宜昌，三万多人和九万吨的物资设备需要民生公司迅速抢运到四川。日军正在逼近，枯水季节还有40天就将来临，情况异常紧急，宜昌一片混乱。"遍街皆是人员，遍地皆是器材，人心非常恐慌，情形尤其紊乱"。

当卢作孚到达宜昌时，发现各轮船公司从大门起到每一个办公室都挤满了前来交涉的人。这是生死攸关的时刻，所有的人都在竭尽力气、想尽办法以达到抢先运输。这是可以理解的，但这样一来，秩序被打乱了，"所有各公司办理运输的职员，都用全力办理交涉，没有时间去办运输了。管理运输的机关，责骂运输公司，争运器材的人员，复相互责骂。"

《卢作孚文集（增订版）》书影

在这一关键时刻，卢作孚体现出非凡的能力。他迅速召集各轮船公司有关人员，根据各方面的情况进行统筹研究，制定出最佳的运输方案。紧接着，他又召集所有撤退机构的负责人开会，向大家宣布他的运输计划，请各机构配合。为稳定秩序，卢作孚还明确宣布，所有的运输都必须分轻重缓急做出统筹安排，所有的人都不得交涉，谁若交涉，便只能把他放在后面。这样，秩序代替了混乱。一天之后，所有的轮船开始了不停息的抢运。在卢作孚的带领下，民生公司的广大职工冒着危险夜以继日地工作。由于日机轰炸，港岸员工多是利用晚上时间彻夜抢装抢卸；船上员工则避开敌机骚扰，在到处是险滩恶水的三峡昼伏夜出。效率之高，不止加倍。全部物资撤出了宜昌。

卢作孚和他的员工，创造了中国交通运输史上的奇迹，为中国的抗战做出了巨大贡献。卢作孚本人后来回忆："一位朋友晏阳初君称这个撤退为'中国实业上的敦刻尔克'，其紧张或与'敦刻尔克'无多差异。二十四只扬子江上游的中国轮船当中，只有两只不是民生公司的轮船，外国轮船亦有数只，但因中立关系，只运商品，不运一切有关抗战的东西，中国轮船为了报效国家，兵工器材每吨只收运费三十元到三十七元，其他公物只收四十余元，民间器材只收六十余元到八十余元，而外国轮船只装商品，每吨运费却收三百元到四百元，即此比较，可知中国公司尤其是民生公司牺牲之多，报效国家之大了。"（卢作孚：《一桩惨淡经营的事业——民生实业公司》）

曾任民生实业公司副总经理的童少生回忆：

我们撤离宜昌后不久，宜昌即告沦陷。但是在三斗坪还有一部分待运器材，又处于敌军威胁之下。卢作孚亲自率领船只前往抢运，每天傍晚开去，连夜装舱，黎明前开走。职工们见他不顾危险，亲临前线，积极性更加提高，不久即抢运完毕。全部物资均安全运到目的地。

在撤退运输中，民生公司的职工，有116人献出了生命，有61人伤残。公司方面，先后被敌机炸沉及炸伤的轮船有16只，其中无法打捞及修复的有11只，计4700吨；抢运中，因汽油着火，炮弹爆炸，损失船舶共4152吨。至于被敌机炸毁的厂房、仓库、机器材料，以及被损坏的码头、囤驳、仓栈建筑等，亦为数甚巨。（童少生：《回忆民生轮船公司》）

抗战时期以及战后，在卢作孚的领导下，民生公司继续发展。他们还向加拿大购买新型客轮，在美国购买货轮，使民生公司的航线从长江延伸到沿海和台湾；并以香港为中心，建立海运，航线一直延伸到东南亚各国。然而内战爆发后，民生公司的经营状况受到影响，实力大受损伤。

1950年，卢作孚受到中华人民共和国政府的邀请，从香港回到北京，作为第一届全国政协委员，参加了中国人民政治协商会议第一届全国委员会第二次会议。此后，他全力恢复长江和沿海航运，组织滞留

1941年，卢作孚与长子卢国维（右）、次子卢国纪（左）合影。

在香港和海外的18艘轮船驶回内地。卢作孚还主动向中共中央提出了民生公司实行公私合营的请求，促使民生公司率先实现公私合营，并成为新中国公私合营的典范，受到党和政府的高度赞扬。然而，1952年2月8日，卢作孚选择了喝安眠药自杀，临终前留下非常简单的遗嘱：

一、借用民生公司家具，送还民生公司。
二、民生公司股票交给国家。
三、今后生活依靠儿女。
四、西南军政委员会证章送还军政委员会。

关于卢作孚之死及其遗嘱的详情，读者可参阅卢作孚幼子卢国纪的《卢作孚之死》。这里面既有民生公司内部的原因，也与当时的政治运动不无关系。毛泽东在卢作孚事件后，曾当面向民主人士张澜表示惋惜，并在谈话中褒扬了卢作孚的历史贡献。

主要参考资料：

凌耀伦　熊甫编：《卢作孚文集（增订本）》，北京大学出版社，2012年版。

周永林　凌耀伦主编：《卢作孚追思录》，重庆出版社，2001年版。

卢国纶：《卢作孚之死》，出自《南方周末》2005年4月21日。

刘重来：《卢作孚与民国乡村建设研究》，人民出版社，2007年版。

召川：《我所知道的卢作孚和民生公司》，出自《文史资料选辑第七十四辑》，中国文史出版社，1999年。

卢尔勤　卢子英：《早年的卢作孚和民生公司》，出自《文史资料选辑第七十四辑》，中国文史出版社，1999年。

华克之（1902—1998）

华克之：从"暗杀"到"革命"

刺杀汪精卫

1935年11月1日，国民党南京中央党部戒备森严，进出的人员都必须携带证件，经过严格的检查。国民党第四届中央执行委员会第六次全体会议（四届六中全会）在这里隆重举行。掌握国民党实权的蒋介石显得踌躇满志，大有收天下枭雄于自己囊中的快感。

自北伐战争结束之后，国民党各实力派纷争不断。蒋介石、汪精卫、冯玉祥、阎锡山、李宗仁等各据一方，互相对峙。虽然经过蒋桂战争、中原大战，蒋介石打败冯玉祥、阎锡山、李宗仁等各路枭雄，基本确立了自己在国民党的领导地位，但他与汪精卫等的权力之争仍在或明或暗地进行着。汪精卫在国民党内部长期形成的威信与势力，对蒋介石是一个不小的威胁。然而，蒋介石终以其威逼拉拢等手段，使汪精卫慢慢改变态度，"屈首称臣"。此次大会，除西南派的粤、桂中央委员没有出席外，冯玉祥、阎锡山、张学良、汪精卫等各派要人齐集南京。当时，蒋介石任国民党军事委员会主席，汪精卫任行政院主席。

上午8时，国民党各中央委员乘汽车百余辆，前往中山陵谒陵。8时20分，谒陵完毕，蒋介石身着黑斗篷大衣，也不言语，乘车径直返回中央党部。他的心情正发生变化。原来还是踌躇满志，谒陵之后，却不由地皱起了眉头，心里也隐隐地出现一些担忧。前往谒陵的各代表、委员们并没有按事先规定准时到达，而且也没有按规定穿统一的礼服，这使蒋介石很不高兴。与此同时，他突然想到，现在形势复杂，想对自己不利的人很多，最重要的还是提高警惕，注意安全。返回途中，蒋介石突然发现一辆白牌出租车从后面追上来，车内有人探头向自己的汽车观看。他马上令司机放慢速度，让出租车先走。过了一会儿，蒋介石又发现这辆出租车出现在前面的路边，更加觉得不对劲，当即停车叫侍卫前往盘问。对方说是新闻记者，并拿出证件。蒋介石心想自己未免多疑，一笑了之，可是等回到中央党部后，他却越想越觉得可疑，看看外面纷乱的人群，他打定主意，一定要处处设防。

9时在党部礼堂行开幕礼，各委员坐定后，蒋介石及阎锡山才相继入场。蒋、汪及阎三人均坐于最前一排，国府主席林森坐在正中，蒋介石、汪精卫分坐左右，显示"蒋汪合作"之热情。

开幕式上，汪精卫致简短祝词。接着，各中委出礼堂至第一会议厅门口摄影。中委们都站定了，而中心人物蒋介石却迟迟没有出来。催请之下仍然不至，汪精卫只好亲自进楼相请。

蒋介石指着外面的摄影场，对汪精卫说："你看看外面，我总觉得不对劲。"坚持不出去。

汪精卫没办法，只好自己返回摄影场，声称蒋介石突然牙痛发作，不能到场，我们自己照吧。

9时35分，摄影完毕，各委员相继返身，打算走入会场。就在这时，突然，从摄影机旁闪出一人，只见他身着西装，外穿夹大衣，大喊："日本人杀中委来了。"此话如青天霹雳，令人猝不及防。

接着，此人迅速从大衣口袋里抽出一支六弹左轮手枪，一边高呼"严惩国贼，诛杀汉奸！"一边向汪精卫连击三枪。第一枪射进汪精卫左眼外角下左颧骨，第二枪从后贯通左臂，第三枪从汪精卫后背射进第六、七胸骨旁部。

由此可以推测，当时汪精卫正要转身逃跑，而刺客已经开枪。汪精卫倒在血泊中。

场内秩序大乱，只有少数的几人保持着镇静。汪精卫身边的国民党元老张继一个箭步冲到刺客背后，将其拦腰抱住。而刺客仍然持枪乱射，前后共七八枪。枪声、喊叫声响成一片。

张学良也跑了过来，照着刺客裆部猛踢一脚，托起他的手臂。刺客手腕一松，手枪落地。他仍在奋力搏斗，汪精卫的侍卫举起手枪，向刺客胸部连开两枪，刺客中弹倒地。

场内秩序渐渐稳定下来。直到此时，蒋介石才带着几分惊慌的样子，从楼上跑下来。他的这一举动让周围的人产生了怀疑。

汪精卫的妻子陈璧君突然联想到汪精卫与蒋介石以前的过节，用力地抓住蒋介石的手，不管不顾地说："你不要演戏了，分明是你派来的杀手。为什么照相时只有你不在场？"

蒋介石恼羞成怒，但他在这种场合也不便多说话，只是将汪精卫扶起，命令将汪精卫抬上救护车，急驰中央医院。同时，刺客也被送进医院，进行抢救。

事发之后，几乎所有的人都认为汪精卫遇刺与蒋介石有关，令蒋非常被动。蒋介石召集军政有关人员及特务头子，命令多调得力人员参加侦破，不惜一切代价，一定要早日破案，澄清视听。

在紧急抢救下，汪精卫总算保留一条性命。而刺客的生命却走向了终点。

经侦破得知，刺杀汪精卫的义士叫孙凤鸣。他本有一个美丽安宁的家园，可日寇入侵，他被害得家破人亡。他曾亲眼看到日本鬼子残害中国同胞的罪恶，对日本人充满了无比的仇恨。"一·二八"事变时，他怀着家仇国恨加入了十九路军，充任61师中尉排长，希望痛击日本鬼子。可是，由于蒋介石的不抵抗政策，部队不仅被迫撤出上海，而且不久又被改编。在这期间，他又亲眼看到一幕幕惨剧,看到无数的同胞被欺凌。他转而痛恨蒋介石,为什么在同胞受难的时候,蒋介石却熟视无睹,蒋介石的不抵抗政策实际上是在帮助日本人呀。孙凤鸣决不愿意当帮凶,愤而离开军队,流浪在南京、上海之间。随后,他结识了几位重要人物,加入了一个秘密组织。秘密组织的领导人便是本文的主人公华克之。

《告全国同胞书》

华克之,1902年生于江苏宝应,中学时期接受"五四"运动的洗礼。1924年,华克之在南京金陵大学就读时参加国民党,并作为工作人员到广州参加了国民党第一次全国代表大会,亲聆孙中山先生的教诲,衷心拥护联俄、联共、扶助农工的三大政策。1927年北伐军占领南京后,华克之出任国民党南京市党部的青年部长,因其能干而被许多人看好。在此期间,华克之还结识了一些共产党员,深深佩服他们坚定的信仰和无私奉献的精神。不久之后,蒋介石背叛革命,指使流氓捣毁南京国民党市党部,接着发动反革命政变。蒋介石曾试图拉拢作为国民党左派人物的华克之,但华克之见其背叛了孙中山先生的遗训,断然拒绝。恼羞成怒的蒋介石将华克之关押起来。后经国民党元老保释,方得以出狱。此后,他参加了一系列反蒋活动。

1929年,华克之迁居上海。在他的周围,迅速聚拢了几位曾是国民党左派或对蒋介石统治极度失望的知交。大家经常在一起探讨救国良策。讨论的结果是:"庆父不死,鲁难未已",他们下决心要消灭蒋介石,手段则是刺杀!

当时,与华克之同住一起的还有一位共产党员,名叫陈处泰(即陈悯子,曾任上海文总书兼社联党团书记)。陈经常向华克之等人传播马列主义思想,对他们"五步流血"的计划也非常清楚。作为党组织与华克之等人的联系人,陈带来了党组织的意见：无产阶级政党不能鼓励去做暗杀的事；既然革命目标一致，你们最好能参加党的工作。

华克之等人血气方刚，没有接受党组织的意见。陈处泰将他们的态度向上级汇报后，表示：党组织不能用任何方式支持这一行动；但也不会当蒋介石的保镖。

华克之等人则再三表示：事前事后都与共产党无关，也不要求共产党提供任何支持。

暗杀计划最终付诸行动。为刺杀蒋介石，华克之进行周密部署，于1934年11月，在南京设立了一个掩护机关，即晨光通讯社。社长为华克之本人，化名胡云卿，是一位"出资资助的华侨富商"。总务兼编辑部主任张玉华，采访主任贺坡光，记者孙凤鸣。他们组成一个有特定奋斗目标、行动纲领和工作纪律的战斗集体。在案发之前，晨光通讯社没受到任何怀疑。华克之等人一方面密切关注着日趋恶化的国内形势，一方面加快了刺杀蒋介石的步伐。他们获知，1935年11月1日，国民党四届六中全会将在南京召开，认为机会难得，决定在会上动手。华克之成为刺杀行动的总指挥，而枪法精熟的孙凤鸣则毅然担负起刺客的重任。案发前一天，华克之护送孙凤鸣的妻子、侄儿前往香港。

临行前，华克之与孙凤鸣畅饮高歌，壮怀激烈。此一番生离死别，二人均有无数的话想说。最后，孙凤鸣突然哽咽着说："大哥，我想跟大家合个影。"华克之有点犹豫，因为他长期从事秘密工作，为安全起见，从来不照照片。孙凤鸣也马上意识到这一点，说："还是不照吧，算我没说。"华克之看着有点尴尬的孙凤鸣，心想："这是他惟一的要求，我就是冒生命危险，也要答应他的要求。"于是立即回答："是呀，我们兄弟四人是应该照一张合影。我马上去找张玉华和贺坡光。"随后，他们四人在南京新街口照相馆照了一张合影。为保证安全，第二天一大早，华克之便赶往照相馆，将底片及照片全部拿走。亏了他机警，事后，特务们果然到照相馆搜查，结果无功而返。他们只能按别人的描述画出华克之的大体面貌，却一直没有华克之的本人照片，这在相当程度上保证了华克之的安全。

得知刺汪案负责人是华克之后，特务们悬赏5万大洋缉拿华克之。华克之处境非常危险，但他仍然想办法营救战友，并募捐钱财资助死难者的亲属。特务们到处搜查，放出了遍布全国的眼线，但华克之似乎永远戴着神秘的面纱，令特务们无处着手。许多次，华克之就在特务们的眼前。

他戴着假牙，配了一副很厚的平光镜，不停地迁移住址。有一次，老朋友胡允恭就要东渡日本，特地前来辞行。华克之邀请他到上海法租界青年会附近的一个小餐厅吃饭。胡突然想到他的一位多年未见的老同学，就在青年会任职，正好叫来一起叙叙。华克之不便拒绝，欣然同意。他没有戴假牙，只是打扮成一副土里土气的小商贩模样，与对方交谈。可是，交谈中，华克之却无意中说了一句英语，引起了对方的怀疑。

告别后，胡允恭的同学便问起华克之的事，说："一个小商贩竟然能说英语？他从哪儿学来的？"

胡允恭顺口说道："你可别小看他，他曾是金陵大学英文系的高材生，身上还穿着'龙袍'呢。"

所谓"龙袍"，上海人都知道，是指十九路军在福建成立人民政府时特制的袍子。

刚刚说完，胡允恭顿时感到失口，赶紧将话题转移。看见他的同学怀疑的样子，胡允恭感到不安。他匆匆告别，没有回家，马上返回华克之的住所，请华克之立刻转移。华克之当即离开住所。果然，没过多久，特务们便包围了此地，进行严密的搜查。胡允恭的那位同学竟然已暗中加入了特务组织。华克之躲过一劫，而胡允恭却被抓了起来，关进监狱。

在案件未真正破获之前，国民党特务为解脱蒋介石，曾不断放出谣言，称刺汪案系共产党所为，又称刺汪案是由斧头帮的王亚樵策划的。

刺汪案一周年之际，华克之为纪念死难的战友，特地书写《告全国同胞书》，揭露蒋介石不抵抗政策的罪行，指出刺汪案与共产党无关，也跟王亚樵没有关系。几个爱国青年的刺杀目标就是蒋介石。而汪精卫被刺，纯属孙凤鸣的临时决定……

他印了上百份《告全国同胞书》，到处散发，并将此书分别寄给毛泽东、蒋介石。此后，华克之身价倍增，悬赏金额一下子上升到大洋 10 万元。可是，他依然神秘地游动于特务的视野之外。人们都说，华克之失踪了。

思想发生了变化

此案风波所及，许多人受到了牵连。余立奎虽曾参与刺杀蒋介石的活动，但与此案无关。然而，南京政府花了 60 万元贿赂金，请香港警局及法院将余立奎逮捕，并在毫无证据的情况下将其引渡到内地。在余立奎被捕 10 个多月后，警察厅的人有一次找他谈话，问："刺蒋、汪案内幕情况和组织情况如何？"余立奎回答："现在来说，恐怕你们知道的比我知道的还要多得多。在被捕的人当中，我只认识张玉华一人，其余均不认识，他们的活动情况，我从来是不过问的。"那位司法科长哈哈一笑："这个案子，我们花了 100 多万，捕了上百人，但没有捕到一个真正的主犯。"

余立奎后来得知："在无辜被捕的近百人中，极少有生还的。……特务们残酷无人性，言之令人发指。"

华克之虽躲过劫难，但不幸的消息不断地传到他的耳中，令他痛苦万分。不但张玉华、贺坡光等相继被捕，孙凤鸣的妻妹、贺坡光的胞兄和老母均未幸免于难。孙凤鸣的妻子崔正瑶也最终惨遭毒手。而华克之的小学同窗共产党员陈处泰虽未参与晨光社的活动，但也在搭救崔正瑶时遭到逮捕。敌人将陈处泰秘密处死，尸体被投入镪水池中……

这血淋淋的现实，烈士鲜血换来的千古遗恨，令华克之痛定思痛，思想发生了变化。他要遂烈士未竟之志，就必须另谋反蒋救国的道路。他反思后决定遵从陈处泰烈士的遗训：接受共产党的组织领导，改造中国，拯救中国。

1937年春，经过积极筹备后，华克之终于到达了延安。5月4日下午，毛泽东主席接见华克之，二人做了长谈。毛对刺汪案没有多加分析，只是强调：个人的力量、小集团的力量是推翻不了罪恶的旧社会的。毛主席不同意华克之留在延安，那样蒋介石将指责共产党包庇政府的"要犯"，"破坏统一战线"，纠缠不清。毛转而交给华克之另外重要的任务，让他仍回华南，作为延安和李济深、陈铭枢、蒋光鼐、蔡廷锴之间的联络人员，协助他们扩大华南民族革命大同盟，坚持抗战到底。华克之见毛主席这样信任自己，当即发下誓言："党有差遣，克之生死从之，一无选择，万死不辞。"同时提出不怕死、不怠工、不撒谎、不贪财、不埋怨组织、不讨价还价的自我要求，作为自己对中国共产党最高领导人的宣誓，作为自己参加党的工作的行为规范。

几天后，华克之带着毛泽东、朱德致李、陈、蒋、蔡的绝密文件南下，开始了他新的人生旅途。1938年秋，华克之见到了华南党组织的领导人廖承志和潘汉年。廖承志开诚布公地对华克之说："我们已经把你当作同志，才决定和你会面的。多少年来，你一直在打个人游击战，费力不讨好，我们希望你归队，共同工作。"短短几句话，使华克之这个多少年来政治上感到寂寞孤零的硬汉子温暖无比，不禁涕泪齐下，不能自已。

廖承志郑重交代，派华克之回上海了解日、伪、蒋三方面的情况，由潘汉年直接领导。

1939年，由潘汉年和廖承志作介绍人，毛泽东亲自批准，华克之加入中国共产党，成为党在隐蔽战线上的得力干将。

隐蔽战线上屡建奇功

成为共产党员后,华克之有了明确的奋斗目标,干劲十足,在潘汉年的领导下完成了许多事关重大的政治任务。

1942年秋,潘汉年从新四军军部来到上海,与华克之商量一件要事。此事与周佛海有关。

周佛海原是国民党要员,深受蒋介石的器重,然而,1938年周佛海却随汪精卫投靠日本人,成为汪伪汉奸政权的第三号人物,出任"行政院副院长""上海市市长"等要职,拥有大权。

潘汉年分析:"中日战争已打了四五年,但蒋介石从来没有放弃与日本谈判的打算,而日本帝国主义为破坏中国人民的持久抗战,也必然要与蒋介石政府勾结。周佛海曾是蒋介石的亲信,自然成为沟通日蒋关系的最佳人选。在这种情况下,我们必须要有自己人打入敌方内部,加强了解蒋介石、周佛海和日本帝国主义之间的关系。现在正好有一个机会,国民党某战区司令长官想物色一个驻沪代表,与日汪周旋,以保全他私人在上海的一大笔财富。"

分析到此,潘汉年注视着华克之:"我想起用任庵去充当中介人,你觉得可行吗?"

华克之思索片刻,马上回答:"让任庵去,再合适不过了。"

任庵是一位党外人士,是周佛海与那位司令长官都早就认识且双方都信得过的人物。这样他便具备充当中介人的基础。更重要的是,任庵是华克之的知交,华克之熟知其人品与才干,有他去,华克之放心。而党组织及潘汉年也非常欣赏任庵,认为此人对祖国对人民忠心耿耿。

计议已定,任庵正式出马,既获取了那位司令长官的信任,而且成为周佛海的座上客。中共地下党也由此渐渐打入汪、蒋的心脏。后来,任庵离开上海时,特地将华克之介绍给周佛海,称其为生死之交,完全可以信任。这样,华克之也大模大样地成为周佛海的贵宾，不断获取机密情报，供中共中央决策时参考。任庵与华克之甚至获取了蒋介石"特任周佛海为京沪保安副总司令"的绝密情报，中共中央得以及时公开揭露蒋、日、汪的勾结阴谋，令蒋方大为震惊。

1945年秋，党组织出于种种考虑，打算把华克之转到解放区工作。这是华克之梦寐以求的。但在去解放区之前，他决心先送一份厚礼。

当时，日本投降不久，国民党的接收大员们正忙着发"胜利财"，"劫收"房子、车子、金子……还顾不上军火武器。而日本人和汪伪汉奸则惶惶不可终日，想找后路而难以得逞。这种混乱的局面，正是华克之可以一展身手的好机会。他要浑水摸鱼，搞一批军火到解放区。他将"行动计划"报告了上级，得到代号"老太爷"的负责同志的完全赞成。华克之马上行动起来。

华克之的目标是负责日本后勤仓库的军官冈田少将。他的合作人是能言善辩的正义商人郑德。

郑德是一位不愿卷入政治旋涡的精明人，但他又深知在中国做什么都离不开政治。日本投降后，郑德分析当时的局势，认为腐败的国民党不可能得江山，而共产党最可能成为新中国的主人。他找来交往多年的华克之，谈论对时局的看法。华克之认为机会已经成熟，开诚布公地说出了自己的想法："我有件事情想请你协助。现在上海的情况可用四句话概括，就是'日寇欲击击不得，蒋帮欲来来不及，汪伪号令令不行，我军接收收不到。'可以说，从古至今，世界上没有一个城市，能像如今的上海，供各类冒险家大显身手。你了解日本人在上海储存军火的情况吗？我想拉你合作，为新四军搞些军火。这在我，是埋在心里很久的心愿；在你，则可立一大功！"

华克之从未向郑德谈过这样的内容。郑德从华克之的言行中看出华对他的信任，郑重地点头。

此后，郑德有意识地与上海宁波帮中的小奸商往来，进而与一个日本海军军火仓库主任冈田少将牵上线。这位冈田少将是典型的武士道,不甘心战败的命运,可又担心回到日本后没有出路。华克之摸透了这种人的心理,由此导演了一出出的绝妙好戏。

华克之在"戏"中扮演的是一位国民党中将,起初是在幕后。郑德要见冈田,华克之叮嘱道:"从你对冈田的印象来看,此人是标准的武士道分子,所以你的言行举止千万不要流露出丝毫的骄矜。不仅如此,你还要反复向他表示,中国虽被列为战胜国,但中国这种代价惨重的胜利,对我们国家没有好处,而且对我个人也可能大大有害。只要冈田对此稍感兴趣,问及原因,你马上就接过话茬,说你是个既反蒋,也对共产党极无好感的第三条道路主义者。这是很能投合这批走投无路的武士道分子胃口的。接着你便装出很神秘的样子,告诉冈田,说在中国是有第三政治力量存在的。并列举你有一个朋友在国民党中是个中将,是第一战区司令长官刘峙的好友,也是刘峙在军中的心腹。你要对冈田说,这位中将的政治主张远比你我更为积极,他认为国共两党都不好,蒋介石在国民心中毫无威信,回天无力;共产党那套阶级斗争,又绝不适合中国国情。这个时候,冈田必定会很有兴趣地问你,你那位朋友有什么打算。你便告诉他这是军事秘密,不便多说。只是听朋友透露过,第一战区在河南西部已划出20余个县的地方,驻扎刘峙的心腹部队,准备将接收的日方较好的武器都集中在那里,并收容日军中有志之士,不知作何用场。"

叮嘱到这儿,华克之不再说话了。

郑德像听故事一样听得津津有味,见华克之打住话头,便问:"就这些么?好像还缺少个结尾吧?"

华克之笑着说:"对,就说这么多。让冈田自己去琢磨结尾。这样,他就无暇琢磨咱们这些话的虚实,才能重新逗引起他要继续为大东亚共荣圈奋斗的幻想!"

郑德听了，连连称好。接着，他便依计而行，并达到非常好的效果。

在华克之的导演下，在郑德的精彩表演下，冈田很快便进入了套中，三四天后便被完全降服了。

冈田主动提出自己手中掌握着一批军火，并讨好地对郑德说："我认为你那位中将朋友的主张是一个历史的创举，是中日真正合作的曙光！关于军火，我愿意作最大的考虑，将它们派上大的用场。只是有一点，我希望见见你的朋友。"

郑德当即表示同意。返回后，他马上告知华克之。

华克之听后，也没有丝毫的犹豫。他对郑德说："你既然已答应，我这个幕后演员自然也该去亮个相了。时间就定在后天下午。你转告冈田，因为我这里来往人多，不便约请，所以届时就去他家相见。"

郑德从没有见华克之穿过军装，有点忧虑地说："我在冈田面前，把你夸成一个非常标准的军人……"言外之意，军人有军人的气质，你能保证自己不露馅吗？

华克之马上胸有成竹地说："你放心。到时候，我会亮出一副常胜将军的派头！我会穿笔挺的黄呢军装，佩戴铮亮的中将肩章，配备挂有党旗的PARK汽车，还有挂着盒子枪的武装警卫开路。"

华克之还告诉郑德："此次我打算这样与冈田周旋。因为他还是我们民族的敌人，我对他既不恭维，也不谴责；既不空谈，也不落实。他如果送我们军火，我既不表示拒绝，也不表示感激。因为这些东西原来就是我们要接收的。此次见面，主要是证明你有一个知己的中将好友，是个河南来的军机要人，暗示他们这些武士道在河南还有出路，可能还有冒险的机会，能为日本天皇效忠。其次是为了加重你这个中介人的重要性，以后可以对他发号施令……"

华克之侃侃而谈，郑德频频点头。

一天后，华克之果然摆出一个中将派头十足的亮相，以不冷不热的态度与冈田见面。

冈田首先垂头，对日本进兵中国蹂躏中国百姓表示忏悔。

华克之则故意说道："中日两个民族，犹如兄弟。这种大规模的战争是历史的误会，也导致了许多怪事发生。比如中央军方面，有日本兵参加剿共；而共军方面也有日军参加反战同盟。一个要以三民主义统一全国，一个要在这个农民国家实行无产阶级专政，我们第一战区对双方均表示失望。"

说到这儿，华克之注意到冈田正神情郑重地听着。他转过话题，说："关于我们的主张，郑德先生一定早就和你谈过，一句话，我们的种种方针，也是考虑到日本人的利益和实情的。比如说，你们在华同胞人数达二三百万，以现有的运输能力，何时才能全部运回国？再说，回国了又能怎么样呢？"

这句话触动了前途迷茫的冈田的最敏感的神经。

接着，华克之不动声色地将话题拉到军火上，表现出漫不经心的样子，说："在武器方面你是专家，这种东西如同水火，谁都离不了，然而搞不好则又可能招祸。如等待中央军接收，不知何日。如想换成金钱，又没有地方出售。听郑先生说，您曾有意赠送我方，我们当然也是欢迎的。可以与郑先生具体商议妥善处理的办法。"

华克之故意表现出不冷不热的态度，而这种姿态却使冈田完全放心了。

谈话后没过几天，冈田便托郑德送来地处威海卫路军火库的一张清单，共计步枪 10 万枝，子弹数百万发。并约定第二天听冈田回音。

得到这个消息，即便是老成持重的华克之也感到万分激动。10 万支步枪，意味着能武装新四军 10 余个师呢！

不过，事情如此顺利，也让华克之心头打上一个问号。是不是太顺利了？他一定要步步小心。

果然，第二天郑德报来消息："冈田倒是挺卖力，可是在与军火库主任谈判时却出现了困难。那个主任说，所有军火将来都要交给中国国民政府，这是军令，没有丝毫商量余地，何况河南是第一战区，上海并不为其所属。"

华克之听后，一脸的失望。此后，他们虽然还想了别的办法，但始终无法获取这批特大的军火。

然而，华克之还是有重大收获的。他与郑德牢牢地套住了冈田。冈田主动提出他还有一个直接掌管的黄色炸药仓库，可做制造军火不可缺少的原料，问华克之是否有兴趣。华克之向上级请示后，答复："当然十分需要。"这样，华克之为新四军成功地运送了整整五辆卡车，多达540板箱的炸药。

确信炸药成功运出后，华克之决定还从冈田身上"榨"点油水。于是，在他的安排下，郑德又一次成功地完成了游说工作。酒过三巡，冈田突然说道："一不做，二不休，我把最秘密的东西全告诉你们吧。在天皇陛下宣布停战（他不肯说是无条件投降）之后，我一时茫然无措，但也曾有过种种幻想，就私藏了194挺机枪，以备急用。现在我觉得是派用场的时候了，决定拿出来作为第二次献礼。"

郑德非常兴奋，脑子转得飞快，他马上伸出双手向冈田热烈祝贺，认为这显示了武士精神的常在，最后还振臂高呼"中日平等合作万岁"。

很快，这一批机枪也在华克之等人的安排下，由带篷卡车顺利地转送到新四军军部。华克之再立功勋。

解放战争期间，华克之仍然战斗在隐蔽战线，出生入死地为革命效力，出色地完成了一项又一项艰巨的任务。

1946年的一天，华克之突然接到潘汉年传达的一条命令，让他迅速前往上海狄思威路麦加里1号刘善本家，与其家属联系。刘善本原是国民党空军飞行中队长，因反对内战，对国民党内部的腐败不满，于是架机起义飞往延安。此举自然引起国民党当局的痛恨。军统特务被派往刘家，日夜监视。而华克之此行的任务就是要在特务眼皮底下，见到刘善本的家人，当面传达刘善本安抵延安、情况良好的消息，并转达党中央对他们的亲切慰问，还要与他们一起研究如何脱离险境、平安出沪。

这样的任务一听就令人咋舌，那不是羊投虎口、自找死路吗？可是，这又是必须完成的任务。潘汉年经过郑重考虑后，最终将任务交给了他所信任的华克之。华克之则义无反顾地挑起了这一重担。他乘坐自己人开的汽车直接闯到刘家，以上海《时事新报》驻苏州特派记者"张庭坚"的化名进行"采访"。一进门，正好在楼梯口碰到刘善本的夫人。华克之见左右无人，知道机会难得，马上将党中央电报中要传达的话低声告诉了刘夫人。刚刚说完，一群人已匆匆赶到，将华克之团团包围。他们自称是刘善本的家属，但华克之一看便知其为军统特务。华克之镇定自若地亮出了孔祥熙的牌子（孔是上海《时事新报》的后台），并把事先做好的名片递给特务看。特务们见华克之来头不小，不敢贸然得罪，气氛缓和下来。华克之乘机变被动为主动，一本正经地"采访"起特务们。特务们自不会暴露自己的身份，反而耍花招，要华克之到空军司令部去了解，而且派一小特务"陪同"前往。华克之不动声色地进入汽车。司机则早已准备好随时开车。看见小特务也要上车，华克之说："我自己认识路，你就不用去了。"小特务哪能答应，一侧身便坐入车内。司机非常机灵，对小特务吼道："先生要你下去，你就下去！"说着，猛地用力将特务推出车门，接着迅速开动汽车，离开险地。

与此类似的危险任务，华克之何止接手过一项两项。他曾窃取到蒋介石国防部严密保管的二万五千分之一的中国军用地图，将其送到香港，然后由潘汉年转交中共华南分局；他也曾在军统特务的层层监视下，将周恩来给宋庆龄的亲笔信送至宋的手中，并将宋的回信安全地取出……由于隐蔽战线的特殊性和保密性，华克之究竟完成多少重大任务，除了少数几人外，恐怕很难有外人可以得知。

受潘汉年冤案的牵连

经过无数风雨后,华克之终于迎来了全国的解放。他愉快地在新的岗位工作。可是,1955年,一场巨大的灾难突然降临在他的身上。

此事与他的老上级潘汉年有关。

潘汉年是一位1925年加入中国共产党的老党员。他在长期革命斗争中,忠实执行并多次出色地完成党交给他的任务。他对党的文化工作、统一战线工作,特别是在开展对敌隐蔽斗争和保卫工作方面,曾作出杰出的贡献。对华克之来说,潘汉年是他的老上级、领路人、最亲密最可信任的战友。

新中国成立后,潘汉年先后担任中共上海市委常委、副书记、第三书记,主持上海市政府日常工作的上海市副市长,以及中共中央华东局和上海市委社会部部长、统战部部长等职。他所做的显著的成绩有目共睹,赢得了上海党内外人士的广泛赞誉。万万没有想到,一场残酷的政治风波悄然而至。毛泽东亲自作出立即将潘汉年逮捕审查的决定。主要原因就是潘汉年在抗日战争时期秘密会见过汪精卫却直到现在才向组织报告。接着,潘汉年被打倒。1963年6月,最高人民法院作出终审判决,以"内奸"罪判处潘汉年有期徒刑15年,剥夺政治权利终身。不久后,潘汉年被假释,与夫人董慧一起被安置在北京团河农场。

那么,潘汉年是否真的见过汪精卫?他是否真的有罪?

事实上,潘汉年见汪精卫是真。但他没罪。他之所以见汪,是由于奉命去上海寻找汪伪特工头目李士群搜集日伪情报,却被李士群挟持去见了汪精卫。潘汉年虽见了汪精卫,但在与汪见面的过程中,严格坚持了党的原则。他本打算将此事很快上报组织,但当他回到根据地时,正赶上整风运动进入干部审查阶段,他怕一时说不清楚。1945年"七大"见到毛泽东时,他又想当面汇报此事。但由于毛泽东对他的高度信任与赞扬,到嘴边的话又未说出。

这成为他的终生憾事。

潘汉年案爆发后，许多人受到了牵连。由于潘汉年长期领导隐蔽战线的工作，这条战线上的干部受株连的情况就更加严重。除上海以外，潘案的株连对象还涉及北京、江苏、浙江、广东甚至香港等地。华克之就是其中之一。

1955 年 5 月 21 日，华克之正在北京协和医院住院治病，突然间便有人进入，将他直接押送到牢房。此后，华克之被判刑 11 年，刑释后被押送徐州监督改造又是 10 年。他的夫人朱素文也曾在潘汉年领导下工作，1955 年也被捕审查，1963 年获释后下放到徐州当图书资料管理员，两人依靠她的 50 多元工资苦度光阴。

被捕关押初期，华克之这位血性汉子说什么也难以相信眼前的现实。他想不通天下哪有潘汉年这样一个一心扑在革命事业上的"内奸"、"反革命"；想不通自己竟也成了"反革命"。如果自己是"反革命"，那么，当初为什么

华克之铜像

要反蒋、刺蒋？抗战胜利后，为什么要千方百计将日本军方仓库中的一批炸药与194挺新机枪运到新四军军部去？为什么又要冒着掉脑袋的危险窃取蒋介石国防部保管的二万五千分之一的中国军用地图并送到香港，由潘汉年转交华南分局？而潘汉年如果真是"内奸"，为什么不顾对我华克之的五道通缉令，不要10万大洋的悬赏，而与我华克之并肩作战10多年？

华克之无比信任潘汉年。但是，他又不能怀疑组织，不能怀疑党中央的决定。他陷入前所未有的困惑和痛苦当中。再加上别人对他的诬陷，他一度陷入极端情绪当中，甚至将筷子捅进自己的眼窝，眼球都掉了出来。虽经过抢救，眼睛被保住，但一目几乎失明，落下了终身残疾。

所幸的是，党中央终于为潘汉年平反昭雪。1979年，华克之到北京找到廖承志，公安部对他的冤案作了复查，重新做出结论："华克之同志建国前在潘汉年领导下，在敌后屡次出生入死地做革命工作，是有成绩的，对党的事业卓有贡献。潘汉年同志冤案发生后，认定华克之同志亦犯有反革命罪是错误的，应予平反，恢复名誉，消除影响。"华克之，这位传奇人物终于从困境中摆脱出来，认为这是一个对历史负责，也是对潘汉年同志负责的结论。他衷心感谢党的十一届三中全会。

由于华克之从事工作的特殊性，他的身影仍藏在世人的视野之外。沈醉之女沈美娟曾在北京西郊的中央某部宿舍拜访过华克之老人。沈美娟在文中这样写道：他"中等身材，面目白净而清癯，尽管他已年逾八旬，却依然思路敏捷，口齿清楚。当笔者问起他当年怎样躲过敌特追捕时，他习惯地拢了一下满头的银发，即兴致勃勃地向笔者叙述了几桩与敌人周旋，脱离险境的往事……"再后来，我还看到华克之先生亲笔所写的几篇回忆文章，其中便有回忆潘汉年的《风雨话当年》……

主要参考资料：

华克之：《风雨话当年》，出自《潘汉年在上海》，上海人民出版社，1995年。

华克之：《为南京晨光通讯社诸烈士逝世一周年纪念告全国同胞书（记要）》，出自《刺汪内幕》，吉林文史出版社，1986年。

强剑衷：《华克之回忆南京晨光通讯社刺汪经过》，出自《刺汪内幕》，吉林文史出版社，1986年。

张建安：《汪精卫南京遇刺案》，出自《民国大案》，群众出版社，2002年。

黄炎培（1878—1965）

黄炎培：" 教育救国，民主救国 "

2012 年 12 月，中共中央总书记习近平等人走访 8 个民主党派中央和全国工商联，并同各民主党派中央和全国工商联领导人分别座谈。在与民建中央主席陈昌智交谈时，习近平谈到：毛泽东和黄炎培在延安窑洞关于历史周期律的一段对话，至今对中国共产党都是很好的鞭策和警示。这不禁让我想到了黄炎培先生的一些往事。

以教育救国为己任

黄炎培（1878—1965），字任之，江苏川沙（今上海浦东新区）人，中国著名的民主革命家、教育家。

黄炎培的一生与教育事业密不可分。二十多岁的时候，黄炎培的老师蔡元培对即将离校的学生说："中国国民遭到极度痛苦而不知痛苦的由来，没有能站立起来，结合起来，用自力来解除痛苦。你们出校，必须办学校来唤醒民众。"这些话，黄炎培终身不忘，结合自己多年来所看到的山河破碎、国民愚昧的社会现实，他为自己定下了教育救国的宏志。

1902 年，黄炎培首先回到家乡川沙开办新式学堂，试图在晚清封建落后的时局中为中国播下进步的种子。同乡爱国实业家杨斯盛给予大力支持，在学堂缺少经费难以支撑的时候，杨斯盛慷慨捐出 300 银元，使黄炎培的事业柳暗花明。川沙小学堂办得有声有色，黄炎培等人广邀名流演讲，宣传爱国思想，听者云集。但黄炎培等人的进步言论也同时被清政府视为洪水猛兽，黄炎培因此很快被清朝官吏拘捕起来，差点"就地正法"，幸得陆子庄、步惠廉、杨斯盛、佑尼干等中外人士竭力营救，方逃出虎口，又在杨斯盛的资助下前往日本。这是黄炎培第一次办学，短短半年即告夭折，还招来杀身大祸，但他教育救国之志并未因此稍减。

1904年，黄炎培返回祖国，再次见到了杨斯盛。杨斯盛早有计划请黄办学，黄炎培因此得杨斯盛之力，大展宏图，先后兴办浦东小学、广明师范讲学所、浦东中学，运用新式教育，广泛传播先进思想，产生深远的影响。杨斯盛于1908年病故，临终前仍不忘教育，对黄炎培说："我早知我校（指浦东中学）基金不够，还想天假余年，学校还应大扩充。我死，你将向哪里募捐呢！现在我勉力凑捐基金十二万两。只望我死后，支撑此校，稍减艰苦。黄先生，你跟各位校董勉力吧！"据黄炎培后来回忆："浦东中学买地筑舍

1907年，担任浦东中学校长的黄炎培（后排右一）与杨斯盛（前排左三）等人合影

开办费，连同杨先生逝世以前历年经费，约共耗银十二万两。临殁捐基金十二万两，而留给遗属，仅得维持生活。……像杨先生真是毁家兴学，一切是为了教育，为了学生，而一丝一毫不是为个人立名。"杨斯盛毁家兴学的义举受到世人称颂，而他把兴学大事重托于黄炎培，正是看到黄炎培是一位真正不为私利以教育救国为己任的可以信赖的人。

后来，黄炎培又创办了东吴大学、河海工程学院、同济大学、暨南大学等学校，为中国培养出无数杰出人才，张闻天、徐特立、华罗庚、范文澜、王淦昌等都是黄炎培的学生。他是真正称得上桃李满天下的。

最值得称道的是黄炎培所办的中华职业教育社。黄炎培曾在中国许多地方进行广泛的考察，发现当时的学生普遍存在一个问题，就是理论与实践无法结合起来。学习归学习，却无法运用到实际中。这一致命的弱点极大地影响着教育的发展。黄炎培乃致力于实用教育的传播，写出《学校教育采用实用主义的商榷》《小学校实用主义表解》等文，开中国实用教育之先河。黄炎培又进一步到国外考察，切身体会到美国职业教育的先进，于是在归国后更加不遗余力地投身于中国教育的改革当中。1917年，中华职业教育社设立；1918年，中华职业教育学校也在上海建立起来。黄炎培在发起创办这两个教育机构的时候，思想非常明确，就是强调"手脑并用，双手万能"，重视学以致用，真正达到教育与生活、生活与劳动结合的目的，"使无业者有业，使有业者乐业"。

黄炎培发起成立的中华职业教育社相当成功，从创办一直到新中国成立，除在上海创办过中华职业教育学校外，还在重庆、南京、昆明等地开办中华职业学校、中华职业补习学校、中华职业指导所、中华工商专科学校、比乐中学等，并出版《教育与职业》《生活》等书刊120多种，培养学生3万余名。黄炎培的进步思想也得以在学生中广泛传播，职业教育在全国蔚然成风，为中国走出黑暗逐渐强大发挥了重要的作用。新中国成立后，中华职业教育社受到周恩来等国家领导人的高度重视，得到了更好的发展。

黄炎培创办职业教育几乎也是"白手起家"，他本人没有多少经费可以拿出，但他可以筹集资金。著名华侨领袖陈嘉庚等人都愿意慷慨捐赠，鼎力相助，原因就是黄炎培是一个信得过的人。

黄炎培的爱国是有名的，他的会办教育也是有名的，他的勤劳与无私则受到世人的尊敬。

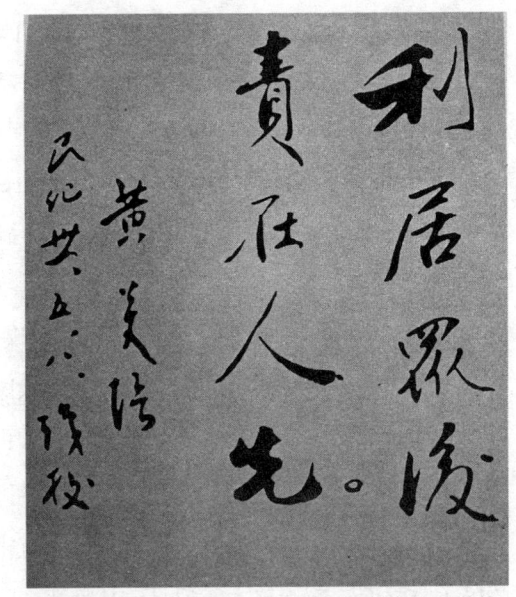

1942年5月8日，黄炎培给中华职业教育社同学的书法作品

其子黄万里回忆："父亲勤劳一生，远非常人所及。记得幼年见他每天晨8时许出门，夜必11时才回家，从无假日。……他提倡职业教育，设社宣传，凡事则都躬行。例如中华职业学校，是他理想的实验处。……长我们一辈的人大多节约成风，这倒并不稀奇。但我见到我父早年上班总是步行。甚至回川沙老家坐了小船后，还要走一大段路到故居。最后几年，在上海的老友穆藕初先生实在看不过去，送给他一辆自己坐旧了的汽车，父亲才算有车坐了。他在节俭方面对我也有不少影响。"黄方毅是黄炎培的小儿子，他向笔者讲述了他父亲一生食素、勤俭节约的往事，令人十分感佩。

1942年5月8日，黄炎培书赠中华职业教育社同学："利居众后，责在人先。"这也许正是他办学成功的重要因素，也正是许许多多的爱国实业家愿意助他办学的主要原因所在。

延安之行：寻找一条崭新的救国强国之路

黄炎培也是一位著名的民主革命家。早在1905年7月，他即在蔡元培的影响下加入中国革命同盟会，不久任同盟会上海干事，保管党员名册。辛亥革命前夕，黄炎培受江苏苏南各县公推到苏州劝江苏巡抚程德全起义。"九一八"之前，黄炎培在访问日本期间观察到日本图谋侵华的野心，写《黄海环游记》，并在归国后面告蒋介石日本阴谋。"九一八"事变后，黄炎培更是不遗余力地投身于抗日救国运动，并要求国民党归政于民，积极抗日，主张早日实施宪政。黄炎培还发起创建了我国现在八个民主党派中的两个：中国民主政团同盟与中国民主建国会，并担任中国民主政团同盟第一任主席，担任中国民主建国会主委直至逝世。他一直密切关注着中国的命运，为祖国的民主富强而不懈地努力。只是，从晚清帝国到北洋军阀统治时期再到国民党统治，黄炎培始终难以找到一个真正为国为民的政府，这使他非常失望。直到1945年的延安之行，黄炎培才真正豁然开朗，找到一条崭新的救国强国之路。

当时，抗日战争即将结束，各界人士希望看到一个和平民主的新中国。为促使陷于停顿的国共和谈恢复，应共产党中央和毛泽东主席电邀，黄炎培偕褚辅成、冷遹、章伯钧、傅斯年、左舜生5人飞赴延安。延安短短的5天时间给黄炎培留下深刻的印象，他有机会看到延安朝气蓬勃的景象，更认识了大部分党中央领导同志和高级将领，感受到共产党干部的优秀作风，称："鼎鼎大名的各位高级将领，外面没有见过的总以为个个都是了不得的猛将，说不尽的多么可怕。哪里知道天天见面谈笑真是故人所说'如坐春风'中。"尤其是与毛泽东主席的直接接触，使黄炎培看到了中国光明的未来。

至今被世人津津乐道的"窑洞对"便产生于此时。黄炎培在《延安之行》中这样叙述：

有一回，毛泽东问我感想怎样？

我答：我生六十多年，耳闻的不说，所亲眼看到的，真所谓"其兴也浡焉"、"其亡也忽焉"，一人，一家，一团体，一地方，乃至一国，不少单位都没有能跳出这周期率的支配力。大凡初时聚精会神，没有一事不用心，没有一人不卖力，也许那时艰难困苦，只有从万死中觅取一生。既而环境渐渐好转了，精神也就渐渐放下了。有的因为历时长久，自然地惰性发作，由少数演为多数，到风气养成，虽有大力，无法扭转，并且无法补救。也有为了区域一步步扩大了，它的扩大，有的出于自然发展，有的为功业欲所驱使，强求发展，到干部人才渐见竭蹶、艰于应付的时候，环境倒越加复杂起来了，控制力不免趋于薄弱了。一部历史，"政怠宦成"的也有，"人亡政息"的也有，"求荣取辱"的也有。总之没

1945年7月，黄炎培访问延安时与毛泽东等人一起用餐

有能跳出这周期率。中共诸君从过去到现在,我略略了解的了,就是希望找到一条新路,来跳出这周期率的支配。

毛泽东答:我们已经找到新路,我们能跳出这周期率。这条新路,就是民主。只有让人民来监督政府,政府才不敢松懈。只有人人起来负责,才不会人亡政息。

我想:这话是对的。只有大政方针决之于民众,个人功业欲才不会发生。只有把每一地方的事,公之于每一地方的人,才能使地地得人,人人得事。把民主来打破这周期率,怕是有效的。

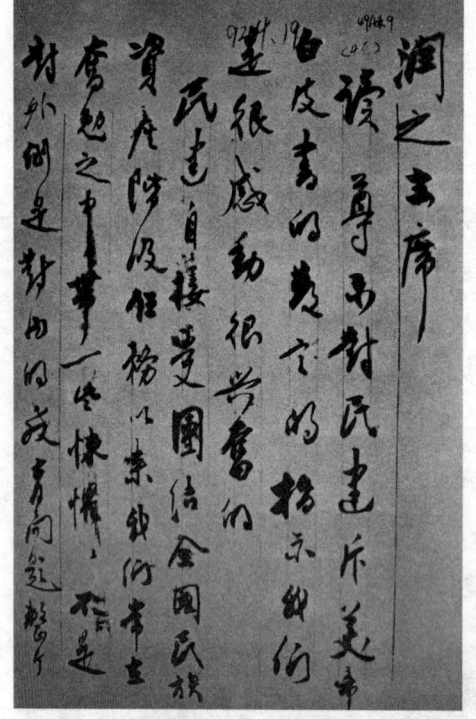

1949年8月24日,黄炎培致毛泽东的信

在延安,自由民主的氛围感染着黄炎培,振奋的情绪萦绕在黄的心头,令他思绪万千。他还异常高兴地见到了已逝知己邹韬奋的儿子,并在"自发的情感"逼迫下写《韬奋逝世一周年哀词》。他想到好友的去世时热泪双流,而提到他们为之奋斗的理想即将实现时则情绪高昂,激奋地写道:"虽然,死者已矣,凡我后死,忍忘天职之未酬!今日者,暴敌行将就歼,国事亦将就轨。胜利!胜利!民主!民主!君所大声疾呼者,虽不获见于生前,终将实现于生后。呜呼!韬奋,呜呼!韬奋,死而有知,其又何求。"

延安之行是黄炎培一生最关键的时刻,他看到了希望、胜利与民主!

新中国成立后的变化

黄炎培名声显赫，不少当权者均试图拉拢他，招他做官。袁世凯及北洋政府曾两次电招黄炎培出任教育总长，黄炎培坚辞不就。袁世凯因此很不高兴，有一天说："江苏人最不好搞，就是八个字：'与官不做，遇事生风'。"蒋介石也曾一再拉拢黄炎培，许以高官，也被黄炎培拒绝。不愿做官是黄炎培一贯的思想。

不过，中华人民共和国成立后，在周恩来两次来家动员后，黄炎培打破了"不做官"的惯例，担任政务院副总理兼轻工业部部长。其子黄大能感到纳闷，问黄炎培："一生拒不做官，怎地年过七十而做起官来了？"黄炎培向儿子详细讲述了周恩来来家动员的经过，然后严肃地说："以往坚拒做官是不愿入污泥，今天是中国共产党领导下的人民政府，我做的是人民的官呵！"

此后，黄炎培尽心竭虑为新中国的建设出力，并曾在新中国成立初年上了有名的"万言书"，正面指出当时的不足与弊病，其合理建议被毛泽东及中共中央采纳，取得很好的效果。

1965年，黄炎培先生去世。他勤俭一生，没给家

1949年9月24日，黄炎培作为中国民主建国会代表在中国人民政治协商会议第一次会议上讲话。

人留下多少物质财产，却留下宝贵的精神财富。他的家训是："理必求真，事必求是，言必守信，行必踏实。事闲勿荒，事繁勿慌，有言必信，无欲则刚。和若春风，肃若秋霜，取象于钱，外圆内方。"在他的影响下，黄家代有人才出。希望黄炎培的子孙们也像黄炎培先生一样，为国，为民，为"胜利"，为"民主"，多干实事，多办好事！

主要参考资料：

黄炎培：《八十年来——黄炎培自述》，文汇出版社，2000年。

许汉三：《黄炎培年谱》，文史资料出版社，1985年。

黄大能：《傲尽风霜两鬓丝：我的八十年》，中国建材工业出版社，2003年。

黄方毅：《破解历史宿命——纪念毛泽东与黄炎培延安对话60周年》，出自《中国青年报》2005年7月20日。

赵诚：《长河孤旅——黄万里九十年人生沧桑》，长江文艺出版社，2004年。